U0645454

应用型高校本科专业
产教融合型课程体系改革与实践
播音与主持艺术专业

郭丽娟　薛慧敏　韩璐　编著

清华大学出版社
北京

内 容 简 介

黄河科技学院播音与主持艺术专业创建于 2003 年，是河南省较早开设该专业的院校之一，至今已有 22 年的办学历史。2007 年，该专业被评为郑州市重点专业，2009 年又获评郑州市示范专业。

22 年来，播音与主持艺术专业在教学实践中逐步探索出本专业教学的基本规律，基于中国播音学理论和实践，努力走出了一条具有自身特色的发展道路。在人才培养模式构建、专业课程设置、教学时间安排、突出实践教学环节、引进适用人才、改善教学设施条件、加强教研科研等方面，播音与主持艺术专业秉持"立足时代之基、挖掘本土特色"的理念，积极推进改革和创新，在实际教学中取得了较好的效果，得到了各方好评。本书包括播音与主持艺术专业概况、播音与主持艺术专业课程体系构建、播音与主持艺术专业课程知识建模及基于 OBE 理念的教学设计等内容，全方位展示了黄河科技学院播音与主持艺术专业的全貌。

本书封面贴有清华大学出版社防伪标签，无标签者不得销售。

版权所有，侵权必究。 举报：010-62782989，beiqinquan@tup.tsinghua.edu.cn。

图书在版编目（CIP）数据

应用型高校本科专业产教融合型课程体系改革与实践 .
播音与主持艺术专业 / 郭丽娟，薛慧敏，韩璐编著 .-- 北京：
清华大学出版社，2025. 5. -- ISBN 978-7-302-69103-7

Ⅰ. G649.21
中国国家版本馆 CIP 数据核字第 2025G9E645 号

责任编辑： 刘士平
封面设计： 常雪影
责任校对： 刘　静
责任印制： 丛怀宇

出版发行： 清华大学出版社
　　　　　　网　　　址：https://www.tup.com.cn，https://www.wqxuetang.com
　　　　　　地　　　址：北京清华大学学研大厦 A 座　　　　邮　　编：100084
　　　　　　社 总 机：010-83470000　　　　　　　　　　邮　　购：010-62786544
　　　　　　投稿与读者服务：010-62776969，c-service@tup.tsinghua.edu.cn
　　　　　　质 量 反 馈：010-62772015，zhiliang@tup.tsinghua.edu.cn
印 装 者： 天津安泰印刷有限公司
经　　销： 全国新华书店
开　　本： 185mm×260mm　　　　印　　张：15.75　　　　字　　数：300 千字
版　　次： 2025 年 7 月第 1 版　　　　　　　　　　　印　　次：2025 年 7 月第 1 次印刷
定　　价： 59.00 元

产品编号：109529-01

序　一

　　课程是教育教学活动的基本依据,是实现教育目标的基本保证,是学校一切活动的中介。课程教学是师生共存的精神生活过程,自我发现和探索真理的过程,生命活动和自我实现的方式。具体而言,课程的重要性体现在4个结合点:第一,课程是学生和学校的结合点,学校提供课程,学生学习课程;第二,课程是学校和社会的结合点,社会对人才(学生)的不同要求通过课程结构和内容的改变来实现;第三,课程是教学和科研的结合点,科研促进教学,载体是课程;第四,课程是学生个体文化和社会文化的结合点,是学生社会化的重要渠道。课程是学校最重要的事,同时也是最容易被忽视的事。学校领导往往认为,课程教学是教师们的事;教师容易将自己的研究、关注点放在学术上,忽视对课程的研究。实则,课程是一个开放体系,与政治、文化、经济、民族、语言、性别、制度、学科等紧密相连;课程教学是一项合作的事业,需要政府、社会、大学、领导、教师、学生、职员广泛参与。

　　黄河科技学院是一所高度重视课程建设的大学。我与该校董事长胡大白先生、执行董事兼校长杨保成教授有过多次交流。2024年10月,我和我们院校研究团队师生到该校进行了为期两天的考察学习。同年11月,我指导的一位博士生又到该校进行了为期一周的调研学习。黄河科技学院的课程建设给我留下了极为深刻的印象。

　　黄河科技学院遵从党中央"全面提高人才自主培养质量"的要求,从"让每个学生都享有公平而有质量的教育,使具有不同禀赋和潜能的每一个人都得到充分发展"出发,积极开展课程改革。在课程改革中,学校立足为地方和产业发展培育应用型人才的人才培养目标,开展大样本、全覆盖的专业岗位需求调研。通过调研,抓住在应用型人才培养中存在的"产教融合不够深入、师资实践应用能力不够、课程体系与市场需求无法紧密衔接"等问题,探索能够满足中国式现代化发展需求,以提升学生的岗位胜任力、就业适应力和职业发展力为目标的应用型本科教育模式。在这一课程改革过程中,影响深远、成效显著的当属创造性地提出并推进项目化教学体系改革。

　　项目化教学以能力目标为导向,以企业岗位任务为课程载体,通过真实的项目来促进学生主动学习。项目化教学具有真实性、实践性、探究性和创新性。实施项目化教学有利于增强学生知识整合和应用能力,有利于提升学生综合能力,有利于培养学生职业能力。从我们的考察中了解到,黄河科技学院从2018年开始推动项目化教学体系改革。在改革的过程中,学校做了大量工作。

（1）营造课程建设和改革的制度环境。学校积极营造有利于课程建设和改革的制度环境,出台相关支持政策。首先,开展覆盖全校的课程立项工作,制定各类课程建设标准,每门课给予相应的立项经费支持,累计投入了3000多万元支持全校1300多门课程的建设和改革。其次,实行优课优酬的制度,根据课程评估结果,给予教师们最高五倍课酬的课时费。再次,给予学校教师横向项目20%的配套经费,支持教师们将科研成果、横向项目转化落地、公司化、市场化,落地后给予10万~15万元的经费支持,并鼓励教师们将这些成果积极转化,反哺到课程教学中。

（2）构建课程建设和改革的组织机构。大学产教融合课程体系的改革需要联合各个教学单位、职能管理部门和一线教师进行互动合作,逐步构建一个有利于产教融合型课程体系建设的组织机制。首先,学校进行了体制机制改革,在学校职能部门层面进行"大部制"改革,将原来的13个处级单位整合成教师中心、教育教学中心、学生中心三大中心,以及思政工作部、科技发展部、资源保障部等五个大部,实现了职能部门的扁平化管理,大大提高了职能部门服务课程建设和改革的效率。在教学单位进行"学部制"改革,将12个学院整合成工学部、艺体学部、商学部、医学部四个学部,打通了院系壁垒,整合了学科、专业、师资和平台等各类资源,为课程改革提供了有力支持。其次,学校创建了上下协同的组织机制。自上而下,主管校领导、教育教学中心组织项目化和产教融合型课程体系建设研讨会,激发和启蒙教师对于课程建设的热情和想法,鼓励教师投入课程改革实践,并通过咨询和课程指导推进课程改革的进行和完善。首批试点课程建设完成后,引导优秀教师利用教学学术思维进行研讨、反思和改进,并作为导师培训其他教师开展课程改革,起到了自下而上的效果。上下协同,推进产教融合型课程体系建设的良好发展。

（3）提供课程建设和改革的资源条件。资源条件包括软件条件和硬件条件。其中,软件条件是指利于课程建设和改革的"人"的资源,主要关注产教融合课程教学团队师资建设。聘请国家教育行政学院刘亚荣教授牵头的专家团队,主管校长亲自带队,通过多种方式对学校管理人员和教师进行培训,制定各类课程评估标准,掌握课程知识建模方法;定期组织课程改革交流工作坊,供教师们学习、研讨和互动;鼓励和动员教师到企业挂职锻炼,提高教师们的实践能力,更好地服务产教融合课程改革。硬件条件是指利于课程建设和改革的基础资源,主要包括项目实践场所、项目设计和实施物资以及产业和企业资源的支持。学校主动协调联系校内资源和企业资源,创办大学科技园、创客工厂、众创空间、各类工程实训中心等场所,并保证各类工具和物资的供应,为课程设计和实施提供条件。学校层面和学部层面都设有产教融合办公室,积极联系和对接企业,进行沟通合作,帮助教师们开拓更广泛的企业资源,保证课程根植于产业并最终走向社会。此外,学校还自主研发了集智能管理、智慧教学和数智评价于一体的数字化课程建设平台，为课程建设和改革提供了优质高效的数字化资源保障。

在实施项目化教学的同时，学校倒推整个课程体系的调整和改革，最终构建了"2+1+1"（基础＋实践＋应用）的产教融合型课程体系。在学校构建的产教融合型课程体系中，前两年的基础课阶段聚焦学生基本能力的养成，设置基础性课程，通过一些综合性项目，让学生"见过"和"做过"；大三的实践阶段，通过项目化教学课程对接企业实践工作岗位的真实项目，培养学生实践创新能力，让学生能够"做成"；大四的应用阶段，设置应用型课程，教师直接带领学生进入企业生产一线，通过企业委托项目，让学生能够"做好"。

黄河科技学院课程体系改革已经取得了丰硕成果，产生了广泛的社会影响。学校在教育教学改革后的师生满意度调查中，总体满意度高于 98%。在改革的过程中，全校师生积极参与，共同创造，凝聚改革共识，产教融合走向深入，教师、学生能力显著提升，人才培养与行业企业岗位需求的对接越发紧密，课程教学质量有了明显提升。改革成果受到省内外高校和社会的广泛关注，130 多所高校、240 多家企事业单位到校交流；课程改革总体设计者、负责人杨保成教授，应邀在国内各类教育学术研讨会及多所高校介绍改革的做法和经验。

现在，学校以"应用型高校本科专业产教融合型课程体系改革与实践"为题，在清华大学出版社结集出版系列图书，十分有意义。一方面，为应用型高校深化教育教学改革、创新人才培养模式、优化课堂教学方式方法、开展常态化课程评价、全面提升育人水平提供了参考。另一方面，为专业负责人、任课教师如何改革课程结构、改进教学方法，特别是在项目化教学中如何将企业的真实任务或者项目与专业课知识真正融合，以构建一门与人才培养目标相匹配、内容适度的课程等提供了借鉴。综上，我十分高兴地向高校同人们推荐系列图书。

黄河科技学院的"应用型高校本科专业产教融合型课程体系改革与实践"属于规范的院校研究。他们立足于本校课程体系改革的院校研究，体现出了热心教育、关爱学生的奉献精神；学习教育理论、探索教育规律的科学精神；"勇立潮头，敢于破局"，在突破难点、痛点中不断奋进的坚韧不拔的精神，值得我们学习。期望高校同人们像黄河科技学院那样开展院校研究，通过院校研究推进学校的建设和发展。

是为序。

华中科技大学原党委副书记
中国高等教育学会院校研究分会创会会长

2024 年 12 月 8 日

序 二

党的二十大报告明确提出了"全面提高人才自主培养质量"的要求,党的二十届三中全会在此基础上审议通过的《中共中央关于进一步全面深化改革　推进中国式现代化的决定》进一步提出了"分类推进高校改革"的要求。为构建高质量的人才自主培养体系,教育部提出了具体的技术路径,包括编制学科专业知识图谱、能力图谱,推动项目式、情景式和研究式教学等深度探索,实现从"知识中心"到"能力中心"的转变。河南省教育厅出台的《河南省本科高等学校深化产教融合促进高质量发展行动计划》,紧密结合本省传统产业提质发展、新兴产业培育壮大、未来产业谋篇布局,全力推动人才培养供给侧和产业需求侧结构要素全方位融合,为加快构建河南现代产业体系,确保高质量建设现代化河南、确保高水平实现现代化河南提供强有力的人才和智力支撑。

作为高等教育体系的重要组成部分,应用型本科高校是形成产教良性互动、校企优势互补的产教深度融合发展格局的高等教育主要生力军,为全面建设社会主义现代化国家提供强大的人力资源支撑,在推进中国式现代化进程中扮演着至关重要的角色。然而,当前应用型本科人才培养体系改革存在很多堵点、痛点和难点,其中以下三个方面尤为关键。

其一,产教融合不够深入。高校与企业合作存在合作浅层化、利益差异化、供需不对接等问题,高校难以准确把握产业需求和企业的实际需求,服务产业发展和行业企业技术升级的能力不够,企业参与高校人才培养过程的积极性、主动性不够。

其二,师资实践应用能力不足。大部分教师毕业后直接到高校授课,理论知识丰富扎实,但缺乏行业经验和企业实践经验,难以紧跟行业最新发展趋势,在解决企业实际问题方面的实践应用能力不足。

其三,课程体系与市场需求无法紧密衔接。现有课程体系没有从市场导向出发进行系统设计,与市场需求衔接不紧密,课程教学目标、内容、测试方法不能有效促进应用型人才培养目标的实现,导致课程体系对人才培养目标的支撑力不够,学生能力与企业岗位任务要求出现脱节。

习近平总书记在 2024 年 9 月召开的全国教育大会上的重要讲话,向全党全社会发出了"建成教育强国"的动员令,系统部署了全面推进教育强国建设的战略任务和重大举措。习近平总书记指出,建设教育强国是一项复杂的系统工程。中共教育部党组在《人民日报》发表文章强调,面对新一轮科技革命和产业变革对全球秩序和发展格局带来的深远影响,能不能建成教育强国、为加快实现高水平科技自立自强提供支撑,能不能培养出世界一流人才和经济社会发展所需的大批高素质建设者,是摆在我们面前的重大课题。如何让每个学生都享有公平而有质量的教育,使具有不同禀赋和潜能的每一个人都能得到充分发展,是每一个教育工作者长期努力、不断改革的方向。

黄河科技学院作为全国第一所民办普通本科高校,肩负着为地方和产业发展培育应用型人才的使命。在新时代全面推进教育强国建设的背景下,学校清醒地认识到,要想真正实现面向未来培养人才,必须勇立潮头,敢于破局,重新规划未来学校发展定位,重构全新的产教融合人才培养体系,并且在专业层面、课程层面、课堂教学层面层层深入、彻底落实。教学改革改到深处是课程,改到痛处是教师。办学理念再好,体系设计再先进,没有教师的落地实施,人才培养成效是无法见真章的。为此,黄河科技学院从2018年开始,以英语课程和体育课程为破局起点,通过创新探索,让教师们初试初尝"以学生学习成长为中心"的课程和教学模式改革小成功的喜悦和红利;继而通过体制机制重构,全面触发和激励更深层次的人才培养体系创新和方法论创新;通过构建思想引路、问题导向、自我学习探索以及专家咨询等一系列行动学习式的有组织学习,推动全校所有专业所有教师,共同构建和实施了全新的人才培养体系。

人才培养是一个系统复杂的工程,体现在目的—目标体系多层复杂。具体而言,宏观层面必须以党和国家的意志和要求为根本遵循,即落实立德树人根本任务,培养德智体美劳全面发展的社会主义建设者和接班人;中观层面要体现区域需要,即精准对接国家战略和河南省"7+28+N"产业链群,深度聚焦发展新质生产力要求;微观层面,学校明确提出,要以学生的成长发展,提升学生的岗位胜任力、就业适应力和职业发展力为目标。

为实现上述目的—目标体系,学校以支撑目标实现的课程体系改革为突破口,构建了以能力逐级进阶提升为导向的"2+1+1"(基础 + 实践 + 应用)产教融合型课程体系(见图1)。其中,立德树人的课程思政点作为每一门课的育人目标,纳入教学设计要求。课程体系中的"2"代表本科阶段的大一、大二聚焦学生"基本能力"养成,设置基础性课程。学生通过基础性课程学习专业基础知识和技能,实现"见过"和"部分做过",为后续学习与实践筑牢坚实的理论基础和技能基础。中间的"1"代表大三基于企业真实项目和市场评价标准,创设基于培养实践和创新能力的项目化教学课程,设置就业、创业、应用型研究三个方向,实施分类培养。学生可根据职业发展方向自由选择,实现个性化发展。学生在参与项目化教学课程的学习与实践中,将理论知识与实际项目紧密结合,有效提高实践能力和创新能力,实现"做成"。最后一个"1"代表大四开设应用型课程,教师带领学生直接进入企业生产一线,直接参与工作实践,在获取工作报酬的同时接受职业应用性评价,更深入地了解职业需求,为未来职业发展做好充分准备,进一步提升职业发展力,实现"做好",同时为即将步入职场的学生增强信心与竞争力,铺就应用型人才成长之路。学校创新课程体系的最终目的是实现应用型人才的高质量培养,助力学生实现高质量就业。

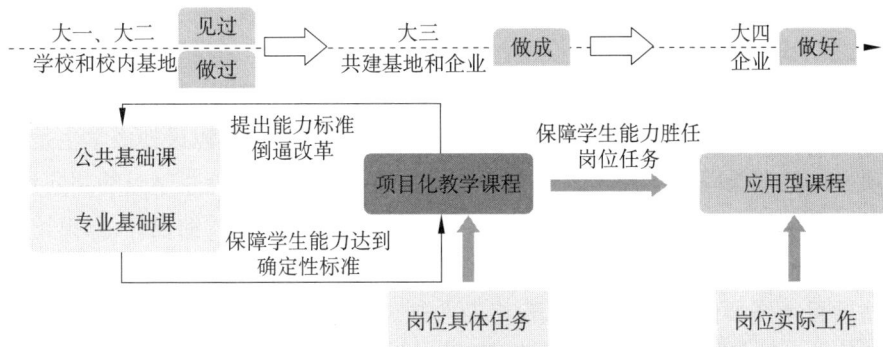

图 1　黄河科技学院"2+1+1"(基础 + 实践 + 应用)产教融合型课程体系

之所以进行这样的课程体系设计,是基于学校在多年产教融合的探索实践中发现,教师按照基于学习产出的教育(outcomes-based education,OBE)理念构建课程和课程模块,将能力作为课程目标,其背后的假设是"课程直接可以支撑能力目标",实际上在操作层面较难实现;而把行业企业的真实岗位任务或工程项目、技术研发项目转化为项目化的课程,其背后的假设是"能力内含在操作真实任务的过程中"。因此,将项目化教学课程作为能力培养的真实载体,教师更容易操作。教师可将自己做过的项目转化为课程,用任务承载真实能力训练,学生完成任务即受能力训练,且培养的能力可在任务结果中体现并进行评价。当然,其难点在于如何将企业的真实任务或者项目与专业基础课程知识真正融合,以构建一门与人才培养目标相匹配、内容适度的课程。在此实践逻辑基础上,学校以此类课程为起点,倒推整个课程体系的改革、调整和融合。产教融合型课程体系构建涉及学校及教职工的办学理念层面、工作系统方法层面、落实行为层面和办学效果评价反馈等,是一个复杂的系统工程。为构建这套全新的产教融合型课程体系,学校做了以下基础性改革工作。

一、抓住关键环节,重构人才培养体系

其一,大样本、全覆盖的专业岗位需求调研。由学校商学部人力资源专业团队牵头,专业设计调研方案,培训所有参与调研的专业负责人和教师。学校所有的专业负责人组队深入学生就业的主要用人单位,开展产业、企业、岗位调研,利用调研数据进行工作分析,最终建立就业数据库:产业—行业—企业分类标准、产业链人才需求标准、专业人才培养质量标准。学校编制了人才需求能力标签,构建了职位标签等,以便更精准地匹配人才与市场需求。学校紧跟产业需求,将这些标签全部纳入自主研发的数字化平台,形成产业、行业、用人单位就业信息数据库。这些标签都是企业人力资源部门熟悉

的用人标签,用人单位后续能够在平台上更新和组合自己的就业数据标签,进而发布就业信息。开放的就业信息数据库能够吸引越来越多的用人单位入驻,逐步覆盖所有本科专业对应的岗位。各专业以此为基础,倒推形成自己的人才综合素质能力评价模型,为后续人才培养模式改革提供依据。

其二,采取课程立项的办法,全面推行大三年级的项目化教学课程建设工程。与项目式、案例式教学课程不同,项目化教学课程将企业真实项目"化"为课程项目任务,既可以无缝对接企业真实岗位要求,提升学生的岗位胜任力;又可以设计成学生是学习主体的项目化教学课程,让学生边做边学,成为学习的主人,成为课堂学习的共同设计者,充分激发学生的内在动力,开展有意义的学习。项目化教学课程的设计,以市场需求为导向,从岗位真实任务要求出发,先提取"职位群—岗位典型任务—工作项目",然后优化这些项目所需要的专业知识图谱,将专业知识图谱与工作项目融合,形成一种新型的项目化教学课程的知识图谱。在此基础上,确定课程教学目标、项目任务、教学内容、课上课下学习任务等。学校制定了项目化教学课程的建设标准:一是强调项目"真实性",必须是来源于企业的实际项目,可以是即时性项目或延时性项目,按照岗位任务逻辑,将项目任务、项目流程、项目能力、常见错误和解决办法编排成学习任务单元;二是建立对接企业行业的项目资源库,及时更新,确保项目的延续性和内容的有效性;三是制定以成果为导向、市场直接评价或仿真评价的三级评价标准,学生考核合格即能达到课程对应的岗位任务要求,胜任岗位工作。项目化教学课程是"2+1+1"产教融合型课程体系中的核心环节,具有承上启下的关键作用。这个环节不进行改革,其他课程改革都只是理念,无法真正落地实施。因此,学校将大三的项目化教学课程的改革作为整个课程改革的切入点,以分批立项的方式,完成了大三所有的课程改革。

其三,依托数字化学习平台,基于知识建模、课程教学设计的技术方法全面重构课程体系。作为课程改革的突破口,学校在全面实施项目化教学课程后,开始倒逼前修专业基础课程改革,支撑大四的应用型课程建设。前修基础课程需在目标制定、内容选择、教学模式和评价考核等方面提供有力支撑,以确保知识的系统性和连贯性。同时,项目化教学课程也为大四学生直接参与用人单位的真实项目和工作,提供更具技术性和实用性的知识,以及解决实际问题能力和创新能力的基础。为此,学校邀请国家教育行政学院刘亚荣专家团队,以课程知识建模为基础,全面重构公共基础课程和专业基础课程。一是绘制所有课程的知识建模图。本科专业的全部课程绘制知识建模图为新型人才培养体系搭建坚实的知识体系基础。二是重构基础课程。从支撑项目化教学课程或后续专业基础课程的需要入手,倒推专业基础课和公共基础课的知识容量和结构,全面梳理项目化教学课程所需的知识、能力和素质,将知识点进行详细分解、重新组合,重塑现有的知识体系,对前修专业基础课程的知识、能力、素质主模块进行组合,形成新的专业基础课和公共基础课。三是明确课程建设标准,推动新版教学设计和课程大纲的制定。基于课程知识建模图,重新制定1206门本科课程的教学设计和课程大纲,每门课的教学设计都重新设计和匹配了"以学生学习为中心"的各种教学、学习资源,包括线上课程、作业练习、各种学习评价工具等。四是建设数字化学习平台系统。所有课程的教学、学习资源都实现了线上师生共享,有效满足了教师教学和学生学习对各种学习资源和工具即时性、便利性的需求;解决了公共基础课学生基数大、师生互动难等问题;也解决了教考分离、多维评价、客观证据翔实的教学和学习评价真实难题;真正实现了学生随时可学,不受限于学期和专业,学完即可结业的泛在学习理念。

其四,基于市场真实评价的应用型课程建设。作为学校"2+1+1"产教融合型课程体系的最后环节,应用型课程是对应用型人才培养效果的有效检验和直接体现。学校指导各本科专业开展高质量充分就业调研分析,通过定性定量相结合,从知识能力素质要求、工作岗位经验、职业资格证书考取等维度对毕业生高质量充分就业的本质属性进行画像,提出高质量充分就业标准,并落实到应用型课程目标中。应用型课程的设计基于实际的产业发展和市场需求,由教师承接研发创新类等高质量真实市场项目,通过相应的教学设计(如学分、教学安排、课程考核等)赋予其课程要素,从而转换为课程。教师带领学生承接真实的市场项目,接受市场评价,产生经济与社会效益。在此过程中,教师的实践教学能力得以显著提高,逐步向"双师型"教师队伍转型。学生通过岗位任务从合格的入职者变成优秀的入职者,实现从"做成"到"做好",直接实现高质量充分就业。

其五,建立优秀本科生荣誉体系。为引领学生积极进取、全面发展,持续提升学生德智体美劳综合素养,进而激励学生追求卓越、奋发向上,营造"逢一必争,逢金必夺"的优良校园氛围,学校以德智体美劳全面发展为导向重构本科生荣誉体系,促进学生成长成才。一方面,学校表彰在学习、创新创业等方面表现突出的学生。他们或项目成果获企业采纳,实现高质量充分就业目标;或创新创业能力强,勇启创业征程;或勤奋好学,有一定学术成果。学校为他们颁发"全能英才奖""创新创业奖""学业卓越奖",激发学生的内在潜能和创新精神,促进学生更加积极主动地投入到学习和实践中,不断挑战自我,追求更高的目标。另一方面,学校表彰积极参与学校产教融合工作并做出努力和贡献的优秀毕业生。他们或积极牵线搭桥,为学校与企业搭建合作桥梁,不断拓展合作渠道;或参与学校课程设计,将企业实际需求与行业最新动态有机融入教学内容,助力学校构建贴合市场需求的人才培养模式;或为在校生创造大量实习与实践机会,促使学生在实践中茁壮成长。学校为他们颁发"杰出校友奖",对其做出的贡献和取得的成就给予充分肯定。同时,学校激励在校学生努力提升自己,力争成长为创新引领型人才。

黄河科技学院"2+1+1"产教融合型课程体系不同于传统学科逻辑下的本科人才培养体系,也不同于当前很多应用型大学倡导的校企合作的本科人才培养体系。三种人才培养体系对比分析见图2。传统高校人才培养体系根植于学科逻辑,偏重知识传授,为学生筑牢坚实的理论基础。然而,在对接企业实际工作所需的应用技能培养方面却极为薄弱,使得传统本科教育的毕业生大多呈现出"眼高手低"的特点,必须经过培训期后才能适应岗位任务要求。在知识匮乏、缺乏信息技术传播知识的时代,这种培养方式是大学的不二选择。但在信息技术时代,知识可以泛在索取,这种人才培养体系已经不能再作为任何大学人才培养的基本方式。

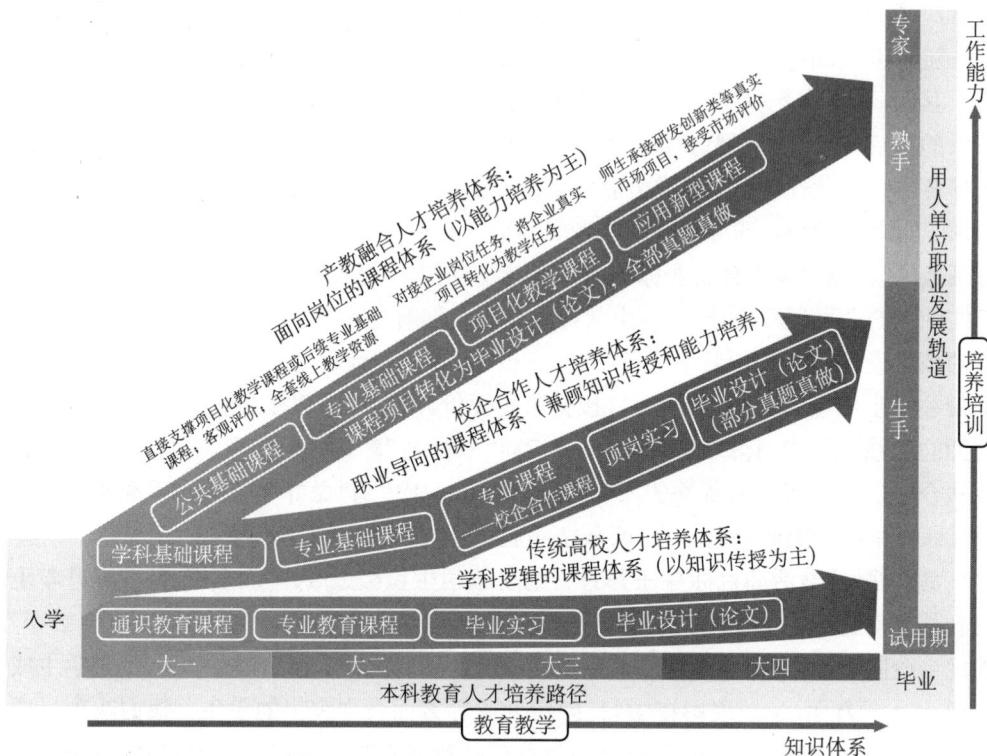

图2　三种人才培养体系对比分析

　　校企合作人才培养体系以职业为导向,设置校企合作课程、顶岗实习及毕业论文真题真做等实践类课程和环节,既注重知识传授,又兼顾能力培养,尤其强调实践与应用,对提高学生实践能力和职业技能有较大帮助。但是也存在四方面的主要问题:一是课程体系内容衔接度不够。校企合作课程与前端的基础课程以及与企业真实岗位要求之间都缺乏有效衔接,导致课程体系连贯性欠佳,人才培养与市场需求不匹配。二是师资队伍实践应用能力不足。教师因缺乏行业经验与企业实践经验,难以有效解决企业实际问题。三是校企合作课程个性化程度不高。课程多由企业研发,雷同性强,与学校办学特色联系不紧密,无法满足学生的个性化发展需要和市场的多样化需求。四是校企合作课程覆盖领域不广泛。合作项目往往依托"订单式"人才培养开设,局限于企业所需的特定岗位,未能全面覆盖专业面向的所有岗位。

　　我校的产教融合人才培养体系,从锚定岗位需求出发,重新梳理了人才培养的学习逻辑。在未来的人才培养中,一旦产业中的工程师和学校的教师都具备课程领导力,便能够突破产业和学校的界限,随时将岗位的需求转化为培养的课程。届时,学校将成为任何产业人才随时获取学习机会的场所,也将成为产业孕育未来科技产品的场所。

二、强化支持保障,全面推进综合改革

人才培养体系改革是牵一发而动全身的系统工程,外部需要全社会方方面面的配合与支持,内部也涉及体制机制、数字化平台、课程建设、教学质量评价与持续改进等全要素多维度的支撑和保障。为此,学校主要从以下几方面进行了衔接配套改革。

其一,自主研发数字化平台,实现评价与建设全流程智能化。搭建集智能管理、智慧教学、数智评价于一体的课程建设数字化平台,统筹全校课程资源,对外实现各高校课程资源共建共享,对内实现课程数据与教师数据、学生数据互联互通,协同推进课程建设与评价、学生服务和师资培养;构建基于质量标准、全量化采集、大模型分析的智能化课程评价支持体系,通过统一规划、统一建设、统一管理、统一评价,优化课程结构、明确课程规格、分析课程目标达成度、智能化提供课程画像、过程性规范课程准入与退出,保障一流应用型课程的优质、高效、充足供给。

其二,评价牵引,推进课程高质量建设。学校与国家教育行政学院共同研创课程评价指标体系。分类研创教学设计、教学实施、教学产出评价标准,重点关注课程知识建模的完整性、教学活动目标与任务的一致性、师生交互过程的有效性、教学评价的客观性。聚焦教学设计、教学实施、教学产出三个关键环节,实现课程评估精准化。一是聚焦教学设计。考察 OBE 理念在每个任务和活动设计中的体现,强调选取活动的目标、交互、成果及评价标准的一致性,课程知识建模的完整性等。二是聚焦教学实施。评价教学过程与教学设计的一致性,重点考查学生是否进行高阶思考、是否积极参与各项学习活动、知识能力是否达到预期目标。三是聚焦教学产出。将课程考核评价标准、企业评价标准、企业采纳证明等纳入课程成果重点考察,将教师教学能力提升、课改论文发表等作为教师成果进行评价,将学生考核结果、学生作品、创作等作为学生成果重点考察评价。学校充分利用大数据技术,将日常教学动态数据与专家评估相结合,建立线上线下相互支持,专业、学部、学校三级进阶式评价机制,实现常态化全覆盖"课程 + 教师团队"评价。通过线上审阅课程资源和评审材料、深入课堂随机听课、组织课程答辩汇报、强化反馈改进四步骤,构建评价闭环,促进课程评价"反哺"课堂教学,推动全部课程锻优提质。评价结果打破职称定课酬惯例,实行优课优酬,最高给予 5 倍工作量奖励。

其三,深化体制机制改革,推动教学改革落地生根。学校充分利用体制机制灵活、行动决策迅速等优势,深入开展"大部制""学部制"体制机制改革,推动高校与产业、行业、企业资源共享、深度融合、协同发力、共同育人。在职能部门推行"大部制"改革,通过整合 13 个处级单位,成立教师中心、教育教学中心、学生中心三大中心,以及思政工

作部、科技发展部、资源保障部等五个大部，提高职能部门服务教育教学工作的效能度和协同性。在教学单位积极推动"学部制"改革，打破原有的"校—院—系—教研室"多层级结构，将12个学院整合为工学部、艺体学部、商学部、医学部四个学部，依据专业集群下设科教中心，赋予其资源配置的自主权力。通过体制机制改革，充分汇聚学科、专业、师资、平台等各类优势资源，实现了以下三方面的提升。一是教师中心的成立，为教师提供了更专业的发展平台。鼓励教师深入企业实践，提升实践教学能力与专业素养，提供更多职业发展机会和激励机制，打造高素质、专业化、创新型教师队伍。二是教育教学中心的成立，有利于整合教育教学资源，推动产教深度融合。通过搭建教学平台，教师与企业专家共同设计与实施课程、共同制定并修订人才培养方案，促使专业设置紧密贴合产业需求，大幅提升专业与市场对接的精准度与紧密性。同时，引导教师将行业最新动态和技术及时引入课堂，促进教学方法创新，增强教学的针对性和实效性，为培养具有扎实专业知识和较强实践能力的应用型人才筑牢坚实基础。三是学生中心的成立，为学生提供了更多实践机会和职业发展指导。开展职业规划、职业咨询服务、优秀本科生表彰以及行业专家和成功校友经验分享等丰富多彩的活动，为学生在职业选择和发展中遇到的困惑提供个性化指导和建议，进而提升学生的就业竞争力和职业适应能力。

三、发挥改革效能，凸显人才培养成效

学校始终秉持"办一所对学生最负责任的大学"的办学愿景，全心全意为教师服务，全心全意为学生服务，人才培养新体系改革得到广大师生的高度认可和肯定。

学校采用调查问卷、访谈等多种形式开展了教育教学改革后的师生满意度调查。结果显示，总满意度高于98%。教师董菲菲分享村庄规划授课感悟时谈道："当学生真正成为课堂的主人时，他们便不再是学习的被动承受者，而是积极投身于教学活动，化身为学习的主动探索者与协同合作者。他们的学习热情空前高涨，思维也更加活跃。"教师杨颖分享道："投身于学校课程改革实践，我深切认识到，卓越的教学绝非因循守旧，而在于大胆创新、勇于实践。身为一线教育工作者，我们不只是知识的传播者，更是变革的推进者。课改给予我宽广的舞台，使我能尝试新教学理念与方法。我将项目化、合作学习等理念融入课堂，激发学生兴趣与创造力，实现师生平等互动、共同发展。"学生崔锴洁分享了自己在服装与品牌设计课程中的体验："在这门课程里，同学们模拟不同岗位，大家分工协作，展现出极强的团队协作精神和学习热情，我能深切地感受到有一股强大的力量推动着我在交叉创新的道路上不断向前。"学生司双颖谈道："项目化教学课程风景园林规划与设计具有很强的实践性、应用性和挑战性。在一次次的项目构思与创作过程中，我被激发出全身心投入学习的热情，对这门课程产生了浓厚的兴趣。特别是当自己设计的园林方案被采纳并且最终得以建成的时候，之前所有的辛苦付出都转化为满满的成就感，那种激动和自豪难以用言语来表达，感觉所有的努力都是非常

值得的!"

回顾 6 年的改革历程,学校聚焦人才培养模式改革、课程体系构建、课程开发、课程设计以及课程评价等关键环节,先后召开了主管教学部(院)长、科教中心主任、骨干教师等不同层面人员参与的研讨会 300 余场,投入 3000 余万元用于 1300 多门课程的建设。在此过程中,教师们对于人才培养模式改革理念、思路及步骤等有了更清晰、更深刻的认知。在全体师生的充分认可与深度参与下,全校上下已然凝聚起改革共识,产教融合持续走向深入,教师队伍的能力得到显著提升,人才培养与行业企业岗位需求的对接越发紧密,课程教学质量有了明显提升。改革成果受到省内外高校和社会的广泛关注,130 余所高校、240 余家企事业单位等到校交流;受邀在中国高等教育学会、国家教育行政学院等举办的院校研究高端论坛,郑州大学、成都大学等高校做主题报告 28 次;成果在第 61 届、第 62 届中国高等教育博览会上展出,获得省内外高校教学管理人员和一线教师的高度好评;办学成效被中央电视台《新闻联播》、新华社、《光明日报》《中国教育报》等广泛报道。

斗转星移,岁月如梭,黄河科技学院在时光的长河中稳健前行。2024 年 5 月,学校迎来了辉煌的四十华诞。值此之际,我们集结学校人才培养新体系改革成果,分专业出版"应用型高校本科专业产教融合型课程体系改革与实践"系列图书,为应用型高校深化教育教学改革、创新人才培养模式、优化课堂教学方式方法、开展常态化课程评价、全面提升育人水平提供有效借鉴和参考。这一本本沉甸甸的册子,凝聚着全校教师在课改历程中的智慧与汗水,折射出全体教师的睿智与灵性,更满溢着全体教师"以学生为中心"的教育理想与不懈追求。

此举,一为抚今追昔,以文字铭刻学校波澜壮阔的发展历程,为辉煌历史留存厚重见证;二为激励莘莘学子奋发图强,在知识的海洋中砥砺前行,以拼搏之姿努力成才,为未来铸就璀璨华章;三为鼓舞吾辈同人不忘初心,励精图治,以昂扬斗志勇攀高峰,在教育的新征程上再创佳绩,为国家培养更多栋梁之材,为时代书写更壮丽的教育诗篇。

回顾往昔,那些奋斗的足迹、拼搏的身影,皆是前行的动力源泉。展望未来,我们深感责任重大、使命光荣。我们定会牢记为党育人、为国育才的初心使命,不负重托,与时俱进,努力谱写无愧于前人、无负于时代的璀璨新篇章。

黄河科技学院执行董事、校长

杨保成

2024 年 10 月 16 日

前　言

　　黄河科技学院播音与主持艺术专业创建于 2003 年，目前拥有一支结构合理、素质优良的师资队伍。现有专兼职教师 37 人，其中教授及副教授 21 人，"双师型"教师占比达 46%；硕士及以上学历教师 27 人，其中 2 人拥有博士学位。

　　该专业在发展历程中成果丰硕，2007 年、2009 年先后获批郑州市地方高校重点专业、示范专业，2019 年在全省专业阶段性评价排名第 5，2022 年获批郑州市地方高校急（特）需专业，2023 年获批河南省民办普通高等学校学科专业建设资助项目。

　　该专业坚持以学生为中心，与河南省广播电视台、河南省演讲与口才学会、河南省科学技术协会等单位联合，探索实践"校政联合、校媒联合、校企联合、校社联合、校校联合"的合作育人模式。2009 年，在全省率先开展"播音艺术""节目主持""非节目主持"等不同方向实训的教学改革，精准培养应用型播音与主持人才。近年来，进一步探索"媒体业内 + 传媒用户 + 企业需求"的改革路径，积极构建"2+1+1"（基础 + 实践 + 应用）产教融合型课程体系，深度对接市场需求，高质量开设电商直播与主播运营、有声语言录制、少儿语言表演等项目化教学课程。同时，创新产学研结合的"社会服务"模式，持续为学校附近小学提供"少儿语言表演""小学课本剧编创"等课后延时服务，推动人才培养更好地服务区域经济与产业发展。

　　基于以上背景，我们从专业发展趋势、课程体系构建、教学内容设计等方面进行深入思考与探究，力求使本书能够切实满足教师教学、学生学习及传媒一线从业者的实际需求。当然，作为一种探索，书中难免存在疏漏之处，敬请专家和读者不吝赐教。

编著者
2025 年 4 月

目 录

第 1 章

播音与主持艺术专业概况

1.1 专业发展历程

黄河科技学院播音与主持艺术专业坚持以学生为本,探索实践"校政联合、校媒联合、校企联合、校社联合、校校联合"的合作育人模式,为应用型播音与主持人才培养搭建了社会实践联台;率先进行"分专业方向实训"教学改革,开辟了河南省分专业教学的先河;如今又建立应用型"2+1+1"人才培养模式,构建协同发展的"项目化教学"体系,开辟出一条敢为人先的"媒体业内 + 传媒用户 + 企业需求"的发展道路,开设与时俱进的项目化教学课程,创新产学研结合的"社会服务"模式,长期为学校附近小学提供"少儿语言表演""小学课本剧编创"等课后延时服务,并通过专业人才培养更好地服务区域经济与产业发展。

在数字时代,我国的传媒形态和格局正在发生深刻变革。传统媒体的转型升级、社交媒体的迅猛发展、流媒体平台的强势崛起和台网融合的深度推进,共同构筑了一幅波澜壮阔的数字传媒生态画卷。在此背景下,播音与主持艺术专业以数字时代的生态化变革为逻辑起点,尝试探索产教融合的全新发展策略。

近年来,播音与主持艺术专业深化校企合作、产教融合,通过实施"三引、三进"举措,构建起"课堂 + 工作室 + 企业 + 岗位"的实践教学模式,实现了人才培养与国家标准的深度融合;同时,强化工学结合,构建工作室教学模式,推动了专业教育与"双创"教育的深度融合。为顺应数字化转型和媒体跨界融合的趋势,学校加快完善播音与主持艺术专业的教学数字化体系,提升数字化应用能力;同时,强基固本、应时而变,积极探索数字化时代教育教学合作的新形态与新范式。

1.2 专 业 现 状

播音与主持艺术专业现有在校生 659 人,具有高级职称的教师及"双师型"教师均占 66.7%。在这支队伍中,不仅有学术功底深厚的博士研究生和硕士研究生,也有师德高尚、技艺精湛、专兼结合且充满活力的高素质"双师型"教师。

在教学条件方面,播音与主持艺术专业依托"广播电视艺术实验教学中心"开展教学实践。该中心在河南省内高校中规模领先,是广播、电视及新媒体综合实训类实验教学中心,2012 年 12 月被评为河南省实验教学示范中心。其功能集"广播电视语言实训类、新媒体实训类、综合一体化类"于一体。近年来,播音与主持艺术专业持续加大对新媒体教学设备的投入力度。一方面,完成了现有电视小播音室的设备换代升级;另一方面,建成了"实景直播室"和"录音剪辑室"等紧跟市场需求的实训室。2021 年 4 月,"融媒体中心"建成,学校获批成为河南省高校"融媒体 + 育人"工作培训单位。

在人才培养方面,播音与主持艺术专业对外合作工作特色显著,完善校政、校媒共建平台、校企合作平台、校校(校际)共融平台、校社(社会)互动平台等"五个平台"建设,探索"政、产、学、研、用"协同办学的新模式。目前,播音专业已与河南省广播电视台、郑州广播电视台、大河网、南街村、嘴八棚虫配音工作室等近十余家单位建立了实习实训基地。同时,校内还建有"星愿电视台""艺术语言研究会"等以学生为主导的自办电视台和创作工作室,为学生校内实践教学和专业创作活动的顺利开展提供了充分保障。

在就业与市场需求方面,播音与主持艺术专业毕业生呈现出"厚基础、宽口径,多元化、高质量"的特点,持续满足市场对创新型、复合型、应用型人才的需求。通过对播音与主持艺术专业毕业生就业基本情况的数据分析和岗位调研发现,"广播电视类、语言培训教师类、配音类、网络视听类、商业主持类"是毕业生流入人数最多的前五个行业。基于此,播音与主持艺术专业创新构建应用型"2+1+1"人才培养模式,搭建协同发展的"项目化教学"体系,完成应用型课程体系重构,助力毕业生明确职业方向,提升求职竞争力。不断赋予人才培养模式新的时代内涵,进一步挖掘"项目化教学"中的岗位资源,做细做实就业指导服务,以适应和满足毕业生就业出现的新变化、新需求。

1.3　专业发展趋势和展望

1.3.1　专业发展趋势分析

专业的发展旨在培养人才,也依赖于人才培养。因此,能否完整构建人才培养链,是衡量一个专业发展优势的关键。人才培养的链条体系,需要前端、中端、后端的协调与配合。其中,不仅需要教学前端及时更新适配的人才培养方案,教学中端也要及时针对性地设计课程教学内容、提升教师专业技能;同时,教学后端更要解决如何将学生推向就业市场,为学生谋就业、关注就业的问题。专业发展的核心,是以高标准教学促进高质量就业，以高质量就业推动高标准教学。

1.拥有能快速应对媒介环境变化的人才培养方案

随着新媒体的发展与普及，适应新媒介环境的人才培养方案应运而生。从培养传统广播、电视人才，逐步过渡到培养新媒体、融媒体人才，这期间的探索与过渡，始终是专业实时更新的导向。以播音与主持艺术专业为例，前几年随着微信公众号和抖音的兴起，就已着手更新与调整教学方案。实时、及时更新播音专业人才培养方案，高度匹配新媒介环境下就业岗位对人才的新需求，快速做出调整与改变，这是播音专业的第一个发展优势。

2.拥有适应就业岗位需求的课程设计

播音与主持艺术专业在课程设计方面的成绩显著。在人才培养的中端，会及时更新课程设置，增加新媒介环境下人才岗位需求高的课程，相应地减少人才岗位需求少的课程。例如，播音专业二年级降低了广播课程权重，增设了全媒体表达课程。三年级开设直播电商课程，缩减传统社教服务课程。这些课程的优化与增减，紧密贴合当下就业岗位对播音人才的需求。尤其是项目化教学团队的组建与课程改革，是播音专业乃至学校的突出特色。在项目化教学中，学生边学习边实践，在学有所成的同时明确了就业方向，找到了就业平台。

同时，播音教师团队业务技能的提升与优化，以及教学硬件设施的搭建和更新，都能及时跟上市场需求，做出相应的调整。播音专业通过一系列教学改革，构建起前端、中端、后端完整的人才培养链条。这是播音专业的第二个发展优势。

3.拥有能帮扶学生就业的平台与渠道

播音与主持艺术专业在推动学生就业、关注学生就业、帮助学生就业这个人才培养链条的后端，也取得了一定的成绩。专业教师会结合市场行情和岗位需求，为学生提供就业分析，提供就业岗位；同时，辅导员也会及时跟进学生的就业情况。播音系在与企业合作开展的项目化教学中，双方共同搭建的实习就业平台能在第一时间为学生就业提供帮助。这意味着本专业的学生在大三时，就可以依据自身特长和就业方向，报名参加相应的项目化教学，进而选择心仪的实习平台和就业岗位。这是播音专业的一大特色，也是专业的第三个发展优势。

1.3.2　专业发展总体思路

播音与主持艺术专业建设规划总体依据黄河科技学院的总体发展规划，以及学校制定的"本科学历教育与职业技能培养"人才培养方针，以科学发展观为指导，遵循高等教育规律，面向新时期播音与主持艺术教育形势，结合河南省经济发展和就业需求，针对当前传媒业发展的特点和趋势，科学合理地规划专业建设，形成自身的优势和特色。

播音与主持艺术专业的建设目标是,以教学科研建设为核心,以学科建设为路径,以能力培养为目标,以人才培养方案的优化和课程教学的改革为突破口,以加强完善教学科研的运作机制为重点,致力于"应用型"的高级传媒人才的培养。使播音与主持艺术专业在内涵上更加充实和协调,依托岗位需求,尤其是在"2+1+1"的教学改革模式上,不断探索项目化教学改革发展,创新专业教学的教学模式和方法,整合教学资源,突出专业特色,努力提高教学质量与水平。立足实际,着眼未来,持续为培养"应用型"高级传媒人才发力。

1.3.3 "十四五"专业发展规划与展望

1. 发展机遇

当前,播音与主持艺术专业的建设发展拥有良好的外部环境。首先,国家高度重视应用型人才培养,出台了《教育部关于加快建设高水平本科教育 全面提高人才培养能力的意见》(教高〔2018〕2号),为学科专业建设提供了政策支持,指明了发展方向。其次,地方经济建设的快速发展,对应用型高水平人才的需求,同样为学科专业建设创造了良好的发展机遇。此外,专业办学积累的丰富建设经验与成果,为未来5年学科专业建设奠定了坚实的基础,成为专业建设发展强有力的内在保障。

2. 总体目标

在五年建设周期内,实现学科专业建设水平与人才培养能力双提升,推动学科专业建设实现内涵式发展。力争到2025年,专业办学条件明显改善,师资力量显著增强,科研能力逐步提高,产学研深度融合,社会服务能力有效提升。持续凝练稳定且特色鲜明的学科方向,做到专业建设有特色,人才培养有创新,文化传承有发展,建设管理规范化。

3. 专业建设定位

为更好地适应现代经济社会和企业发展的需要,结合地方院校资源现状,播音与主持艺术专业定位于培养具备扎实的文学功底、必要的新闻知识,拥有有声语言创作和播音与主持基本能力的人才。以建立应用型人才培养模式为核心,构建与行业和岗位相对应的课程体系;以职业能力培养为重点,加强项目化教学课程设计,改善实践教学条件,使产教融合、教学团队建设及评价体系更加合理。

4. 建设任务

在人才培养模式的改革与创新方面,2020年,对标河南省播音专业建设阶段性评价数据,在全省20多所播音本科院校中,黄河科技学院排名第六名。新时代赋予专业新的生机,只有洞察并把握与政策、市场的接轨点,才能成为时代的领跑者。在新媒体时代,播音与主持艺术专业培养模式需继承与创新。引入电商直播运营课程、有声语言录制课程、大小屏直播报道、晚会主持、少儿语言表演及商务主持等课程,让有着 20 年历史的老专业在行业新风的吹拂下开出新的花朵。播音与主持艺术专业注重培养具有演说、辩论、表达、说服、协调能力的学生,并且在语言与论辩、语言与权力、语言与社会化等方面加强对学生的指导。通过项目化教学、产教融合及基础课教学,使学生具备新媒体环境下的职场技能和现代公民素质。在当下人人皆为媒体的时代,主持艺术和媒介传播已不再是传统媒体体制下的单向传播。播音与主持艺术专业发展转型必须在媒体深度融合发展的背景下寻找自身特色、优势和定位,在新时期继续讲好中国故事,传播中华文化。作为以应用型为特色的专业学科,播音与主持艺术专业离市场更近、离受众更近,更能敏锐地捕捉媒体深度融合带来的挑战和机遇。因此,在媒体融合之路上,播音与主持艺术专业推行"2+1+1"教学模式,开辟出一条融合媒体业内、传媒用户和企业需求的创新之路。

在科学研究方面,播音与主持艺术专业教师队伍中有一批学术基础良好,承担学科前沿理论教学的教师。我们遵循教学科研相促进的建设原则,在建设期间,加强播音专业教师的科研团队建设,发挥高职称、高学历教师的引领作用,积极支持和鼓励教师外出交流学习,同时引进高水平专家学者进行科研指导,通过内外结合的方式促进教师科研能力提升。

在校企合作、产教融合实践教学体系建设方面,未来五年,播音与主持艺术专业将继续推进校企合作、产教融合及实践教学。以行业企业发展需求为宗旨,共同开发并创建新课程体系,为专业建设与创新提供核心支撑。课程是支撑专业的基本要素,课程建设是专业建设与创新的核心。通过这些举措,增强学生的实践能力,为完善实践教学体系奠定基础。

在教学质量保障体系建设方面,继续完善教学督导组制度,进一步促进教师教学水平提高、规范教学管理、推动教学研究;建立教学信息员制度,畅通教与学信息反馈渠道,落实以学生为中心的教学观;推行教考分离制度,深化考试改革,提高教学质量;建立师资培养和引进制度,提高教学水平;构建教学实践体系,增强学生的应用能力;建立教师教学质量优秀奖评选制度,充分发挥激励机制的作用,逐步推进教学信息化,优化课堂教学。

在社会服务方面,播音与主持艺术专业一直坚持利用专业优势为社会服务,长期为附近小学提供"少儿语言表演""小学课本剧编创"等课后延时服务,积极参与乡村振兴服务,义务投身于"直播带货""直播乡村生态旅游""直播带岗"等活动。然而,目前产学研结合的科研项目相对较少,科研成果转化为生产力的效果不明显,与学校"地方应用型"的办学定位仍有一定差距。在建设期间,将继续加大与外部机构的资源共享和交流,争取横向科研项目,推进产学研结合,为地方经济发展提供智力支持和人才支撑。

在硬件升级方面,播音与主持艺术专业拥有"广播电视艺术实验教学中心"。该中心是河南省内高校中规模最大的广播、电视及新媒体综合实训类实验教学中心，2012 年 12 月被评为河南省实验教学示范中心。中心集"广播电视语言实训类、新媒体实训类、综合一体化类"多功能于一体。随着播音专业与市场紧密结合，以市场需求为导向，以教学实践和人才培养为依据，加大新媒体教学设备的投入。一方面，完成现有电视小播音室的设备换代升级；另一方面，建成"实景直播室""录音剪辑室"等紧跟市场需求的实训室。

建设成果方面，稳步推进"郑州市急特需专业""河南省民办普通高等学校学科专业建设项目资助专业"等工作，将全媒体表达Ⅰ、全媒体表达Ⅱ等课程建设为省级一流课程，建成河南省"优秀基层教学组织"。结合专业特色和发展规律，主动融入学校发展战略，深化产教融合，持续探索创新，全力培养高素质应用型人才。

播音与主持艺术专业课程体系构建

当前,播音与主持艺术专业的建设发展具备良好的外部环境。首先,国家高度重视应用型人才培养,相继出台《教育部关于加快建设高水平本科教育 全面提高人才培养能力的意见》,为学科专业建设提供了政策支持,指明了发展方向。其次,地方经济建设的快速发展,对应用型高水平人才的需求不断增长,这也为学科专业建设创造了良好的发展机遇。

播音与主持艺术专业自 2003 年设立以来,至今已历经 22 年的建设和发展。2007 年,该专业被评为郑州市重点专业,2009 年又获评郑州市示范专业。经过 22 年的艰苦努力,播音与主持艺术专业逐步摸索出了教学的基本规律,在继承中国播音学理论和实践的基础上,尝试走出一条具有自身特色的道路。在人才培养模式、专业课程设置、教学时间安排、突出实践教学、引进适用人才、改善设施条件及加强教研科研等方面,都根据自身特点进行了调整、改革和创新,在实际教学中取得了较好的效果,得到了各方好评。

播音与主持艺术专业一直坚持发挥专业优势服务社会,长期为附近小学提供"少儿语言表演""小学课本剧编创"等课后延时服务,积极参与乡村振兴服务,义务投身于"直播带货""直播乡村生态旅游""直播带岗"等活动。

在网络新媒体环境下,催生出很多网络直播平台和网络主播,但在其迅猛发展的同时面临着低俗化、泛娱乐化等诸多问题。而播音与主持艺术专业人才凭借良好的发展潜力与专业能力,逐渐成为直播产业吸纳人才的主要来源,这为播音与主持艺术专业毕业生开辟了一条广阔的新就业路径。播音与主持艺术专业人才的加入,提升了直播产业人才结构的质量,直播产业因播音与主持艺术专业毕业生的加入,未来将实现更健康、更高质量的发展,同时也为直播产业未来发展及播音与主持艺术专业学生培养,提供了全新的思考方向。

2.1 新文科建设与行业人才需求分析

随着社会和经济的发展,我国广播电视传媒事业蓬勃发展且日益壮大。广播电视媒体对播音主持人才的需求仍然相当可观。据统计,各级各类电视台和广播电台为适应传媒集团化、市场化的发展需求,以及满足多样化的社会消费需求,采取增加直播时间、增建系列台等措施,促使频道和频率分化愈发精细,各类主持人节目层出不穷,播音员和主持人的数量需求明显增多。这无疑为播音与主持艺术专业的毕业生提供了更多的就业岗位。

新媒体的发展对播音主持人才的渴求更是日益强劲。随着数字技术、网络技术等新兴技术的应用和普及,网络广播电视、IP 广播电视、移动广播电视、手机广播电视等新媒体业务迅猛发展。同时,消费者多样化、个性化的视听消费需求在一定程度上得到满足。例如,网络广播电视节目、手机电话服务热线、车载移动广播和电视等已深度融入我们的生活,为播音与主持艺术专业人才开拓了新的就业领域和机遇。

其他语言艺术行业同样是播音与主持人才就业的广阔天地。播音与主持专业人才不仅能够担任广播电视媒体的播音员和主持人,还可从事其他与有声语言相关的工作。这些领域为他们施展才华提供了广阔空间,诸如影视配音、广告配音、文化团体活动、大型企事业单位宣传、IT 产业的新闻播音,以及社会生活中各类庆典、各种节目的主持等。

互联网时代强大的传播能力,加之营销团队出色的包装与宣传能力,造就了一批带有光环的互联网"网络主播"。而播音与主持艺术专业人才因具备良好的发展潜质与专业能力,逐渐成为直播产业吸纳人才的重点对象。随着直播产业规模化与专业化发展趋势愈发明显,许多直播公司主动向播音与主持艺术专业人才抛出橄榄枝,越来越多的播音与主持艺术专业学生将进入直播行业作为职业发展的目标。播音与主持艺术专业人才的大量涌入,无形中提升了网红产业人才结构的质量。

基于对播音与主持艺术专业相关技术领域发展现状和变化趋势的深入观察和分析,本节调研报告从"专业需求"和"人才需求"等层面展开,旨在进一步推动就业和招生、人才培养的联动,促进人才培养与经济社会发展紧密结合,助力培养更多高素质复合型人才。

2.2　岗位任务分析

2.2.1　播音与主持艺术专业就业情况调研

1. 调研目的

为全面呈现播音与主持艺术专业毕业生的就业状况,将毕业生就业创业工作融入人才培养的各个环节,努力实现更高质量和更充分的就业目标,黄河科技学院播音与主持艺术专业依据自身发展特色,结合人才培养目标、市场定位、专业课程设置及实训体系构建情况展开调研,以期进一步推动就业和招生、人才培养的联动,促进人才培养与经济社会发展紧密衔接,助力培养更多高素质复合型人才。

2. 调研内容

调研内容涵盖播音与主持艺术专业毕业生就业情况、就业市场与用人单位反馈情况两个层面,主要包括就业情况分析、就业岗位分析、就业前景分析、薪资水平分析;职业岗位(群)对毕业生职业能力的要求、职业岗位(群)对毕业生职业素养的要求、播音与主持艺术专业岗位群统计分析等。

2.2.2 调研对象

1. 毕业生

调研对象为播音与主持艺术专业2017—2021届毕业生,共计50人。

2. 市场

调研对象为播音与主持艺术专业相关用人单位,共计10家。

2.2.3 调研开展的途径和方法

本次调研的目标清晰、数据真实、可视性强,调研题目设置合理,便于数据采集和分析。以下为问卷调研实施步骤。

(1)明确研究目的,确定调查问题。基于黄河科技学院播音与主持艺术专业自身特色,以及毕业生层次、相关用人单位性质等因素,设计问卷问题,确保问题具有针对性和实用性。

(2)制订问卷设计方案。在制订方案时,需要综合考虑问卷的形式、问题的类型、选项的设置、顺序的安排等因素,确保问卷的流畅性和可读性。

(3)进行问卷预测试。在预测试阶段,播音与主持艺术专业教研室成员通过面谈、小组讨论等方式开展内部预测试,以便进一步完善问卷。

(4)开展正式问卷调查。在正式调查过程中,与辅导员老师、就业导师密切沟通,合理把控问卷的发放对象、分发方式及回收时间,确保问卷的质量和有效性。

(5)进行数据整理和分析,并运用可视化工具实现数据可视化。

以上是问卷调查法的实施步骤,每个步骤都需要严格按照要求执行,以确保问卷调查的有效性和可靠性。

2.2.4 调研结果

1. 就业前景分析

播音与主持艺术在我国属于新兴产业,随着文化产业的迅速发展,播音主持人职业将成为未来就业领域的热点和亮点。播音与主持专业未来就业范围涵盖传统媒体

（广播电视主持人、出镜记者、编导）、新兴产业（网络主播、影视配音等）及语言类教育教学（少儿语言培训教师）等行业。

未来，文化传媒市场的细分发展趋势将与以往有所不同。在垂直化与专业化的基础上，人格化与社群化等更多细分模式将逐步开启。播音与主持艺术专业毕业生的就业选择将更加多元化，就业前景更为广阔。

2. 就业岗位分析

通过前期对播音与主持艺术专业开展的岗位市场调研，分析得出播音专业目前存在五大岗位群，播音与主持人才培养也主要围绕这五大类岗位群进行相应的人才输出，现阶段主要设立了五大培养方向。

在广播电视类方面，培养传统的广播电视类传媒人才，主要包括广播播音员、电视主持人两大板块。课程设置主要在大一和大二展开，开设语音与发声、语言表达、广播节目主持、电视节目主持等基础专业课，凭借传统广电类专业知识为广电系统输送后备力量。

在网络视听等新媒体类方面，是播音与主持艺术专业当前教学改革的重点方向。结合新媒介环境变化和岗位需求变动，专业及时、实时更新了人才培养方案。课程设置主要在大三开展，一方面针对大三学生开设分方向专业实训课程，另一方面在大三开设项目化教学课程。这两门课程的设置旨在助力大四学生顺利走上实习实训岗位。

在商业主持类方面，商业主持一直是社会层面播音与主持艺术专业学生的就业渠道之一。越来越多的播音专业学生通过承接商演活动找到就业岗位。因此，播音专业在大三学年开设的分方向实训课程中，专门开辟了非节目主持方向，以培养商演主持、导游讲解、婚庆主持等人才。

在配音类方面，影视配音、广告配音、有声书配音等是近年来市场出现的又一就业缺口。为此，播音专业在大三学年开设的分方向实训课程中，开设了影视配音方向的课程，以培养此类专业人才。

在语言培训教师类方面，播音与主持艺术专业学生毕业后，有不少从事语言类教学岗位。少儿语言口才培训班、普通话培训班、播音艺考培训班一直是热门的就业平台。所以，播音专业在大三学年开设的项目化教学课程中，专门开设了少儿口才课与有声语言录制课程，通过与企业合作开展订单式培养，提升学生的就业能力，满足学生的就业需求。

2.2.5　可视化调研结果

1. 毕业生初次就业时间

毕业生初次就业时间统计（单选）如图 2-1 所示。

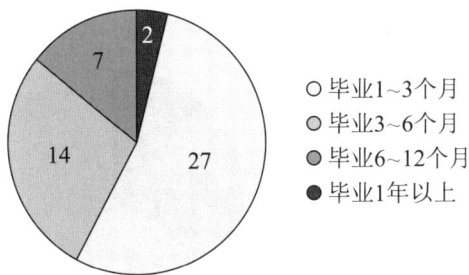

图 2-1　毕业生初次就业时间统计（单选）

在 50 份有效问卷中,毕业生在毕业半年内初次就业的有 41 人,占比较高;在毕业 6~12 个月内初次就业的 7 人;另有 2 人初次就业时间为毕业后 1 年以上。

2. 毕业生就业岗位与所学专业相关度

毕业生就业岗位与所学专业相关度（单选）如图 2-2 所示。

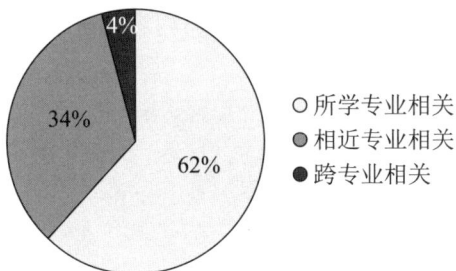

图 2-2　毕业生就业岗位与所学专业相关度统计

在 50 份有效问卷中,毕业生就业岗位多数与所学专业相关或相近。其中,就业岗位与所学专业相关的占比为 62%,就业岗位与相近专业相关的占比为 34%,就业岗位为跨专业的占比为 4%。

3. 毕业生就业岗位分布情况

毕业生就业岗位分布情况统计（单选）如图 2-3 所示。

在 50 份有效问卷中,毕业生就业行业、岗位呈现多元化趋势。其中,语言培训教师类占比为 24%,网络视听类占比为 22%,广播电视类占比为 20%,是毕业生流向人数最多的三个行业。

4. 毕业生初次就业薪资区间

毕业生初次就业薪资区间统计（单选）如图 2-4 所示。

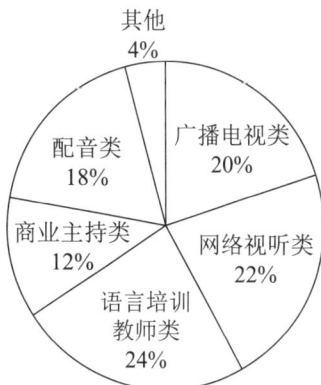

图 2-3　毕业生就业岗位分布
情况统计（单选）

薪 资 区 间	人数
3500 元以下	3
3500~4500 元	31
4501~5500 元	10
5501~6500 元	5
6500 元以上	1

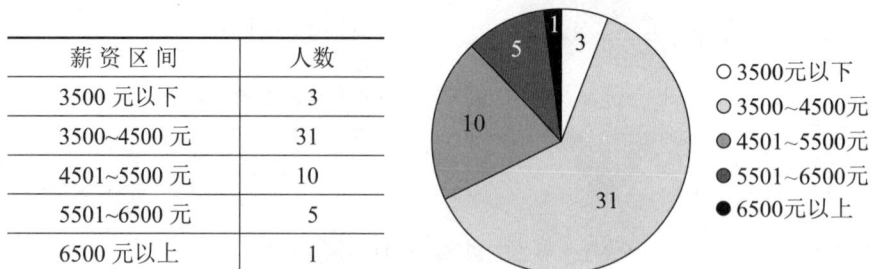

图 2-4 毕业生初次就业薪资区间统计(单选)

在 50 份有效问卷中,毕业生初次就业薪资区间前三名分别为 3500~4500 元、4501~5500 元、5501~6500 元。

5. 毕业生认为对其工作帮助最大的在校学习内容情况

毕业生认为对其工作帮助最大的在校学习内容情况统计(单选)如图 2-5 所示。

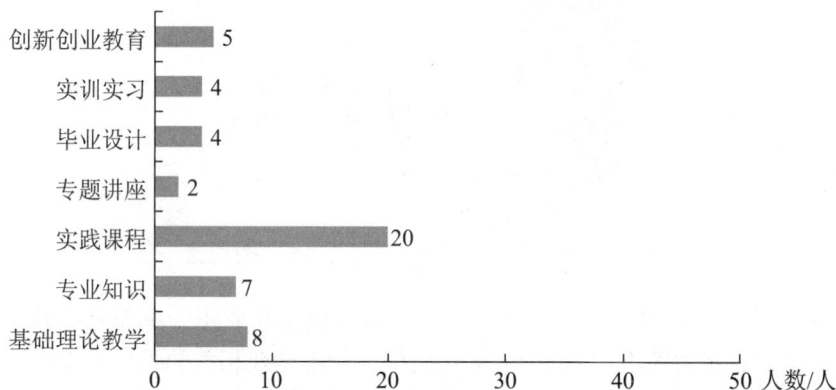

图 2-5 毕业生认为对其工作帮助最大的在校学习内容情况统计(单选)

在 50 份有效问卷中,毕业生认为对其实际工作帮助最大的学习内容主要是实践课程,共 20 人,占总受查人数的 40%。其他占比较大部分集中于基础理论教学、专业知识等方面。这表明,学生在进入社会后,更加重视实践课程教育环节。

2.3 课 程 体 系

2.3.1 播音与主持艺术专业岗位项目化教学课程体系结构

播音与主持艺术专业岗位项目化教学课程体系结构如表 2-1 所示。

表 2-1　播音与主持艺术专业岗位项目化教学课程体系

职位群	岗位名称	岗位任务	项目化任务	专业基础课程主模块	专业基础课程
课程开发类	教研岗	课程体系包装市场营销	项目 X1：课程体系的制作及包装（课内 20 学时；课外 40 学时） 任务一：课程体系设计 1. 了解少儿语言表演的课程发展，对少儿课程体系进行研究和创新，制作出相适合的课程体系模块 2. 能根据寒暑假、日常班等不同学时，学制安排合理的教学内容 任务二：课程包装及市场营销 熟悉市场营销的基本规则和运作模式，能对本教学单位的应季课程进行包装和宣传，做到新颖，有创新意识，兼具趣味性和学识性，达到扩招生源的目的	Z1 少儿语言表演课程开发（20 学时） Z2 少儿语言表演教学培训（24 学时） Z3 少儿语言表演活动策划（20 学时） Z4 文学经典鉴赏（50 学时） Z5 课本剧的概念、作用、类型和影响因素（2 学时） Z6 文学经典改编课本剧训练（12 学时） Z7 播音主持发声概论（4 学时） Z8 播音主持呼吸方式（4 学时） Z9 播音主持共鸣调节（4 学时） Z10 情、声、气关系与声音对比变化（8 学时） Z11 创作观的建立（8 学时） Z12 情感的触发与调动（8 学时） Z13 情感的准确呈现（10 学时） Z14 对象的接受与鉴赏（6 学时） Z15 口才的概述（8 学时） Z16 演讲的内涵（8 学时） Z17 演讲的创作（8 学时） Z18 即兴演讲（4 学时） Z19 辩论演讲（4 学时） Z20 全媒体采访（32 学时） Z21 全媒体写作（32 学时）	1. 文学经典鉴赏 I （包含模块 Z4~Z6） 课程性质：必修 （学分：2；学时：32） 开课学期：第一学期 2. 普通话语音与播音发声 （包含模块 Z7~Z10） 课程性质：必修 （学分：4；学时：64） 开课学期：第一学期 3. 播音主持创作基础 （包含模块 Z11~Z14） 课程性质：必修 （学分：4；学时：64） 开课学期：第一学期 4. 演讲与论辩 （包含模块 Z15~Z19） 课程性质：限定选修 （学分：2；学时：32） 开课学期：第二学期 5. 全媒体采访与写作 （包含模块 Z20~Z21） 课程性质：必修 （学分：4；学时：64） 开课学期：第二学期 6. 主持人形象设计 （包含模块 Z22~Z27） 课程性质：必修 （学分：2；学时：32） 开课学期：第四学期
教学培训类	教学岗	课程教学师资培训	项目 X2：少儿语言表演师资培训（课内 24 学时；课外 48 学时；课内教学） 任务一：课堂教学 能运用多媒体设备进行教学，熟悉适合儿童课堂的教学方法，把握少儿语言表演课课程教学技巧，并能创新教学模式，完成一节有趣的、可控的、兼具知识性的语言表演课堂 任务二：师资培训 掌握少儿语言表演课的基本教学方法，能对本教学单位的教师师群进行优质的师资培训，提高教学团队的教学能力，平衡教学团队的教学质量，以达到教学效果和教学效果的平衡和一致		

续表

职位群	岗位名称	岗位任务	项目化任务	专业基础课程主模块	专业基础课程
活动策划类	教学管理岗	成果汇报 活动策划 艺术考级	项目X3：教学中涉及的各类活动策划（课内20学时；课外40学时） 任务一：成果汇报，节目展演 根据实习进程，定期组织教学单位内的成果汇报演出及节目的展演，为学生增加演出实践机会，提升学生个人的素质水平，包含活动文案策划、家校沟通、演出排练等多方面的内容，对执行人员的整体工作能力要求较高 任务二：艺术考级，大型赛事 1. 积极联系正规考级单位，通过该学科的专业考级检验学生的学习成果，鼓励学生考取相对应的等级证，证明自身的水平 2. 鼓励并组织学生参加相关方面的大型专业赛事，提升学生的整体竞争力	Z22 主持人传播形象设计与造型的基本原理（2学时） Z23 主持人人际交往的基本礼仪（4学时） Z24 主持人的仪态与训练技巧（4学时） Z25 主持人化妆设计与造型的规律及技法（8学时） Z26 主持人着装设计与造型的规律及技法（8学时） Z27 主持人情景演艺（4学时） Z28 电视节目主持（12学时） Z29 电视新闻播音（13学时） Z30 即兴口语表达（13学时） Z31 电视社教服务节目（13学时） Z32 电视综艺娱乐节目（13学时）	7. 创作方向实训I（包含模块Z28~Z32）课程性质：必修（学分：4 学时：64）开课学期：第四学期 8. 非线性编辑（包含模块Z38~Z40）课程性质：必修（学分：2 学时：32）开课学期：第三学期 9. 短视频文案创作（包含模块Z55~Z56）课程性质：限定选修（学分：4 学时：64）开课学期：第五学期 10. 全媒体表达I（包含模块Z81~Z85）课程性质：必修（学分：2 学时：32）开课学期：第四学期 11. 主持人形象设计（包含模块Z103~Z108）课程性质：必修（学分：2 学时：32）开课学期：第四学期 12. 音视频录制与编辑（包含模块Z89~Z93）课程性质：限定选修（学分：2 学时：32）开课学期：第五学期
电商主播	电商主播	创作方向实训I的理论学习	项目X1：直播方向实训I的理论学习 任务一：掌握扎实的直播专业知识和专业技能（课内1学时；课外2学时） 掌握卖货主播的概念、分类内容和差别 任务二：掌握扎实的直播电商专业知识和专业技能（课内4学时；课外8学时） 掌握直播电商主播的专业知识 任务三：项目进度安排和实施（课内10学时；课外20学时）	Z33 直播知识（8学时） Z34 直播运营培训和直播控场能力（8学时） Z35 主播换品实践（16学时） Z36 直播运营的抖店培训（16学时） Z37 直播运营的付费培训（16学时） Z38 非线性编辑软件基础理论与应用（12学时） Z39 非线性编辑软件PR的剪辑特效应用（12学时） Z40 非线性编辑软件EDIUS的实践应用（8学时）	

续表

职位群	岗位名称	岗位任务	项目化任务	专业基础课程主模块	专业基础课程
电商主播	电商主播	创作方向实训I的理论学习	1. 结合市场成熟案例，完成整学期传媒各环节工作内容的策划 2. 实现小组直播机制，提升教学效率 任务实现四：项目问题解决（课内1学时；课外2学时）	Z41 主持人传播形象设计与造型的基本原理（2学时） Z42 主持人人际交往的基本礼仪（4学时） Z43 主持人的仪态训练技巧（4学时） Z44 主持人化妆设计与造型的规律及技法（8学时） Z45 主持人着装设计与造型的规律及技法（8学时） Z46 主持人情景演艺（4学时）	13. 全媒体表达 II （包含模块 Z118-Z123） 课程性质：必修 （学分：4；学时：64） 开课学期：第四学期
		创作方向实训I的实践教学	项目 X2：直播电商的实践教学 任务：与企业、公司合作，搭建真实直播平台，进行项目实操（课内48学时；课外96学时） 直播行业需要强大的上播实操，否则一切都无从谈起。各环节指导教师结合学校需求进行实践指导，并调整教学内容	Z47 互联网的演进和内在逻辑（8学时） Z48 网络与新媒体用户与社会化媒体信息的整合形式（8学时） Z49 网络综艺新媒体节目主持（12学时） Z50 电视节目主持（12学时） Z51 电视新闻播音（13学时） Z52 即兴口语表达（13学时） Z53 电视社教服务节目（13学时） Z54 电视综艺娱乐节目（13学时） Z55 短视频文案策划（16学时） Z56 类型短视频文案创作（48学时） Z57 电视编辑概述（4学时） Z58 电视编辑理论（6学时） Z59 电视编辑技巧（22学时） Z60 新媒体编辑模块（24学时） Z61 新媒体策划模块（32学时）	14. 创作方向实训 I （包含模块 Z130-Z134） 课程性质：必修 （学分：4；学时：64） 开课学期：第五学期 15. 播音创作方向实训 II （包含模块 Z137-Z139） 课程性质：必修 （学分：4；学时：64） 开课学期：第六学期

续表

职位群	岗位名称	岗位任务	项目化任务	专业基础课程主模块	专业基础课程
声音艺术工作	前期制作和后期制作	前期制作	项目X1： 任务一（课内4学时；课外8学时） 1. 对文案进行理解并进行录制匹配角色音频 2. 针对声音匹配的硬件设施开展维护管理培训 任务二（课内12学时；课外24学时） 1. 掌握有声读物播读技巧； 2. 掌握纪录片配音技巧； 3. 掌握影视剧人物配音技巧	Z62 有声语言的基础认知（4学时） Z63 有声语言的策划准备（4学时） Z64 有声语言的创新实践（11学时） Z65 融媒体背景下的有声语言发展（13学时） Z66 有声语言应用（32学时） Z67 新闻（16学时） Z68 新闻事业（16学时） Z69 广播电视语言的诞生与发展（11学时） Z70 不同类型的电视节目的发展与创新（11学时） Z71 新媒体人的职业素养与受众分析（10学时） Z72 普通话水平测试简介（2学时） Z73 普通话语音知识及训练（8学时） Z74 朗诵及命题说话训练（6学时） Z75 文学鉴赏（16学时） Z76 文学改编（16学时） Z77 创作观的建立（8学时） Z78 情感的触发与调动（8学时） Z79 情感的准确呈现（10学时） Z80 对象的接受与鉴赏（6学时） Z81 广播播音主持概论（4学时） Z82 广播社教类节目播音主持（12学时） Z83 广播文艺类节目播音主持（4学时）	
		后期制作	项目X2： 任务一（课内6学时；课外12学时）		

续表

职位群	岗位名称	岗位任务	项目化任务	专业基础课程主模块	专业基础课程
声音艺术工作	前期制作和后期制作	后期制作	1. 方案策划：构建清晰的有声语言制作思路，定期、定量完成策划方案及执行推进方案 2. 人员配置：组建高效能制作配音团队，并形成分工机制 任务二（课内 6 学时；课外 12 学时） 1. 案例分析：拆解云听作品，完成经典案例分析 2. 案例分析：拆解经典影视作品，完成经典运营案例分析 任务三（课内 4 学时；课外 8 学时） 1. 案例分析：对短视频制作及声音处理案例进行分析 2. 案例分析：对配音软件处理的技巧和经典案例进行分析	Z84 广播新闻类节目播音主持（32 学时） Z85 媒介融合与广播播音主持（12 学时） Z86 纪录片概述（3 学时） Z87 纪录片发展历程（9 学时） Z88 纪录片的创作（20 学时） Z89 数字音频基础录制技术（6 学时） Z90 音频资源的设计与编辑（6 学时） Z91 数字视频基础录制技术（6 学时） Z92 视频资源的设计与编辑（6 学时） Z93 音视频合成技术（8 学时）	
节目主持人/形象管理师	全媒体节目播音主持人/形象管理师	节目播音主持/形象管理	项目 X1：人物的艺术形象管理 任务一：人物的艺术形象诊断（课内 8 学时；课外 16 学时） 1. 对人物的外貌特征、性格特点、形象管理需求进行有效诊断，培养学生在社交中的察言观色、应变技巧、换位思考的能力 2. 制定符合人物需求的形象管理方案，培养学生时尚美学方面的基本知识和运用技能	Z94 人物传播形象设计与造型的基本原理（8 学时） Z95 化妆设计与造型的规律及技法（22 学时） Z96 着装设计与造型的规律及技法（22 学时） Z97 艺术情景演艺（4 学时） Z98 传播学与人类传播活动的发展（14 学时） Z99 传播活动的"5W"要素（18 学时） Z100 艺术总论（16 学时） Z101 艺术种类（10 学时） Z102 艺术系统（6 学时）	

续表

职位群	岗位名称	岗位任务	项目化任务	专业基础课程主模块	专业基础课程
节目主持人/形象管理师	全媒体节目主持人/形象管理师	节目播音主持/形象管理	任务二：人物的艺术形象设计（课内 48 学时；课外 96 学时） 1. 掌握人物艺术形象设计与造型的基本原理，掌握人物艺术形象设计的概念、原则、特点及类型，了解影响人物形象设计的因素 2. 掌握人物艺术形象设计中化妆设计与造型的规律及技法 3. 掌握美学规律及步骤与技法 4. 掌握不同人物艺术形象设计着装设计与造型的规律及技法 5. 掌握不同类型人物着装的设计与造型着装设计与画面的协调搭配 任务三：人物的艺术情景演艺（课内 8 学时；课外 16 学时） 进行人物艺术情景演艺综合实训。分组设计不同类型的电视栏目，由学生扮演主持人、嘉宾、观众等角色，把所学的相关知识进行运用，提升学生的综合技能	Z103 主持人传播形象设计与造型的基本原理（2 学时） Z104 主持人人际交往的基本礼仪（4 学时） Z105 主持人的仪态与训练技巧（4 学时） Z106 主持人化妆设计与造型的规律及技法（8 学时） Z107 主持人着装设计与造型的规律及技法（8 学时） Z108 主持人情景演艺（4 学时） Z109 课程导入和媒介的概念、发展及形成（8 学时） Z110 媒介作为产业和其特性以及媒介的社会功能（12 学时）	
直播	主播与运营	主播	项目 X1: 任务一（课内 4 学时；课外 8 学时） 1. 人设打造与创新，完成主播人设及直播账号的选择，打造行业专家、种草达人、跨界玩家等不同赛道的人设	Z111 国内外管理和经营实例分析（12 学时） Z112 直播基础的认知（4 学时） Z113 体验互动类直播的策划准备（4 学时） Z114 体验互动类直播的创新实践（11 学时） Z115 融媒体背景下的直播发展（13 学时） Z116 电视摄像基础理论与应用（16 学时） Z117 摄像实践操作（16 学时）	

续表

职位群	岗位名称	岗位任务	项目化任务	专业基础课程主模块	专业基础课程
直播	主播与运营	主播	2. 场景匹配与体验，完成人物要素、场景要素和其他准备工作的匹配，进行个性化体验与语言表达 任务二（课内12学时；课外24学时） 1. 互动引流与传播实践 2. 话术控场与互动实践 3. 数据分析与复盘实践	Z118 电视节目（类）播音主持概述（主流媒体、流媒体）（4学时） Z119 电视（类）新闻播音（28学时） Z120 电视新闻（类）节目主持（26学时） Z121 电视社教类节目播音主持（12学时） Z122 电视综艺娱乐类节目播音主持（4学时） Z123 媒介融合与电视播音主持（12学时） Z124 主持人传播形象设计与造型的基本原理（2学时） Z125 主持人人际交往的基本礼仪（4学时） Z126 主持人的仪态与训练技巧（4学时） Z127 主持人化妆设计与造型的规律及技法（8学时） Z128 主持人着装设计与造型的规律及技法（8学时）	
		运营	项目X2: 任务一（课内6学时；课外12学时） 1. 方案策划：构建清晰的直播营销思路，定期、定量完成策划方案，并执行推进方案 2. 人员配置：组建高效能直播团队，并形成分工机制 任务二（课内6学时；课外12学时） 1. 案例分析：拆解直播案例，完成主播案例分析 2. 案例分析：拆解直播案例，完成主播案例分析 任务三（课内4学时；课外8学时） 1. 案例分析：短视频视听语言分析，完成拍摄、剪辑与封面标题制作等 2. 案例分析：短视频选题策划分析，完成短视频脚本的创作和撰写，内容分发与维护等	Z129 主持人情景演艺（4学时） Z130 电视节目主持（12学时） Z131 电视新闻播音（13学时） Z132 即兴口语表达（13学时） Z133 电视社教服务节目（13学时） Z134 电视综艺娱乐节目（13学时） Z135 短视频文案策划（16学时） Z136 类型短视频文案创作（48学时） Z137 有声书演播（10学时） Z138 少儿语言教学（10学时） Z139 文旅场馆讲解（12学时） Z140 公关主体与客体（14学时） Z141 活动策划与公关专题活动（12学时） Z142 新媒体危机公关（2学时）	

2.3.2　播音与主持艺术专业课程知识结构体系

播音与主持艺术专业课程知识结构体系，如表 2-2 和表 2-3 所示。

表 2-2　播音与主持艺术专业课程知识体系 1

职位群	岗位名称	岗位任务	项目化任务	学时（课内）	学时（课外）	标准要求	测试方法
课程开发类（包含 Z1~Z10）	教研岗	课程体系包装 课程市场营销	项目 X1：课程体系的制作及包装（课内 20 学时；课外 40 学时） 任务一：课程体系设计 1. 了解少儿语言表演市场，对少儿课程体系进行研究和创新，制作出相适应的课程体系模块 2. 能根据寒暑假、日常班等不同学情，做到因材施教，有创新意识的目的 任务二：课程包装及市场营销 熟悉市场营销的基本规则和运作模式，能对本教学单位的应季课程进行包装和宣传，做到新颖、具趣味性和学识性，达到扩招生源的目的	64	128	1. 了解少儿语言表演教育市场的发展和创新，能打造出具有特色的、适合自身的、教育机构发展的教学体系，对行业发展有较高的敏感性 2. 掌握少儿语言教学基本方法，有较好的课件设计能力和课堂把控能力 3. 严格把控教学内容，教学载体要积极向上，有正能量，增强学生的历史人文化底蕴，培养学生爱国、奉献、知行、尚礼的传统素养，传播社会主义核心价值观	课程题库（随机）10%+ 项目课堂研讨 20%+ 项目作业 70%。其中，项目作业的评价方式如下： 企业导师根据行业真实项目完成教学任务和创意策划，对内容生产的情况进行客观评价占 60%，教师团队结合对教学策划管理等能力的掌握情况进行客观评价占 40%。
教学培训类（包含 Z1~Z21）	教学岗	课程教学 师资培训	项目 X2：少儿语言表演课程培训（课内 24 学时；课外 48 学时） 任务一：课程教学 能运用多媒体设备进行教学，熟悉适合儿童课堂的教学模式，完成一节有趣的、可控的、兼具知识性的语言表演课堂 任务二：师资培训 掌握少儿语言表演课程的基本教学方法，能对本教学单位的教师进行优质的师资培训，提高教学团队的教学能力，平衡教师群体进行优质的师资培训，平衡教学团队的教学效果的平衡和一致				

续表

职位群	岗位名称	岗位任务	项目化任务	学时		标准要求	测试方法
				课内	课外		
活动策划类（包含Z22~Z32）	教学管理岗	成果汇报 活动策划 艺术考级	项目 X3：教学中涉及的各类活动策划（课内 20 学时；课外 40 学时） 任务一：成果汇报、节目展演 根据学习进程，定期组织教学单位内的成果汇报演出及节目的展演，为学生增加演出实践机会，提升学生个人的素质水平，包含活动策划、多方面的成果汇报演出方案策划、家校沟通、演出排练等 任务二：艺术考级、大型赛事 1. 积极联系正规考级单位，对执行人员的专业知识和技能，通过该学科的专业考级检验学生的学习成果，鼓励学生考取相对应的等级证，证明自身的水平 2. 鼓励并组织学生参加相关的大型专业赛事，提升学生的整体竞争力	64	128	同上	同上
电商主播（包含Z33~Z61）	电商主播	创作方向实训 I 的理论学习	项目 X1：直播方向实训 I 的理论学习 任务一：掌握扎实的直播专业知识和专业技能（课内 1 学时；课外 2 学时） 掌握实货主播和娱播的概念，分类内容和差别 任务二：掌握扎实的直播电商专业知识和专业技能（课内 8 学时；课外 4 学时） 掌握直播电商主播的专业知识 任务三：项目进度安排和实施（课内 10 学时；课外 20 学时） 1. 结合市场成熟案例，完成整学期传媒各环节工作内容的策划 2. 实现小组直播机制，提升教学效率 任务四：项目问题解决（课内 1 学时；课外 2 学时）	16	32	1. 掌握基本的直播逻辑 2. 掌握传统媒体节目形式与新媒体节目形式的区别，传统媒体主持人与新媒体主播的区别 3. 掌握直播电商主播的专业知识与运营逻辑 4. 掌握主播的技巧与运营的策略	课程题库 10%＋课堂研讨 20%＋项目作业 70%。其中，项目作业包括小组制作节目（以直播形式制作节目为主）

续表

职位群	岗位名称	岗位任务	项目化任务	学时		标准要求	测试方法
				课内	课外		
电商主播（包含Z33~Z61）	电商主播	创作方向I的理论学习	对学生专业能力的实际培养侧重于实践实操能力、市场敏感度、直播意识，致力于培养具备强大专业能力的专业人才	16	32		
		创作方向I的实践教学	项目X2：直播电商的实践教学 任务：与企业、公司合作，搭建真实直播平台，进行项目实操（课内48学时；课外96学时）直播行业需要强大的上播实操，否则一切都无从谈起。各环节指导结合学校需求进行实践指导，并调整教学内容	48	96	1.与企业、公司合作，搭建真实的直播平台，进行项目实操 2.搭建目的账号品类涵盖不同货品，使学生们尽快融入直播领域 3.深入了解直播团队各分工岗位的具体工作细则与内容 4.制订与之匹配的项目化教学计划，促进学生专业能力提升，切实推动学生实际就业	课程题库10%+课堂研讨20%+项目作业70%。其中：主题、内容、格式、教学内容完整度、任务分配与小组协作、成果展示
声音艺术工作（包含Z62~Z93）	前期制作和后期制作	前期制作	项目X1： 任务一（课内4学时；课外8学时） 1.对文案进行理解并匹配角色音频 2.针对声音匹配的硬件设施实施开展维护管理培训 任务二（课内12学时；课外24学时） 1.掌握有声读物播读技巧 2.掌握纪录片配音技巧 3.掌握影视剧人物配音技巧	16	32	1.能够独立或合作完成音频录制直播营销方面的音频录制工作 2.能够结合不同平台的特性、制定高质量音频制作和制定音等方面的个性化策略	课程题库10%+课堂研讨20%+项目作业70%。其中：直播创新引流、讲品、互动话术及控场策略等

续表

职位群	岗位名称	岗位任务	项目化任务	学时		标准要求	测试方法
				课内	课外		
声音艺术工作（包含Z62~Z93）	前期制作和后期制作	后期制作	项目 X2： 任务一（课内 6 学时；课外 12 学时） 1. 方案策划：构建清晰的有声语言制作思路，定期、定量完成策划方案及执行推进方案 2. 人员配置：组建高效能制作配音团队，并形成分工机制 任务二（课内 6 学时；课外 12 学时） 1. 案例分析：拆解云听作品，完成经典案例分析 2. 案例分析：拆解经典影视作品，完成运营案例分析 任务三：（课内 4 学时；课外 8 学时） 1. 案例分析：对短视频制作及声音处理案例进行分析 2. 案例分析：对声音软件处理的技巧经典案例进行分析	16	32	1. 能够独立或协作完成后期配音处理等工作 2. 能够结合不同类型的有声内容制作，以及实现与视频之间的协同处理工作	课程题库 10%＋课堂研讨 20% 其中，项目作业 70%。包括：运营方案、数据分析策略，创新传播方案等
节目主持人/形象管理师（包含Z94~Z111）	全媒体节目主持人/形象管理师	节目播音主持/形象管理	项目 X1：人物的艺术形象管理 任务一（课内 8 学时；课外 16 学时） 1. 对人物的外貌特征、性格特点、形象管理诊断分析，培养学生在社交中的察言观色、换位思考的能力 2. 制订符合人物需求的形象管理方案，培养学生的基本知识和运用技能	64	128	1. 能够灵活运用应变技巧和形象美学知识，通过沟通交流，在短时间内了解顾客的性格、爱好和对造型的接受程度，进而设计出令顾客满意的作品，并把时尚文化融入人物审美的造型设计和创作中	课程题库 10%＋课堂研讨 20%＋项目实训 70%

续表

职位群	岗位名称	岗位任务	项目化任务	学时		标准要求	测试方法
				课内	课外		
节目主持人/形象管理师（包含Z94~Z111）	全媒体节目主持人/形象管理师	节目播音主持/形象管理	任务二：人物的艺术形象设计（课内48学时；课外96学时） 1. 掌握人物艺术形象设计与造型的基本原理，掌握人物艺术形象设计的概念、原则、特点及类型，了解影响人物形象设计的因素 2. 掌握人物艺术形象设计中化妆设计与造型的规律及技法 3. 掌握人物艺术形象设计化妆造型的美学规律及步骤与技法 4. 掌握不同人物艺术形象着装设计与造型及着装设计与画技法 5. 掌握不同类型人物着装的设计与造型及着装设计与画面的协调搭配 任务三：人物艺术形象传播（课内8学时；课外16学时） 进行人物艺术情景演艺综合实训。分组设计不同类型的电视栏目，由学生扮演主持人、嘉宾、观众等角色，把所学的相关知识进行运用，提升学生的综合技能	64	128	2. 能够满足人物艺术形象诊断、艺术形象设计、艺术形象传播等方面的效果要求，关注实施过程中客户的阶段性评价，最终实现客户的高度满意	

续表

职位群	岗位名称	岗位任务	项目化任务	学时（课内）	学时（课外）	标准要求	测试方法
直播（包含 Z112～Z139）	主播与运营	主播	项目 X1： 任务一（课内 4 学时；课外 8 学时） 1. 人设打造与创新，完成主播人设及直播账号的选择，打造行业专家、种草玩家、跨界玩家等不同赛道的人设 2. 场景匹配与体验，完成人物要素、场景要素和其他准备工作的匹配，进行个性化体验与语言表达 任务二（课内 12 学时；课外 24 学时） 1. 互动引流与传播实践 2. 话术控场与互动实践 3. 数据分析与复盘实践			1. 能够独立或协作完成主播出镜（直播）营销工作 2. 能够结合不同平台的调性、制定不同类型的话术、控场及多元互动等方面的个性化策略	课程题库 10% + 课堂研讨 20%。其中，项目作业 70%。包括直播创新引流，互动话术、控场策略等
		运营	项目 X2： 任务一（课内 6 学时；课外 12 学时） 1. 方案策划：构建清晰的直播营销思路，定期、定量完成策划方案，并执行推进方案 2. 人员配置：组建高效能直播团队，并形成分工机制 任务二（课内 6 学时；课外 12 学时） 1. 案例分析：拆解直播案例，完成主播案例分析 2. 案例分析：拆解直播案例，完成运营案例分析 任务三（课内 4 学时；课外 8 学时） 1. 案例分析：短视频选题策划分析，完成拍摄、剪辑与封面标题制作等 2. 案例分析：短视频选题策划分析，完成短视频脚本的创作和撰写，内容分发与传播运维等	16	32	1. 能够独立或协作进行方案策划、项目管理、数据分析等工作 2. 能够结合不同平台的直播运营工作，拓展私域流量池，提升跨平台传播能力	课程题库 10% + 课堂研讨 20%。其中，项目作业 70%。包括运营方案、数据分析策略，创新传播方案等

表 2-3 播音与主持艺术专业课程知识体系 2

专业基础课程主模块	所需知识、素质、能力		学时		标准要求	测试方法
			课内	课外		
Z1 少儿语言表演课程开发	知识	Z1.1 少儿语言表演概说			1. 实践课堂管理 2. 课堂互动环节设计	课程题库（随机）
		（1）理论讲授少儿语言表演的授课模式	2	4		
		（2）观摩少儿口才课程分析、讲解	4	8		
		（3）文化常识的植入与教学	4	8		
		Z1.2 课程开发及创新			1. 不同年龄段教学目标设置 2. 设计教学流程 3. 公开课设计	课程题库（随机）
		（1）4~6 岁课程编排	2	4		
		（2）7~12 岁课程编排	4	8		
		（3）趣味基本功及发声训练	4	8		
	素质	形成对少儿语言表演课程的基本认知，并对该领域的市场发展情况有清晰的认识			对少儿语言表演作品有较高的审美能力	—
	能力	具备把握市场教学热点，规划教学体系，包装课程内容，以及市场营销等能力			能够根据寒暑假，日常班等不同学时、学制合理安排教学内容。对应季课程进行包装和宣传，达到扩招生源的目的	课堂提问 课堂讨论 演播实训
Z2 少儿语言表演教学培训	知识	Z2.1 少儿语言表演课程概述			了解少儿语言表演课程的各类教学方式，掌握少儿培训的教学方法及创新手段	课程题库（随机）
		（1）课程内容的分类及介绍	4	8		
		（2）绕口令示范及少儿课堂常规程序	4	8		
		（3）游戏在少儿语言培训中的运用	4	8		
		Z2.2 少儿语言培训课程教学实战			通过学习演练，能独立完成教学准备，制作 PPT、教案、道具等教学材料，并有良好的作品示范能力	课程题库（随机）
		（1）朗诵、表演等教学技巧	4	8		

续表

专业基础课程主模块		所需知识、素质、能力	学时		标准要求	测试方法
			课内	课外		
Z2 少儿语言表演教学培训	知识	（2）趣味基本功及课堂管理	4	8	能够根据教学实际情况，将儿童心理学知识运用到教案的准备及课堂进程的把控中，优化教学手段和方式	—
		（3）公开课的设计	4	8		
	素质	具备儿童心理学及教育学领域的相关知识				
	能力	具备备课、授课、录课的能力			通过学习演练，掌握少儿语言课堂的教学方法和特点，能独立完成一系列的少儿语言表演课程教学	课堂提问 课堂讨论 授课实训
Z3 少儿语言表演活动策划	知识	Z3.1 实战设计语言类会演节目 （1）少儿演说训练	2	4	熟悉少儿语言表演类节目类型，对文稿内容、节目编排、表演创意、舞台调度等方面能全面把控	课程题库（随机）
		（2）传统曲艺训练	4	8		
		（3）模拟主持训练	4	8		
		Z3.2 语言表演的考级指导 （1）考级的要求及基本规范	2	4	通过模拟演练，掌握语言类考级要求，帮助学生达到既定目标，提升学生表演素养和学习成效	课程题库（随机）
		（2）儿歌、古诗词训练	4	8		
		（3）即兴表达训练	4	8		
	素质	增强学生的历史文化底蕴，培养青年学生爱国、奉献、知行、尚礼的传统素养			通过与展览馆解说实践相结合的方式，培养学生的历史厚重感，深入了解文物背景、历史知识	—
	能力	掌握语言表演的技巧方法及表演中的副语言应用			能够对不同年龄段的考级内容进行合理安排，让学生高效、有针对性地完成考级目标	课堂提问 课堂讨论 讲解实训

续表

专业基础课程主模块		所需知识、素质、能力	学时		标准要求	测试方法
			课内	课外		
Z4 文学经典鉴赏	知识	Z4.1 经典诗词鉴赏 （1）经典诗词的概念界定	2	4	能够掌握经典诗词的概念，学会经典诗词鉴赏的方法，学会撰写并课件并讲解	课程题库（随机）
		（2）经典诗词鉴赏案例分析	6	12		
		Z4.2 经典戏曲鉴赏 （1）经典戏曲的概念界定	8	16	能够掌握经典戏曲鉴赏的方法，学会撰写经典戏曲鉴赏的教案、课件并讲解	课程题库（随机）
		（2）经典戏曲鉴赏案例分析	10	20		
		Z4.3 经典古典小说鉴赏 （1）经典古典小说的概念界定	12	24	能够掌握经典古典小说鉴赏的方法，学会撰写经典古典小说鉴赏的教案、课件并讲解	—
		（2）经典古典小说鉴赏案例分析	12	24		
	素质	具备文学审美观和层出不穷的创意理念			能够从经典古典文学作品中发现美、鉴赏美，除旧布新	
	能力	具备熟悉经典文学、鉴赏经典文学的能力，能够应对相关的升学考试			能够掌握古典文学鉴赏的方法，并能答出相应的考研试题	课程题库（随机）
Z5 课本剧的概念、作用、类型和影响因素	知识	Z5.1 课本剧的概念、作用和类型 （1）课本剧的概念	0.3	0.6	清晰表述课本剧的概念、作用和类型	课程题库（随机）
		（2）课本剧的作用	0.3	0.6		
		（3）课本剧的类型	0.3	0.6		
		Z5.2 课本剧的影响因素 （1）时代因素	0.3	0.6	清晰表述课本剧的影响因素	设计企划方案（按照课本剧的内容及要求，完成篇目、形式等设计）
		（2）年龄因素	0.3	0.6		
		（3）技术因素	0.5	1		

续表

专业基础课程主模块	所需知识、素质、能力		学时		标准要求	测试方法
			课内	课外		
Z5 课本剧的概念、作用、类型和影响因素	素质	具备对课本剧的行业趋势和发展趋势的敏锐市场洞察力			能够关注国家对中小学教育的要求和网络上课本剧的发展趋势，并进行信息整理，完成课本剧策划书	—
	能力	具备课本剧的策划能力			能够根据时代、年龄和技术定位，分组完成课本剧策划书，制定规范合理的工作流程单	制定符合课本剧定位的策划书和设计方案
Z6 文学经典改编课本剧训练	知识	Z6.1 经典诗词改编课本剧训练 (1) 改编经典诗词选材要求	1	2	能够把经典诗词改编成课本剧	课程题库（随机）
		(2) 改编经典诗词类型案例分析及训练	3	6		
		Z6.2 经典戏曲改编课本剧训练 (1) 改编经典戏曲选材要求	2	4	能够把经典戏曲改编成课本剧	课本剧改编剧本和教学视频
		(2) 改编经典戏曲类型案例分析及训练	2	4		
		Z6.3 经典古典小说改编课本剧训练 (1) 改编经典古典小说选材要求	2	4	能够把经典古典小说改编成课本剧	—
		(2) 改编经典古典小说类型案例分析及训练	2	4		
	素质	具备良好的审美和艺术修养，掌握课本剧编创规律			能够编写出具有较高审美价值和价值教育价值的课本剧	—

续表

专业基础课程主模块	所需知识、素质、能力		学时		标准要求	测试方法
			课内	课外		
Z6 文学经典改编课本剧训练	能力	具备不同课本剧的编创能力			能够根据需求编写出适应需求的课本剧	能够创编出不同的课本剧，并有配套的教学视频
Z7 播音主持语音与发声概论	知识	Z7.1 播音主持语音与发声课程介绍			掌握普通话语音的特点、语音的基本概念。了解播音的物理、生理及心理基础。播音主持创作中的声音，重视吐字发声强化基础训练	课程题库（随机）
		（1）普通话语音发声	0.5	1		
		（2）练声流程	0.5	1		
		Z7.2 观摩讨论播音发声的器官和发声原理	1	2	掌握呼吸器官和呼吸原理、发声器官和发声原理和发声器官、吐字器官和吐字原理	课程题库（随机）
		（1）播音发声的特点				
		（2）发声器官和发声原理	1	2		
		（3）吐字器官和吐字原理	2	4		
	素质	具备专业素养，这对在学校、社交场合及未来的职业生涯中都非常重要			掌握故事表演、诗歌朗诵等教学表达	—
Z8 播音主持呼吸方式	能力	具备清晰、自信地表达自己想法和观点的能力	1	2	能够围绕某个主题完成基础的课件制作，并进行授课	课堂提问 课堂讨论 演讲实训
	知识	Z8.1 播音主持的呼吸特点和呼吸方法	1	2	掌握语言表达能力，通过语音来传递产品信息，运用声、气相结合的方法	课程题库（随机）
		Z8.2 气息与感情、吐字、用声的关系			掌握播音主持的呼吸特点和呼吸方法、吐字、用声、气息及播音主持中的气息使用	课程题库（随机）
		Z8.3 播音主持中的气息使用	2	4	掌握胸腹联合式呼吸的要领，并完成呼吸控制的各种训练	课程题库（随机）

续表

专业基础课程主模块	所需知识、素质、能力		学时		标准要求	测试方法
			课内	课外		
Z8 播音主持呼吸方式	素质	良好的普通话语音和播音发声可以增强品牌形象，能够让用户更好地了解了产品信息和使用方法，增强用户对产品的信息和满意度			能够通过观摩各种优秀直播，吸收优秀作品的经验，深入理解各种直播的基本规律和技巧	—
	能力	完成一个好的语音演绎，可以使商品更具有亲和力和吸引力，从而吸引更多的消费者			能够围绕不同产品进行行直播，作品具备一定的创意	课堂提问 课堂讨论 演讲实训
Z9 播音主持共鸣调节	知识	Z9.1 共鸣原理和共鸣在发音中的作用	2	4	掌握播音发声共鸣的特点与共鸣控制	课程题库（随机）
		Z9.2 调节共鸣的部位和方法	2	4	掌握共鸣原理和共鸣在发音中的作用，以及调节共鸣的部位和方法	
	素质	学好这门课程，将理论与实践相融合，通过在舞台等平台上进行锻炼，有效提升专业就业率			能够对生活进行有效观察，从生活中提炼故事创意，并进行有声书创造性表达	围绕主题进行有声书录制，并进行打分
	能力	通过有声书、专题片等录制，提高听众的理解能力，增强表现力、控制节奏，保证一致性			能够围绕某个主题进行有声书语音录制	课堂提问 课堂讨论 演讲实训
Z10 情、声、气关系与声音对比变化	知识	Z10.1 情、声、气三者的相互关系	2	4	理解掌握情、声、气之间的关系	课程题库（随机）
		Z10.2 情、声、气与声音对比变化	2	4	掌握情、声、气及三者的相互关系，以及情、声、气与声音对比变化	
		Z10.3 情、声、气关系处理不当引发的问题	4	8	掌握情、声、气结合需要注意的问题	

续表

专业基础课程主模块		所需知识、素质、能力	学时		标准要求	测试方法
			课内	课外		
Z10 情、声、气关系与声音对比变化	素质	通过互动直播使声音更加清晰、有力，同时能够有效地控制语速和音重，让观众更容易听懂和理解			通过使用适当的语音技巧，主持人和嘉宾可以更好地吸引听众的注意力，并建立更加良好的互动关系	围绕不同产品进行互动类直播，并进行打分
	能力	能够在互动类直播实践中扮演着至关重要的角色，好的声音和语言表达能够让观众更好地理解整体的直播效果和用户体验			能够围绕某个产品与观众进行互动	课堂提问 课堂讨论 演讲实训
Z11 创作观的建立	知识	Z11.1 播音的正确创作道路 (1) 理解正确创作道路的含义	1	2	通过学习，掌握正确创作道路的含义，原则和重要性，并能进行讲解说明	课程题库（随机）
		(2) 正确创作道路要遵循的原则	1	2		
		(3) 坚持正确创作道路的重要性	2	4		
		Z11.2 播音主持语言特点 (1) 规范性、庄重性、鼓动性	1	2	通过学习演练，掌握播音主持的语言特点，理解"三性"和"三感"的概念，存在的问题，并能进行讲解说明，完成在线课程学习任务	课程题库（随机）
		(2) 时代感、分寸感、亲切感	1	2		
		(3) 实训：播音语言特点模拟练习	2	4		
	素质	形成对正确创作道路概述的基本认知和对播音主持语言特点的基本认知			能够认识到播音主持的正确创作道路问题是贯穿课程始终的教学的重点	课外实践
	能力	具备收集整理、阅读分析案例的能力，掌握文稿播读等技能，并能熟练运用对应的播音主持语言特点			能够掌握正确创作的基础知识，能够熟练掌握播音主持创作的语言特点和技巧	课堂提问 课堂讨论 创作实训

续表

专业基础课程主模块		所需知识、素质、能力	学时		标准要求	测试方法
			课内	课外		
Z12 情感的触发与调动	知识	Z12.1 创作准备 （1）广义备稿	1	2	通过学习，掌握创作准备中的备稿概念，掌握备稿六步技巧，并能进行讲解说明，完成在线课程学习任务	课程题库（随机）
		（2）狭义备稿	1	2		
		（3）创作实训：备稿六步	2	4		
		Z12.2 播音感受 （1）播音感受的概念	1	2	通过学习，培养透过文字符号"感之于外、受之于心"的理解与运用技巧，并在此基础上运用各种表达技巧	课程题库（随机）
		（2）具体感受和整体感受	1	2		
		（3）实例分析与训练	2	4		
	素质	深入理解备稿在播音主持创作准备中的意义，以及备稿在播音主持创作准备和创作力			掌握播音主持文稿备稿和感受能力，并对不同的文稿表达形式进行区分	课外实践
	能力	掌握备稿的含义、技巧和播音感受能力			通过学习演练，掌握备稿的含义、特性和功能，区分具体感受和整体感受，并能进行讲解说明，完成在线课程学习任务	课堂提问 课堂讨论 创作实训
Z13 情感的准确呈现	知识	Z13.1 语言表达内部技巧 （1）情景再现	1	2	通过学习演练，掌握语言表达内部技巧，并能进行讲解说明，完成学习任务	课程题库（随机）
		（2）内在语	1	2		
		（3）对象感	1	2		

续表

专业基础课程主模块	所需知识、素质、能力		学时		标准要求	测试方法
			课内	课外		
Z13 情感的准确呈现	知识	Z13.2 语言表达外部技巧			通过学习演练，掌握语言表达外部技巧，并能进行讲解说明，完成在线课程学习任务	课程题库（随机）
		（1）停连、重音	2	4		
		（2）语气、节奏	2	4		
		（3）创作实训：内三外四技巧	3	6		
	素质	具备专业实践创作力，以及有声语言和态势语言的表达艺术			能够对不同类型文稿有声语言创作进行区分和应用，并熟练掌握有声语言和态势语言的运用要领	课外实践
	能力	掌握播音主持创作内外部技巧，切实提升有声语言的表达能力			采用由内而外的创作技巧引导，让学生建立全媒体环境下正确的语言传播创作观	课堂提问 课堂讨论 创作实训
Z14 对象的接受与鉴赏	知识	Z14 播音主持创作综合实训			掌握播音主持语言表达的特征，传承播音主持语言表达技巧的精粹，提升播音主持艺术创作核心知识与理论学习应用能力，夯实语言表达功力	课程题库（随机）
		（1）话语样式与体系	2	4		
		（2）播音主持的创作状态	2	4		
		（3）播音主持语言的基本规律	2	4		
	素质	使学生基本掌握主流媒体需要的多样化的语言传播能力，让学生适应媒体变化需求			能够熟练掌握播音主持创作运用的要领	课外实践
	能力	掌握有声语言创作在传播领域的基本实践技能			能够对播音主持创作核心知识进行综合运用	课堂提问 课堂讨论 创作实训
Z15 口才的概述	知识	Z15.1 口才的基础知识			通过学习演练，掌握口才的含义、功能、基本要素、最高境界，并能进行讲解说明	课程题库（随机）
		（1）口才的含义、功能	1	2		
		（2）口才的基本要素、最高境界	1	2		

续表

专业基础课程主模块	所需知识、素质、能力		学时		标准要求	测试方法
			课内	课外		
Z15 口才的概述	知识	（3）演讲实训：命题演讲	2	4		课程题库（随机）
		Z15.2 口才类型			通过学习演练，掌握演讲与其他口语形式的区别，特别是演讲与朗诵的区别，并能进行讲解说明，完成在线课程学习任务	课程题库（随机）
		（1）口才的类型	1	2		
		（2）口才的构成要素和沟通要素	1	2		
		（3）演讲实训：命题演讲	2	4		
	素质	形成对口才概述的基本认知和对口才的类型及构成的基本认知			能够认知口才基本要素在日常学习生活中的价值	—
	能力	掌握收集整理、阅读分析资料，撰写演讲案例分析等能力，掌握口才的类型和构成要素			能够掌握口才的基础知识，区分不同的口才类型及其应用的特点和技巧	课堂提问 课堂讨论 演讲实训
Z16 演讲的内涵	知识	Z16.1 演讲的含义			通过学习演练，掌握演讲的含义和功能，并能进行讲解说明，完成学习任务	课程题库（随机）
		（1）演讲的含义	1	2		
		（2）演讲的特性和功能	1	2		
		（3）演讲实训：命题演讲	2	4		
		Z16.2 演讲与其他口语的区别			通过学习演练，掌握演讲的含义，特别是演讲与朗诵的区别，并能进行讲解说明，完成在线课程学习任务	课程题库（随机）
		（1）演讲与其他口语形式的区别	1	2		
		（2）演讲与朗诵的区别	1	2		
		（3）演讲实训：命题演讲	2	4		
	素质	深入理解演讲的含义，以及演讲在日常工作、学习和生活中的意义，并在演讲应用中明确演讲与朗诵各自的特点			能够根据演讲的社会价值，掌握演讲的含义和特性，并对不同的口语表达形式进行区分	—

续表

专业基础课程主模块	所需知识、素质、能力	学时 课内	学时 课外	标准要求	测试方法
Z16 演讲的内涵	能力：掌握演讲的含义、特性和功能，以及演讲与朗诵的区别			通过学习演练，掌握演讲的含义、特性和功能，特别是演讲与朗诵的区别，并能进行讲解说明，完成在线课程学习任务	课堂提问 课堂讨论 演讲实训
	知识 Z17.1 演讲稿的写作 （1）演讲稿的文体、标题、选材	1	2	通过学习演练，掌握演讲稿写作六个部分的运用要领，完成在线课程学习任务	课程题库（随机）
	（2）演讲稿的开头、主体、结尾	1	2		
	（3）演讲实训：演讲稿创作交流	2	4		
	Z17.2 演讲的表达艺术 （1）演讲有声语言表达艺术	1	2	通过学习演练，掌握演讲有声语言和态势语言的表达艺术，并能进行讲解说明，完成在线课程学习任务	课程题库（随机）
	（2）演讲态势语言表达艺术	1	2		
	（3）演讲实训：情景演讲实训"初入职场的我们""考研面试"	2	4		
Z17 演讲的创作	素质：在演讲稿写作中明确不同类型演讲稿的写作方法，在演讲中会使用有声语言和态势语言			能够对不同类型演讲稿的写作方法进行区分和应用，能够熟练掌握演讲有声语言和态势语言的运用要领	—
	能力：掌握演讲稿的结构和写作方法，以及演讲有声语言和态势语言的表达艺术			能够进行不同类型演讲稿的写作，能对演讲有声语言和态势语言的表达技巧进行综合应用，培养研究型演讲，方向考研面试设计技巧，提升学生的应试能力	课堂提问 课堂讨论 演讲实训

续表

专业基础课程主模块		所需知识、素质、能力	学时		标准要求	测试方法
			课内	课外		
	知识	Z18 即兴演讲 （1）演讲的文采	1	2	通过学习演练，掌握演讲的文采及即兴演讲的技巧，并能进行讲解说明	课程题库（随机）
		（2）即兴演讲	1	2		
		（3）演讲实训：即兴演讲	2	4		
Z18 即兴演讲	素质	在演讲应用中会进行即兴演讲			能够熟练掌握即兴演讲的运用要领	—
	能力	掌握演讲的文采和即兴演讲的表达方法			能够对演讲的文采和即兴演讲进行综合运用	课堂提问、课堂讨论、演讲实训
	知识	Z19 辩论演讲 （1）辩论演讲的含义、性质	1	2	通过学习演练，掌握辩论演讲的含义、性质、分类和原则，并能进行讲解说明	课程题库（随机）
		（2）辩论演讲的分类、原则	1	2		
		（3）演讲实训：辩论演讲	2	4		
Z19 辩论演讲	素质	能够熟练掌握辩论演讲的运用要领			能够对辩论演讲进行综合运用	—
	能力	掌握辩论演讲的表达方法			能够对辩论演讲进行综合运用	课堂提问、课堂讨论、演讲实训
Z20 全媒体采访	知识	Z20.1 全媒体采访的基本概念 （1）全媒体采访的绪论	4	8	能够进行全媒体采访前的全面准备、要求对专业性强、选取采访有权威性，针对性强，并具备对新闻线索发现的能力，能够对新闻线索的新闻价值进行准确分析，做好对全媒体实践采访前期的概念准备、选题准备	查找资料、确定选题，尝试从全媒体视角，进行一期新闻采访策划，并对其新闻选题新闻价值、政治敏感、媒介水平台、舆论导向，可行性进行有效分析
		（2）全媒体记者与采访对象	4	8		

续表

专业基础课程主模块	所需知识、素质、能力		学时		标准要求	测试方法
			课内	课外		
	知识	（3）新闻发现	4	8	同上	同上
		Z20.2 全媒体采访方法与采访技巧（1）全媒体采访技巧之采访准备、采访中的提问	8	16	制作采访提纲，要求采访提纲结构完善，采访主题明确，采访目的清晰，问题设置具有针对性，能够对采访主题与目的进行有效反馈，并准用确的采访方法与采访技巧，进行过程化实践采访	选题有一定的社会导向价值，主题明确，目的清晰，问题设置针对性强，实践采访可行性强，能够从新媒体采访视角进行一期全媒体采访报道，并有效运用课程理论
Z20 全媒体采访		（2）全媒体采访方法（方法一＋方法二）	8	16		
		（3）全媒体采访方法（方法三）	4	8		
	素质	培养全媒体记者的思维与专业素养，具有新闻敏感性与政治敏锐性，具备对新闻报道的分析能力，能够随机应变，应对各类新闻现场，并进行采访报道			具备全媒体思维，新闻选题有社会导向价值，传播效果好，采访过程流畅，信息亮点突出，吸引力强	课程题库（随机）
	能力	具备新闻敏感性，能够根据有价值的新闻线索，结合恰当的采访方法与技巧，进行全媒体采访			新闻敏感性强，通过调研资料，发现好的新闻选题，熟练运用采访方法与技巧，进行多媒介平台报道，有一定的社会传播效果	课程题库（随机）

续表

专业基础课程主模块		所需知识、素质、能力	学时		标准要求	测试方法
			课内	课外		
Z21 全媒体写作	知识	Z21.1 全媒体新闻写作 （1）全媒体新闻写作的基本方法与要求	4	8	根据五大环节的核心要素，确保报道角度新颖、立意深刻，新闻语言严谨有特点等，具备进行全媒体新闻实报道的专业能力	任选一篇《人民日报》或《中国新闻周刊》的新闻稿件，对其基本方法、写作环节进行有针对性的分析
		（2）全媒体新闻写作的五大环节	4	8		
		Z21.2 消息 （1）消息是新闻报道的主要体裁+消息写作的重要环节	8	16	熟练运用倒金字塔结构进行多类型消息的报道，结构合理、逻辑性强、标题有吸引力，可以恰当运用多类型导语，主体能够对标题有精确、深入的阐释	结合社会问题或现象，收集资料，调研访问，进行全媒介形式的消息稿件创作，并进行课堂汇报
		（2）（非）事件性消息、描写性消息	8	16		
		Z21.3 通讯 （1）通讯的基本特征与通讯写作的基本环节	4	8	充分发挥自身的新闻敏感性与政治敏锐性，结合身边有宣传价值的人事，在进行前期采访的基础上，具备人物通讯与事件通讯的创作能力，并具备较好的社会价值与传播效果	结合社会主流价值观，收集资料，调研访问，确定选题，进行全媒介形式的通讯稿件创作，并进行课堂汇报
		（2）人物通讯、事件通讯	4	8		
	素质	具备全媒体新闻报道的采访与写作能力，转变思维，提升整体传媒素养			具备根据设计任务书的要求，分析优秀新闻稿件的能力，能够写出吸引力强的全媒体稿件	课程题库（随机）
	能力	结合全媒体的媒介生态环境，具备消息与通讯的报道能力			通过调研资料，能够写出优质的新闻稿件	课程题库（随机）

续表

专业基础课程主模块	所需知识、素质、能力		学时		标准要求	测试方法
			课内	课外		
Z22 主持人传播形象设计与造型的基本原理	知识	Z22 主持人传播形象设计与造型的基本原理 （1）形象设计概念、原则及要求	0.5	1	阅读课程学习资料,观看教学案例,撰写学习笔记	课程题库（随机）
		（2）不同类型节目中设计与造型要点	0.5	1		
		（3）主持人形象设计的特点及类型	0.5	1		
		（4）影响主持人形象设计的因素	0.5	1		
	素质	形成主持人形象设计的造型意识			能够区分不同类型节目主持人形象设计的造型特点及要求	—
	能力	阅读学习资料,观看教学案例,提高资料收集、分析和整理能力			能够掌握主持人传播形象设计与造型的基本原理	课堂提问 课堂讨论
Z23 主持人人际交往的基本礼仪	知识	Z23.1 主持人在社交中的察言观色,应变技巧、换位思考 （1）察言观色	1	2	观看电视节目,查阅学习资料,撰写分析报告	课程题库（随机）
		（2）应变技巧、换位思考	1	2		
		Z23.2 主持人在社交中的会面礼仪、餐桌礼仪 （1）会面礼仪	1	2	通过学习演练,掌握主持人常用礼仪的规范,并能进行讲解说明	
		（2）餐桌礼仪	1	2		
	素质	形成主持人处理突发事件的应变技巧和社交场应意识			能够区分不同社交活动应变技巧和礼仪规范的运用	—
	能力	掌握主持人处理突发事件的应变技巧和社交中常用的礼仪规范			能够在社交活动中灵活运用应变技巧和礼仪规范	课堂提问 课堂讨论 课堂实训

续表

专业基础课程主模块		所需知识、素质、能力	学时		标准要求	测试方法
			课内	课外		
Z24 主持人的仪态与训练技巧	知识	Z24.1 主持人仪态的站姿与动姿 （1）站姿	1	2	通过学习演练，掌握主持仪态的站姿与动姿规范，并能进行讲解说明	课程题库（随机）
		（2）动姿	1	2		课程题库（随机）
		Z24.2 主持人提升气质的方法	2	4	通过学习演练，掌握主持人提升气质的方法，并能进行讲解说明	课程题库（随机）
	素质	形成主持人良好的仪态和气质			能够根据节目类型区分主持人的仪态规范和气质塑造	—
	能力	掌握主持人仪态的站姿与动姿动作规范及提升气质的方法			能够对不同类型节目主持人进行优雅气质的整体塑造与提升	课堂提问 课堂讨论 课堂实训
Z25 主持人化妆设计与造型的规律及技法	知识	Z25.1 主持人电视化妆、化妆用品的基本知识 （1）主持人电视化妆、化妆用品的基本知识	1	2	通过学习，掌握主持人电视化妆、化妆用品的基本知识和化妆造型的美学规律，并能进行讲解说明	课程题库（随机）
		（2）化妆造型的美学规律	1	2		
		Z25.2 主持人化妆与造型的步骤与技法 （1）主持人化妆与造型的步骤与技法	1	2	通过学习演练，掌握主持人化妆与造型的步骤与技法，并能进行讲解说明	课程题库（随机）
		（2）化妆与造型实训	5	10		
	素质	对主持人化妆与造型进行诊断与提升			能够根据节目类型区分主持人的仪态规范和气质塑造	—

续表

专业基础课程主模块		所需知识、素质、能力	学时 课内	学时 课外	标准要求	测试方法
Z25 主持人化妆设计与造型的规律及技法	能力	掌握主持人化妆与造型的步骤与技法			能够对不同类型节目主持人进行优雅气质的整体塑造与提升	课堂提问 课堂讨论 课堂实训
Z26 主持人着装设计与造型的规律及技法	知识	Z26.1 主持人着装的基本知识与礼仪习俗;不同类型主持人着装的设计与造型 （1）主持人着装的基本知识与礼仪习俗	1	2	通过学习演练,掌握主持人着装的基本知识与礼仪,以及设计与造型特点,并能进行讲解说明	课程题库（随机）
		（2）不同类型主持人着装的设计与造型	1	2		
		Z26.2 服饰选择;着装设计与画面的协调搭配 （1）服饰选择与着装设计与画面的协调搭配	1	2	能够根据节目类型区分主持人的基本着装设计与造型特点	课程题库（随机）
		（2）着装设计与画面的协调搭配实训	5	10		
	素质	对主持人着装设计与造型进行诊断与提升			能够根据节目类型区分主持人的仪态规范和气质塑造	一
	能力	掌握主持人着装设计与造型的规律与技法			能够对不同类型节目主持人进行着装设计与造型的塑造与提升	课堂提问 课堂讨论 课堂实训

续表

专业基础课程主模块		所需知识、素质、能力	学时		标准要求	测试方法
			课内	课外		
	知识	Z27 主持人情景演艺综合实训 方案 1（就业方向）：分组设计不同类型的电视栏目，由学生扮演主持人、嘉宾、观众等角色，运用所学的主持人礼仪与形象设计的知识，提升学生的综合技能 方案 2（应用型方向）：分组设计考研面试场景，由学生扮演型研究者，教师扮演评委，培养面试形象设计技巧，提升学生的应试能力	4	8	通过学习演练，能够在不同类型的电视栏目运用主持人礼仪与形象设计的知识，并能进行讲解说明	课程题库（随机）
Z27 主持人情景演艺	素质	对主持人在不同类型节目中形象设计进行诊断与提升			能够根据节目类型区分主持人形象设计的特点	—
	能力	掌握主持人在不同类型节目中的形象设计应用			1.能够对不同类型节目主持人进行形象设计的塑造与提升 2.培养应用型研究方向学生考研方向面试形象设计技巧，提升学生的应试能力	课堂提问 课堂讨论 课堂实训
Z28 电视节目主持	知识	Z28 电视节目主持概述 （1）电视主持人节目	4	8	阅读课程学习资料，观看教学案例，撰写学习笔记	课程题库（随机）
		（2）电视节目主持人	4	8		
		（3）主持人与播音员的异同	4	8		
	素质	形成最朴素、最扎实的关于传统媒体节目及节目主持人的相关概念			学会在观看节目的过程中明确节目类型、主持人分类等	—

43

续表

专业基础课程主模块		所需知识、素质、能力	学时		标准要求	测试方法
			课内	课外		
Z28 电视节目主持	能力	阅读学习资料,观看教学案例,提高资料收集、分析和整理能力	1	2	能够明确辨别什么是节目,什么是主持人,以及主持人与播音员差异同	课堂提问 课堂讨论 演讲实训
Z29 电视新闻播音	知识	Z29.1 新闻播音的基本概念	1	2	阅读课程学习资料,观看教学案例,撰写学习笔记	课程题库(随机)
		Z29.2 电视新闻播音中的技巧			通过学习演练,掌握新闻播音这种与文体与其他的播报区别,并能通过五大技巧对指定稿件进行讲解说明,完成在线课程学习任务	课程题库(随机)
		(1) 新闻重音扬	2	4		
		(2) 语势常扬	3	6		
		(3) 落停缓收	3	6		
		(4) 两种关系	3	6		
		(5) 新闻片配音				
	素质	深入理解什么是新闻播音,为什么说新闻播音是一切播音的基础。新闻播音员与新闻节目主持人有什么区别			在观看新闻播音时,能够从专业角度分析播音员播报时的优劣	一
	能力	掌握新闻播音的五大播音技巧,并加以运用			学习新闻播音的播报技巧,能够运用到实际播音中,并能进行讲解说明,完成在线课程学习任务	课堂提问 课堂讨论 演讲实训
Z30 即兴口语表达	知识	Z30.1 无文本表达			通过学习演练,掌握即兴口语表达中最重要的两部分,即无文本表达和半文本表达技巧。通过思维训练提升思维能力,通过脚本撰写提升文笔能力,完成在线课程学习任务	课程题库(随机)
		(1) 发散思维训练	2	4		
		(2) 逆向思维训练	2	4		
		Z30.2 半文本表达	2	4		课程题库(随机)
		(1) 开场语的撰写	3	6		
		(2) 衔接语的撰写	4	8		
		(3) 结束语的撰写				

续表

专业基础课程主模块		所需知识、素质、能力	学时		标准要求	测试方法
			课内	课外		
Z30 即兴口语表达	素质	即兴口语表达的提升一部分在于思维,一部分在于口述,所以这两部分都要加强学习与训练			能够对不同类型文本表达进行区分和应用;能够熟练掌握思维语言和口头语言的运用要领	—
	能力	掌握不同文本表达的特征和重难点,提升即兴口语表达能力			能够对不同类型文本表达进行区分和应用;能够熟练掌握思维语言和口头语言的运用要领;提升学生的即兴口语能力	课堂提问课堂讨论演讲实训
Z31 电视社教服务节目	知识	Z31.1 社教服务节目概说 (1) 社教节目的界定与分类	1	2	通过学习演练,掌握社教服务节目这个大板块的具体分支,详细讲解购物类、谈话类、旅游类节目主持,重点分析节目特性和与之相对应的主持技巧	课程题库(随机)
		(2) 社教节目的特征与发展趋势	1	2		
		Z31.2 电视旅游节目 (1) 旅游类节目的界定、分类与特征	1	2		课程题库(随机)
		(2) 旅游类节目的主持人与主持技巧	1	2		
		Z31.3 电视谈话节目 (1) 谈话类节目的界定、分类与特征	1	2		课程题库(随机)
		(2) 谈话类节目的策划	2	4		
		(3) 谈话类节目的主持人与主持技巧	2	4		
		Z31.4 电视购物节目 (1) 购物类节目的界定、分类与特征	2	4		课程题库(随机)
		(2) 购物类节目的主持人与主持技巧	2	4		

续表

专业基础课程主模块		所需知识、素质、能力	学时		标准要求	测试方法
			课内	课外		
Z31 电视社教服务节目	素质	了解社教类节目的分类，了解各个类别的社教服务节目			能够快速辨析不同的社教节目，以及运用相应的主持技巧	—
	能力	能够自己策划不同类型的社教节目，并且掌握相应的主持策略与技巧			能够独立主持任一类型的社教类节目	课堂提问 课堂讨论 演讲实训
Z32 电视综艺娱乐节目	知识	Z32 综艺娱乐类节目概说 （1）综艺娱乐类节目的界定、分类与特征	6	12	通过学习演练，掌握辩论演讲的含义、性质，分类和原则，并能进行讲解说明	课程题库（随机）
		（2）综艺娱乐类节目的主持	7	14		
	素质	熟悉综艺娱乐类节目，说出看过的综艺娱乐类节目的特点			能够辨析所看过的综艺娱乐类节目中的优劣	—
	能力	掌握辩论综艺节目主持人的方法，掌握简单综艺节目的策划案撰写方法			能够独立观看综艺节目，并写出策划案	课堂提问 课堂讨论 演讲实训
Z33 直播知识	知识	Z33 清晰地了解直播软件和网站 （1）主播话术的编写	2	4	阅读课程学习资料，观看教学案例，撰写学习笔记	课程题库（随机）
		（2）直播期间面对的应急情况处理	3	6		
		（3）带货主播、娱乐主播和 IP 主播的差别	3	6		
	素质	形成最朴素、最扎实的关于自然流量直播和付费直播间的相关概念			学会观看直播间的流量分布，并观察对标直播间的数据分析	—
	能力	阅读学习资料，观看教学案例，提高资料收集、分析和整理能力			能够具备上播和编写自播话术的能力，清晰地分辨自播付费、品牌、爆款直播的差别	课堂提问 课堂讨论 演讲实训

续表

专业基础课程主模块		所需知识、素质、能力	学时		标准要求	测试方法
			课内	课外		
Z34 直播运营培训和直播控场能力	知识	Z34.1 抖店的基础卡库存和抖店的基础培训	1	2	阅读课程学习资料，观看教学案例，撰写学习笔记	课程题库（随机）
		Z34.2 直播间的技巧 (1) 直播软件的培训	1	2	通过学习演练，掌握直播主播应具备的能力，并能通过直播技巧对指定稿件进行讲解说明，完成在线课程学习任务	课程题库（随机）
		(2) 直播语速和肢体表演	1	2		
		(3) 讲品注意点	3	6		
		(4) 直播运营的培训	2	4		
	素质	深入理解什么是直播，直播为什么要注意节点，以及主播为什么要懂得控场和直播节奏			能够在观看直播的时候，从专业角度提出主播话术和直播场的差别	—
	能力	掌握直播技巧并运用			学习直播技巧和直播运营知识，能够将其运用到实际稿件中，并进行讲解说明，完成在线课程学习任务	课堂提问 课堂讨论 演讲实训
Z35 主播换品实践	知识	Z35.1 无脚本新品实践 (1) 发散思维训练	4	8	通过学习演练，掌握即兴换品直播和提问，即无文本表达技巧，提升思维能力；通过脚本撰写，提升文笔能力，完成在线课程学习任务	课程题库（随机）
		(2) 逆向思维训练	4	8		
		Z35.2 新品出框架 (1) 开场语的撰写	4	8		
		(2) 中间痛点的撰写	4	8		
		(3) 结束语的撰写	6	4		
	素质	即兴口语表达的提升一部分在于思维，另一部分在于口述，所以这两部分都要加强学习与训练			能够对不同类型文本表达进行区分和应用，能够熟练掌握语言和口头语言的运用要领	—

续表

专业基础课程主模块		所需知识、素质、能力	学时		标准要求	测试方法
			课内	课外		
Z35 主播换品实践	能力	掌握不同文本表达的特征和重难点，提升即兴口语表达能力			能够对不同类型文本表达进行区分和应用；能够熟练掌握思维语言和口头语言的运用要领；提升即兴口语口语能力	课堂提问课堂讨论演讲实训
	知识	Z36.1 抖店的功能 (1) 抖店的知识培训和数据观看	2	4		课程题库（随机）
		(2) 商品上架和数据分析	2	4		
		Z36.2 直播运营的数据复盘 (1) 观看数据和数据分析与主播复盘	2	4	通过学习演练，掌握抖店的知识和数据分析，侧重于策划活动，并重点分析的人群分析	课程题库（随机）
		(2) 运营要明确知道主播的节点控场和活动的策划	2	4	活动的特性和与之相对应的人群及消费习惯	
Z36 直播运营的抖店培训		Z36.3 八大人群分析 (1) 对应的标签和消费习惯	2	4		课程题库（随机）
		(2) 官方活动策划和报名	3	6		
		(3) 直播间控场技巧	3	6		
	素质	了解抖店的数据，能够分析各个活动和人群			能够快速辨析不同的活动和不同的人群，有效撰写直播脚本，并精准把控直播间价值	—
	能力	能够自己策划不同活动，并且掌握相对应的活动策略与技巧			能够独立完成直播同的商品上架和活动的策划	课堂提问课堂讨论演讲实训

续表

专业基础课程主模块		所需知识、素质、能力	学时 课内	学时 课外	标准要求	测试方法
Z37 直播运营的付费培训	知识	Z37 了解付费的类型 （1）清晰认知每种付费对应的版位	8	16	通过学习演练、掌握付费的基础知识和基础的搭建	课程题库（随机）
		（2）实测搭建和创建计划	8	16		一
	素质	了解付费的扩量和付费的不稳定性、实操搭建基础计划			能够辨析出不同品是否适合付费	
	能力	掌握付费的基础搭建，了解随心推、豆荚、千川的区别			能够独立完成新品的直播和付费的基础搭建	课堂提问 课堂讨论 演讲实训
Z38 非线性编辑软件基础理论与应用	知识	Z38.1 了解数字视频编辑基础 （1）数字视频基本概念、非编辑概论、项目的创建与设置	1	2	熟悉数字音视频的压缩基础，熟练运用各种素材的导入导出方法	对各类素材参数导入与导出中的实训
		（2）界面构成、导入与管理素材、输出影片	1	2		
		Z38.2 非线性编辑软件时间线操作基础 （1）剪辑、三点编辑和四点编辑、声画对位	1	2	能熟悉基本剪辑与多机位剪辑要领，熟练运用时间线嵌套、打包素材等操作方法	镜头基本剪辑与多机位剪辑实训
		（2）时间线嵌套、打包素材	1	2		
		Z38.3 创建字幕 （1）创建字幕的方法、创建唱词字幕的方法	2	4	熟练制作各类字幕的方法，掌握字幕的设计要求	创建各类字幕与字幕特效的使用
		（2）创建图形字幕的方法、字幕的设计要求	2	4		

续表

专业基础课程主模块	所需知识、素质、能力		学时		标准要求	测试方法
			课内	课外		
Z38 非线性编辑软件基础理论与应用	知识	Z38.4 运动效果、视频过渡效果 （1）关键帧的概念、调整剪辑片段的基本属性、设置运动效果	2	4	熟练使用各类运动效果和视频过渡特技	各种运动效果、视频过渡的具体应用
		（2）添加视频过渡效果、常用的视频过渡特技	2	4		
	素质	具备对非线性编辑软件 Prmiere 进行实训的可操作性理解			可独立完成实训制作	—
	能力	具备图、文、声、像的收集和处理能力			能够熟练使用 Prmiere 的各项基础功能	—
Z39 非线性编辑软件 Prmiere 的剪辑特效应用	知识	Z39.1 Prmiere 视频特效及色彩校正 （1）视频特效的分类、视频特效的基本操作、影视调色原理	2	4	能够熟练制作视频特效，完成影片基本调色	制作丰富的视频特效，如局部马赛克、打字机效果、稳定抖动画面等
		（2）色彩要素、色彩校正的常用参数、色彩校正的常用视图	2	4		
		Z39.2 Prmiere 画面叠加及音频编辑 （1）Alpha 通道，具体案例：画面合成；画面叠加的方法，具体案例：不透明度、混合模式、蒙版；键控特效的应用	2	4	能够熟练完成多画面叠加合成的制作，以及影片音频合成特效的处理	画面叠加与抠像特效实训、音频剪辑制作实训

续表

专业基础课程主模块		所需知识、素质、能力	学时		标准要求	测试方法
			课内	课外		
		(2) 音频概述；编辑音频；音频的基本操作；音频过渡与音频特效	2	4	能够熟练完成多画面叠加合成的制作，以及影片音频合成特效的处理	画面叠加与抠像特效实训、音频剪辑制作实训
Z39 非线性编辑软件 Prmiere 的剪辑特效应用	知识	Z39.3 Prmiere 外挂特效插件 (1) 安装插件，具体案例：复制法、安装法、升级安装法等	1	2	熟练掌握各类插件的安装与应用，完成实训案例的制作	各类外挂特效插件的实训应用
		(2) 特效插件应用，具体案例：Shine 插件、Starglow 插件、Impact Rays 插件	1.5	3		—
		(3) 特效插件应用，具体案例：Beat Edit 插件、Magic Bullet Looks 插件	1.5	3		—
	素质	具备对非线性编辑软件 Prmiere 特效的处理能力			能够用影视特效的方式表现一定的审美	
	能力	具备非线性编辑软件 Prmiere 特效的实际操作能力			能够独立完成影片的剪辑与合成	
Z40 非线性编辑软件 Edius 的实践应用	知识	Z40.1 Edius 编辑基础应用及视音频编辑 (1) Edius 软件启动及工程设置	1	2	快速熟练地掌握非线性编辑软件 Edius 对视音频编辑的实训应用	视音频剪辑、字幕制作实训
		(2) 工作界面和素材管理、视频布局	1	2		

续表

专业基础课程主模块	所需知识、素质、能力		学时		标准要求	测试方法
			课内	课外		
Z40 非线性编辑软件 Edius 的实践应用	知识	Z40.2 Edius 的特效				
		（1）视频特效、音频滤镜	1.5	3	能够熟练使用 Edius 处理视频特效与音频滤镜	视音频滤镜效果与视场实训
		（2）转场特效	1.5	3	熟练掌握转场滤镜	
		Z40.3 Edius 字幕制作及视频输出 参照案例，使用指定素材进行剪辑	3	6	熟练应用嵌套效果，熟练掌握效果控件中关键位置、缩放与旋放参数的设置，以及关键帧的添加技巧	完成剪辑、特效、蒙版及关键帧的实训
	素质	能够将各类非线性编辑软件的处理和实训融会贯通			能够关注数字技术的最新发展	课程题库、课堂提问、课堂讨论、分组实践
	能力	具备使用 Edius 软件实际操作的能力			能够熟练掌握 Edius 软件的使用技巧	课程题库、课堂提问、课堂讨论、分组实践
Z41 主持人传播形象设计与造型的基本原理	知识	Z41 主持人传播形象设计与造型的基本原理				
		（1）形象设计概念、原则及要求	0.5	1	阅读课程学习资料，观看教学案例，撰写学习笔记	课程题库、课堂提问（随机）
		（2）不同类型节目中设计与造型要点	0.5	1	阅读课程学习资料，观看教学案例，撰写学习笔记	—
		（3）主持人形象设计的特点及类型	0.5	1	阅读课程学习资料，观看教学案例，撰写学习笔记	课程题库、课堂提问（随机）
		（4）影响主持人形象设计的因素	0.5	1		
	素质	形成主持人形象设计的造型意识			能够区分不同类型节目主持人传播形象设计的造型特点及要求	课堂提问、课堂讨论
	能力	阅读学习资料，观看教学案例，提高资料收集、分析和整理能力			能够掌握主持人传播形象设计与造型的基本原理	

续表

专业基础课程主模块	所需知识、素质、能力		学时		标准要求	测试方法
			课内	课外		
Z42 主持人人际交往中的基本礼仪	知识	Z42.1 主持人在社交中的察言观色，应变技巧、换位思考 （1）察言观色	1	2	观看电视节目、查阅学习资料，撰写分析报告	课程题库（随机）
		（2）应变技巧、换位思考	1	2		
		Z42.2 主持人在社交中的会面礼仪、餐桌礼仪 （1）会面礼仪	1	2	通过学习演练，掌握主持人常用礼仪的规范，并能进行讲解说明	课程题库（随机）
		（2）餐桌礼仪	1	2		
	素质	形成主持人处理突发事件的应变技巧和礼仪场景意识			能够区分不同的主持人在社交活动中应变技巧和礼仪规范的运用	—
	能力	掌握主持人处理突发事件的应变技巧和社交中常用的礼仪规范			能够在不同的主持人社交活动中灵活运用应变技巧和社交礼仪规范	课堂提问 课堂讨论 课堂实训
Z43 主持人的仪态与训练技巧	知识	Z43.1 主持人仪态的站姿与动姿 （1）站姿	1	2	通过学习演练，掌握主持人仪态的站姿与动姿规范，并能进行讲解说明	课程题库（随机）
		（2）动姿	1	2		
		Z43.2 主持人提升气质的方法	2	4	通过学习演练，掌握主持人提升气质的方法，并能进行讲解说明	课程题库（随机）
	素质	形成主持人仪态的良好的仪态和气质			能够根据节目类型区分主持人的仪态规范及提升气质塑造	—
	能力	掌握主持人仪态的站姿与动姿规范及提升气质的方法			能够对不同类型节目主持人进行优雅气质的整体塑造与提升	课堂提问 课堂讨论 课堂实训

续表

专业基础课程主模块		所需知识、素质、能力	学时 课内	学时 课外	标准要求	测试方法
Z44 主持人化妆设计与造型的规律及技法	知识	Z44.1 主持人电视化妆、化妆用品的基本知识；化妆造型的美学规律 (1) 主持人电视化妆、化妆用品的基本知识	1	2	通过学习、掌握主持人电视化妆、化妆用品的基本知识和化妆造型的美学规律，并能进行讲解说明	课程题库（随机）
		(2) 化妆造型的美学规律	1	2		
		Z44.2 主持人化妆与造型的步骤与技法 (1) 主持人化妆与造型知识	1	2	通过学习演练，掌握主持人化妆与造型的步骤与技法，并能进行讲解说明	课程题库（随机）
		(2) 化妆与造型实训	5	10		—
	素质	对主持人化妆与造型进行诊断与提升			能够根据节目类型区分主持人的仪态规范和气质塑造	课堂提问 课堂讨论 课堂实训
	能力	掌握主持人化妆与造型的步骤与技法			能够对不同类型节目主持人进行优雅气质的整体塑造	
Z45 主持人着装设计与造型的规律及技法	知识	Z45.1 主持人着装的基本知识与礼仪习俗；不同类型主持人着装造型 (1) 主持人着装的基本知识与礼仪习俗	1	2	通过学习演练，掌握主持人着装的基本知识与礼仪习俗、特点，并能进行讲解说明	课程题库（随机）
		(2) 不同类型主持人着装造型	1	2		
		Z45.2 服饰搭配；着装设计与画面的协调搭配 (1) 服饰选择与主持人外貌特征的搭配	1	2	能够根据节目类型区分主持人的着装设计与造型特点	课程题库（随机）

续表

专业基础课程主模块	所需知识、素质、能力		学时 课内	学时 课外	标准要求	测试方法
Z45 主持人着装造型设计的规律及技法	知识	（2）着装设计与画面的协调搭配实训	5	10		课程题库（随机）
	素质	对主持人着装设计与造型进行诊断与提升			能够根据节目类型区分主持人的仪态规范和气质塑造	一
	能力	掌握主持人着装设计与造型的规律与技法			能够对不同类型节目主持人进行着装设计与造型的塑造与提升	课堂提问 课堂讨论 课堂实训
Z46 主持人情景演艺	知识	Z46 主持人情景演艺综合实训 方案1（就业方向）：分组设计不同类型的电视栏目，由学生扮演主持人、嘉宾、观众等角色，运用所学的主持人礼仪与形象设计的综合知识，提升学生的综合技能 方案2（应用型研究方向）：分组设计考研面试场景，由学生扮演评委，教师扮演学生考研面试场景，培养考研面试形象设计技巧，提升学生的应用能力	4	8	通过学习演练，能够在主持人礼仪与形象设计的电视栏目运用主持人礼仪与形象设计的知识，并能进行讲解说明	课程题库（随机）
	素质	对主持人在不同类型节目中形象设计进行诊断与提升			能够根据节目类型区分主持人形象设计的特点	一
	能力	掌握主持人在不同类型节目中的形象设计应用			1.能够对不同类型节目主持人进行形象设计的塑造与提升 2.培养考研面试形象设计能力，提升学生的应试能力	课堂提问 课堂讨论 课堂实训

续表

专业基础课程主模块		所需知识、素质、能力	学时		标准要求	测试方法
			课内	课外		
Z47 互联网的演进和内在逻辑	知识	Z47.1 互联网的发展历程和演进规律 (1) 互联网的发展历程	2	4	掌握我国互联网发展趋势的主要特点;掌握不同类型网络传播形态的优劣	课程题库(随机) 调研问卷制作 案例分析报告 撰写分析PPT
		(2) 互联网的演进规律	2	4		
		Z47.2 互联网的属性、传播形态和具体传播形式 (1) 互联网的属性与传播形态	2	4		课程题库(随机) 调研问卷制作 案例分析报告 撰写分析PPT
		(2) 互联网的具体传播形式	2	4		
	素质	具备网络与新媒体的运行规律意识			具备网络与新媒体思维	—
	能力	互联网属性、发展的认知知能力			能够分析网络进程中的重点事件	用思维导图呈现网络发展历程
Z48 网络与新媒体用户及社会化媒体	知识	Z48.1 网络与新媒体用户的特点 (1) 从受众到用户的思维转变	4	8	能清晰阐述网络与新媒体用户的具体变化	课程题库(随机) 撰写分析报告 案例分析PPT
		(2) 网络爆款短视频	4	8	能够分析网络热点事件的生成机制	课程题库(随机) 撰写分析报告 案例分析PPT
		Z48.2 社会化媒体应用 (1) 社会化媒体的话题呈现	4	8		
		(2) 社会化媒体的叙事方式	4	8		
	素质	具备融合新闻的互动叙事意识			具备新媒体策划基本素质	—
	能力	具备融合新闻的多种叙事能力			能够掌握应对简单的网络突发事件的方法策略	—

续表

专业基础课程主模块	所需知识、素质、能力		学时		标准要求	测试方法
			课内	课外		
Z49 网络与新媒体信息的整合形式	知识	Z49.1 网络新闻的制作要点 (1) 网络新闻标题与内容提要	2	4	能够制作内容完善的网络新闻和网络新闻专题	课程题库（随机）案例网络新闻分析 制作网络新闻图片专题 制作网络新闻标题
		(2) 网络新闻专题制作	2	4		
		Z49.2 数据传播和可视化传播的形式分析 (1) 数据传播	2	4	能够掌握可视化传播的优势和制作要点	课程题库（随机）案例分析 制作网络新闻图片专题 制作网络新闻标题
		(2) 可视化传播	2	4		
	素质	具备新媒体编辑的基本素质			具备不同类型的网络信息制作素质	—
	能力	能够对网络信息进行有效整合和生产			能够掌握不同类型的网络信息制作要求	—
Z50 电视节目主持	知识	Z50 电视节目主持概说 (1) 电视主持人节目	4	8	阅读课程学习资料，观看教学案例，撰写学习笔记	课程题库（随机）
		(2) 电视节目主持人	4	8		
		(3) 主持人与播音员的异同	4	8		
	素质	形成最朴素、最扎实的关于传统媒体节目及节目主持人的相关概念			学会在观看节目的过程中明确节目类型、主持人，以及主持人与播音员不同	课堂提问 课堂讨论 演讲实训
	能力	阅读学习资料，观看教学案例，提高资料收集、分析和整理能力			能够明确辨别什么是节目，什么是节目，主持人，以及主持人与播音员异同	—
Z51 电视新闻播音	知识	Z51.1 新闻播音的基本概念 电视新闻播音的具体形态	2	4	阅读课程学习资料，观看教学案例，撰写学习笔记	课程题库（随机）

续表

专业基础课程主模块		所需知识、素质、能力	学时		标准要求	测试方法
			课内	课外		
Z51 电视新闻播音	知识	Z51.2 电视新闻播音中的技巧				
		（1）新闻重音的处理方法	2	4	通过学习演练，掌握新闻播音这种文体与其他文体的播报区别，并能通过五大技巧对省定稿件进行讲解说明，完成在线课程学习任务	课程题库（随机）
		（2）语势常规	2	4		
		（3）落停缓收	2	4		
		（4）两种关系	2	4		
		（5）新闻片配音	3	6		
	素质	深入理解什么是新闻播音，为什么说新闻播音是一切播音的基础。新闻播音员与新闻节目主持人有什么区别			能够在观看新闻播音时，从专业角度分析播音员播读稿件时的优劣	—
	能力	掌握新闻播音的五大播音技巧，并加以运用			学习新闻播音的播音技巧，能够运用到实际稿件中，并能进行讲解说明，完成在线课程学习任务	课堂提问课堂讨论演讲实训
Z52 即兴口语表达	知识	Z52.1 无文本表达				
		（1）发散思维训练	2	4	通过学习演练，掌握即兴口语表达中最重要的两部分，即无文本表达技巧和半文本表达。通过思维本撰写提升文笔和半文本思维能力，通过脚本撰写提升思维能力，完成在线课程学习任务	课程题库（随机）
		（2）逆向思维训练	2	4		
		Z52.2 半文本表达				
		（1）开场语的撰写	2	4		
		（2）衔接语的撰写	3	6		
		（3）结束语的撰写	5	8		
	素质	即兴口语表达的提升一部分在于思维，另一部分在于口述，所以这两部分都要加强学习与训练			能够对不同类型文本表达进行区分和应用；能够熟练掌握思维语言和口头语言的运用要领	—
	能力	掌握不同类型文本表达的特征和重难点，提升即兴口语表达能力			能够对不同类型文本表达进行区分和应用；能够熟练掌握口头语言的运用要领；提升学生的即兴口语表达能力	课堂提问课堂讨论演讲实训

续表

专业基础课程主模块	所需知识、素质、能力		学时		标准要求	测试方法
			课内	课外		
Z53 电视社教服务节目	知识	Z53.1 社教服务节目概说			通过学习演练，掌握社教服务类节目，详细讲解购物类、谈话类、旅游类节目特性和与之相对应的主持节目这个大板块的具体分支，重点分析节目特性和与之相对应的主持技巧	
		（1）社教节目的界定与分类	1	2		课程题库（随机）
		（2）社教节目的特征与发展趋势	1	2		课程题库（随机）
		Z53.2 电视旅游节目				
		（1）旅游类节目的界定、分类与特征	2	4		课程题库（随机）
		（2）旅游类节目的主持人与主持技巧	2	4		
		Z53.3 电视谈话节目				
		（1）谈话类节目的界定、分类与特征	2	4		课程题库（随机）
		（2）谈话类节目的策划	2	4		
		（3）旅游类节目的主持人与主持技巧	1	2		
		Z53.4 电视购物节目				
		（1）购物类节目的界定、分类与特征	1	2		课程题库（随机）
		（2）购物类节目的主持人与主持技巧	1	2		
	素质	了解社教类节目的分类，了解各个类别的社教服务节目			能够快速辨析不同的社教节目，以及运用相应的主持技巧	—
	能力	能够自己策划不同类型的社教节目，并且掌握相应的主持策略与技巧			能够独立主持任一类型的社教类节目	课堂提问课堂讨论演讲实训

续表

专业基础课程主模块		所需知识、素质、能力	学时		标准要求	测试方法
			课内	课外		
Z54 电视综艺娱乐节目	知识	Z54 综艺娱乐节目概说 (1)综艺娱乐类节目的界定、分类与特征	6	12	通过学习演练,掌握辩论演讲的含义、性质,分类和原则,并能进行讨论讲解说明	课程题库（随机）
		(2)综艺娱乐类节目的主持	7	14		—
	素质	熟悉综艺娱乐类节目,说出看过的综艺节目,了解不同类别综艺娱乐节目			能够辨析所看过的综艺娱乐类节目中的优劣	课堂提问 课堂讨论 演讲实训
	能力	掌握辩论综艺节目和节目主持人的方法,掌握简单综艺节目的策划案撰写方法			能够独立观看综艺类节目,并写出策划案	
Z55 短视频文案策划	知识	Z55.1 短视频文案构成 (1)短视频的定义、特点、构成	2	4	能够根据短视频的构成要素分析短视频	课程题库（随机）
		(2)短视频文案的定义、构成	2	4		
		Z55.2 短视频文案的创作技巧 (1)账号主页文案创作	4	8	能够对短视频账号主页文案、标题、开头、正文、结尾文案及脚本文案进行行业分析,评论文案进行分析、掌握其创作要点和方法	探究式作业（抖音、快手、哔哩哔哩等平台账号主页分析、爆款短视频分析、撰写分析报告,进行PPT汇报）
		(2)短视频标题、开头、正文、结尾文案编写、脚本文案编写	4	8		
		(3)短视频选题策划、优质短视频文案编写、评论文案创作	4	8		
	素质	抖音、哔哩哔哩、小红书等重度用户,网感好,对热点敏感			熟悉短视频平台和平台规则、调性,运营策略,用户特征及喜好	—
	能力	具备扎实的文案策划功底,拥有较强的文案创意能力			能够进行短视频账号主页、标题、开头、正文、结尾文案及分镜头脚本、评论文案的创作	个人主页设计、抖音账号主页打造,抖音短视频创作,发布、回复、数据分析

续表

专业基础课程主模块	所需知识、素质、能力	学时		标准要求	测试方法
		课内	课外		
	知识 （1）界定 Z56 剧情类、搞笑类、美食类、旅游类、乡村类、生活类、影视类、知识类、政务类、带货类、公益宣传类短视频文案创作	10	20	准确说出剧情类、搞笑类、美食类、旅游类、乡村类、生活类、影视类、知识类、政务类、带货类、公益宣传类短视频的概念和特点	课程题库 （随机）
	（2）创作方法	24	48	能够对剧情类、搞笑类、美食类、旅游类、乡村类、生活类、影视类、知识类、政务类、带货类、公益宣传类短视频进行分析、掌握其创作要点和方法	探究式作业 （抖音、快手或哔哩哔哩等平台的剧情类、搞笑类、美食类、旅游类、乡村类、知识类、影视类、政务类、带货类、公益宣传类短视频分析，撰写分析报告，进行 PPT 汇报）
Z56 类型短视频文案创作	（3）存在的问题与创新性发展	14	28	能够找出剧情类、搞笑类、美食类、旅游类、乡村类、生活类、影视类、知识类、政务类、带货类、公益宣传类短视频存在的问题，针对具体问题提出改进措施	探究式作业 （制作 1 条相应类型短视频，视频展示类点评，进一步修改完善，并发布和运营）
	素质 密切跟踪短视频平台的热点动态，研究并拆解各类热门短视频作品，提炼爆款文案逻辑，沉淀为方法论			关注剧情类、搞笑类、美食类、旅游类、乡村类、生活类、影视类、知识类、政务类、带货类、公益宣传类等不同类型短视频，并进行内容拆解和分析总结	—
	能力 具备视频分析能力，模仿能力及二次创意改编能力，能够进行视频素材的收集、拍摄、剪辑、制作，能独立完成短视频的创意和策划。具备良好的数据分析能力，善于思考总结，利用数据指导并优化运营推广策略			能够完成各种类型的视频创作，能够进行剧情类、搞笑类、美食类、旅游类、乡村类、带货类、公益宣传类短视频的选题策划、文案创作、拍摄剪辑制作，并在抖音平台发布、评论和运营	能够独立撰写短视频脚本，完成抖音、快手等平台短视频的创意和策划，拍摄、制作与分发，能够进行抖音平台与运营、数据分析、运营提升

续表

专业基础课程 主模块		所需知识、素质、能力	学时		标准要求	测试方法
			课内	课外		
Z57 电视编辑 概述	知识	Z57.1 电视编辑工作的概念	1	2	能够了解电视编辑工作的基础理论	课程题库 （随机）
		Z57.2 电视编辑工作的流程	1	2	掌握电视编辑的相关工作流程	课程题库 （随机）
		Z57.3 电视编辑的双重特性	1	2	掌握镜头语言的特质和方法，掌握剪辑艺术的基本理念与构思	课程题库 （随机）
		Z57.4 电视编辑的艺术表现	1	2		课程题库 （随机）
	素质	电视编辑的基本工作理念与工作流程			能够从剪辑中发现艺术规则，并进行剪辑艺术的创意表达	
	能力	具备剪辑艺术的认知与思考能力和创意表达能力			能够围绕某个艺术作品完成基础的剪辑艺术分析	从主观感性入手，向理性分析进发，具备从类型片、时空观、叙事与造型、长镜头与蒙太奇、符号学等不同角度剖析和创作电视片
Z58 电视编辑 理论	知识	Z58.1 一种新思维：蒙太奇（升学方向重点）	1	2	掌握编辑的基本方法和练习方法	课程题库 （随机）
		（1）蒙太奇的概念、产生和发展	1	2		
		（2）蒙太奇与长镜头	1	2		
		（3）蒙太奇表现手法有哪些	1	2		借用大量的举证及相关材料和最新成果，加深学生对蒙太奇的认识
		Z58.2 剪辑的发展过程与蒙太奇的发展过程	2	4	借用大量的举证及相关材料和最新成果，加深学生对蒙太奇的认识	课程题库 （随机）

续表

专业基础课程主模块	所需知识、素质、能力		学时		标准要求	测试方法
			课内	课外		
Z58 电视编辑理论	素质	具备对剪辑艺术的观察力、洞察力及影像想象力			一种特殊蒙太奇：长镜头。多种蒙太奇艺术的剪辑认知与操作	课程题库（随机）多种蒙太奇艺术的剪辑认知与操作
	能力	具备视听语言分析和剪辑手法分析能力			能够围绕特定选题主题进行剪辑创作的分析	围绕主题进行试听解析和剪辑艺术手法分析
Z59 电视编辑技巧	知识	Z59.1 电视叙事中的时间与空间 (1) 再现和构成两种空间的表现形式	1	2	再现和构成两种空间的表现形式	课程题库（随机）观摩影视作品，分析电视叙事的时间与空间
		(2) 影视作品中时间空间的合集剪辑	1	2		
		Z59.2 剪辑中的一些规则	2	4	影视作品中的剪辑规则实际运用	课程题库（随机）一组越轴镜头的剪辑与解决越轴问题的镜头方法
		剪辑中的匹配原则、景别安排、运动动作表现	1	2		
		Z59.3 场面转换 (1) 无技巧剪辑与巧性剪辑	2	4	通过实际操作掌握影视作品中各种转场的方法和技巧	张艺谋的电影作品中无技巧性剪辑与巧合剪辑
		(2) 无技巧剪辑与技巧性剪辑的方法	1	2		
		Z59.4 两种类型的剪辑 (1) 叙事剪辑与表现剪辑	2	4	分析两种剪辑在实际作品中的应用技巧	影视作品中内在与外在节奏的统一与区别是如何具体体现的

续表

专业基础课程主模块		所需知识、素质、能力	学时		标准要求	测试方法
			课内	课外		
	知识	（2）分析影视作品叙事的剪辑与表现的剪辑两种手法	1	2		
		Z59.5 剪辑中的结构与节奏	2	4	分析影视作品内容与结构与节奏的关系	课程题库（随机）剪辑一组镜头，体现影视作品的叙事结构和蒙太奇结构
		分析影视作品内容与结构与节奏的关系	1	2		
		Z59.6 电视作品剪辑与创作（一）	2	6	初步了解并掌握电视剪辑的技巧与实践应用	课程题库（随机）一组按照要求剪辑镜头片段
Z59 电视编辑技巧		指定完成作品剪辑与创作（一）	2	6		
		Z59.7 电视作品剪辑与创作（二）	2	6	指定剪辑作品主要从画面、声音、内容和整体效果四个方面进行把握，创作不低于 3 分钟的剪辑作品	课程题库（随机）艺术成品 3 分钟
		指定完成作品剪辑与创作（二）	2	6		
	素质	具备良好的视听语言审美和剪辑艺术修养，掌握各种剪辑技巧的基本规律			能够通过观摩各种优秀的影视作品，吸收优秀作品的剪辑经验，对各种艺术作品进行蒙太奇基本规律的实际运用	—
	能力	具备不同艺术形态的艺术作品的剪辑和创作能力			能够围绕任务完成不同形态的艺术作品剪辑任务，作品具备一定的创意和艺术创作水平	围绕主题进行各种艺术作品的剪辑与创作

续表

专业基础课程主模块		所需知识、素质、能力	学时		标准要求	测试方法
			课内	课外		
Z60 新媒体编辑模块	知识	Z60.1 新媒体类型、特征、编辑及能力素质要求	3	6	能够梳理新媒体的类型及各个类型的特点；新媒体行业的岗位需求、薪资待遇、岗位需求的调研	课程题库（随机）
		Z60.2 新媒体信息技术 (1) 新媒体信息搜索技术	1	6	能在课堂上展示新媒体信息搜索的方法；能在现场操作文件的处理方法；能展示微热点、爱奇艺指数、百度指数、清博大数据等相关平台的操作，并对相关热点进行解读；能分析信息筛选的原则与标准	课堂展示
		(2) 新媒体信息搜集渠道与方法及文件的管理与搜索	2			
		Z60.3 新媒体文稿编辑基础 (1) 新媒体文案写作	3	10	新媒体文稿加工的流程与文稿标题编辑的技巧；能按要求撰写一篇新媒体软文	课程题库（随机）课堂展示
		(2) 新媒体软文写作及超链接	2	10		
		Z60.4 新媒体图片编辑基础 (1) 新媒体封面图的设计与制作	2		能完成图片的筛选，分析图片在平台上的作用；能完成矢量图与位图的区别和联系相关试题的测试；分享各大平台新媒体封面图的设计案例，至少三个，并对比分析其优劣；按动态图的制作要求，提交四个原创动图	课程题库（随机）课堂展示
		(2) 收集与制作 GIF 动态图片	2	10		
		(3) 新媒体图文排版工具与方法	1			

续表

专业基础课程主模块		所需知识、素质、能力	学时		标准要求	测试方法
			课内	课外		
Z60 新媒体编辑模块	知识	Z60.5 信息图表 (1) 信息图表的类型与元素	1	8	能完成信息图表的类型的测试,分享并展示所所查找案例的信息图表元素;展示所完成的信息图表	课程题库（随机）课堂展示
		(2) 信息图表的制作与设计	3			
		Z60.6 数据新闻 (1) 数据新闻概述	2	8	展示来自新华网、人民网等网站上的数据新闻案例,并分析其特点;关注的该行业的发展数据;完成相关试题可视化与动态可视化差异可视化试题测试	课程题库（随机）课堂展示
		(2) 数据新闻中数据的获取、数据清洗、数据分析、可视化新闻制作	2			
	素质	培养学生的新媒体编辑能力,掌握相关排版、数据新闻和数据呈现等能力,能够任新媒体的领域具备各类别的辨识的基本素养				—
	能力	(1) 能够熟练运用社交媒体、网络媒体、资讯技术来撰写、编辑、整理、发布各类新媒体内容 (2) 能够熟悉和理解最新社交网络、熟悉各类新媒体产品的形态 (3) 具有一定的新媒体营销策略能力,能够熟悉市场环境,把握市场动向,推广新媒体形式的产品和内容			能够关注社会热点和传媒前沿,利用所学知识,进行新媒体产品的呈现	—
Z61 新媒体策划模块	知识	Z61.1 H5 的概念与内涵	6	12	能按照要求查找不同类型的 H5 页面,并利用所学知识和相关要求完成相应的制作任务	课堂展示
		Z61.2 H5 页面制作基础、设计原则与技巧	6	12		

续表

专业基础课程主模块		所需知识、素质、能力	学时		标准要求	测试方法
			课内	课外		
Z61 新媒体策划模块	知识	Z61.3 新媒体文案 (1) 新媒体文案方案特点、传播方法	10	20	能掌握新媒体文案与传统媒体文案的差异，并根据相关数据分析新媒体传播渠道及传播形式，完成 1 份文案策划，并完成 10 条广告文案的创作	课程题库（随机）课堂展示
		(2) 新媒体文案常见类型及撰写	10	20		
	素质	掌握新媒体文案的特点及传播规律				
	能力	提升新媒体策划和传播能力				
Z62 有声语言的基础认知	知识	Z62.1 有声语言概述与认知 (1) 有声语言概述	0.5	1	能够了解网络有声语言的发展历程，理解有声语言的内涵，理解有声语言的商业价值，掌握有声语言平台，熟悉常见的有声语言平台	课程题库（随机）
		(2) 有声语言的产业链	0.5	1		
		(3) 有声语言平台的分析	1	2		
		Z62.2 有声语言相关岗位概述 (1) 有声语言人才特征与岗位设置	0.5	1	能够掌握有声语言的岗位职责与职业能力要求，掌握有声语言团队的人员配置特点	课程题库（随机）
		(2) 有声语言岗位职责与技能	1	2		
		(3) 有声语言后期岗位职责与技能	0.5	1		
	素质	具备有声语言相关的媒介融合思维方式、审美素养和创作视野			能够结合媒介融合发展态势，基本形成定制化、移动化、交互实时化等直播素养	—
	能力	掌握收集整理、阅读分析各类直播资料，具备撰写有声语言案例分析的能力			能够运用新理念、新技术、新方式等为不同平台、不同终端、不同受众提供个性化有声语言内容与服务，实现多媒介跨界传播	课堂提问　课堂讨论　直播实训（拆解直播案例，进行案例分析）

续表

专业基础课程主模块		所需知识、素质、能力	学时		标准要求	测试方法
			课内	课外		
Z63 有声语言的策划准备	知识	Z63.1 有声语言的策划与准备			掌握有声语言内容策划、脚本、活动方案策划和基本技巧	课程题库（随机）
		（1）熟悉有声语言的定位	0.5	1		
		（2）熟悉有声语言的要素	0.5	1		
		（3）有声语言场地的搭建准备	0.5	1		
		Z63.2 有声语言的选材与规划			能够掌握有声语言的渠道，掌握选品的策略、依据，掌握作品定价和组品策略，具备基本场地和人设景配置的能力	课程题库（随机）
		（1）选材的定义与原则	0.5	1		
		（2）组品配置与场景搭建	1	2		
		（3）有声语言人设与视觉传播	1	2		
	素质	具备有声语言相关的策划与准备、选品与组品、有声语言创新传播等综合素质			掌握不同有声语言赛道的品牌建设、人设打造、场景构建、引流推广、数据分析、分众传播，有声语言多元化发展、垂直赛道创新表达的理念，并能够综合运用于实践	一
Z64 有声语言的创新实践	能力	掌握不同类型体验互动类有声语言的营销（主持）和运营能力，并能立足时代，进行创新表达，完成多元化"服务"			掌握不同类目、场景的直播特点，理解有声语言的传媒角色，语言特点、能力诉求，并具备实践能力	课堂提问 课堂讨论 有声语言实训（完成选题、选品、组品、人设、场景策划方案）
	知识	Z64.1 语音直播前："引流"互动			熟悉直播引流的定义、优势、引流时机，掌握直播前预热技巧	课程题库（随机）
		（1）做好直播前预热准备	1	2		
		（2）调动直播间人气"五步法"，互动玩法法提升开直播间氛围	1	2		
		（3）开展平台内付费推广，做好粉丝运营	1	2		

续表

专业基础课程主模块		所需知识、素质、能力	学时 课内	学时 课外	标准要求	测试方法
Z64 有声语言的创新实践	知识	Z64.2 语音直播中：话术、控场与互动			掌握直播话术、控场及互动技巧	课程题库（随机）
		（1）创新话术	2	4		
		（2）灵活控场	2	4		
		（3）多元互动	2	4		
		Z64.3 语音直播后：数据分析及改进措施	1	2	掌握分析直播数据、复盘流量指标、人气指标、转化指标的技巧	课程题库 课堂提问 课堂讨论 分组实践
		（1）流量数据	0.5	1		
		（2）人气数据				
		（3）转化指标	0.5	1		
	素质	能够洞察各直播平台的流量规则，具备灵活应变能力			能够拓宽媒介视野，适应直播行业的发展节奏，具备良好的身心素质	—
	能力	具备创新营销与精细化运营的综合直播能力			能够创新直播话术，进行多元互动，综合分析直播数据（复盘流量指标、人气指标、转化指标）	课堂提问 课堂讨论 直播实训（大小屏直播、商业直播、公益直播实践）
Z65 融媒体背景下的有声语言发展	知识	Z65.1 媒介融合与有声语言发展趋势 （1）抖音、淘宝、快手、腾讯等直播平台的创新营销模式与策略（主播）	1	2	能够拓宽文化视野，具备在融媒体背景下进行体验互动类直播的能力	课程题库（随机）
		（2）不同有声语言的创新发展	1	2		
		（3）有声语言未来的发展趋势	1	2		

续表

专业基础课程主模块		所需知识、素质、能力	学时 课内	学时 课外	标准要求	测试方法
	知识	Z65.2 融媒体下的有声语言运营案例分析			能够在多元媒介融合过程中自觉进行播音主持创作的美学提升,熟悉并运用新技术、新手段进行公益直播、直播带岗等实践	课程题库(随机)
		(1) 有声语言+广告媒介的案例分析	2	4		
		(2) 有声语言+渠道赋能的案例分析	2	4		
		(3) 有声语言+直播带岗等案例分析	2	4		
Z65 融媒体背景下的有声语言发展		Z65.3 融媒体下的有声语言营销案例分析			能够结合媒介融合发展态势,洞察电商类、本地生活类主播营销特征,并进行创新实践	课程题库 课堂提问 课堂讨论 分组实践
		(1) 有声语言主播营销案例分析	2	4		
		(2) 影视配音主播营销案例分析	2	4		
	素质	具备综合驾驭多媒介跨界跨屏传播素质和文化审美素质			能够运用新理念、新技术、新方式为不同平台、不同终端、不同受众提供个性化直播服务	—
	能力	具备媒介融合背景下的直播营销和运营能力			能够融会贯通,创新运用与实践	课堂提问 课堂讨论 直播实训
Z66 有声语言应用	知识	Z66.1 影视配音的表达技巧	2	4	在语音标准、发音规范的基础上,熟练掌握不同有声语言录制的风格	课程题库(随机)
		Z66.2 有声书录制	2	4		
		Z66.3 专题片和宣传片的播讲风格	4	8		
		Z66.4 网络自媒体音频录制	4	8		
		Z66.5 朗诵艺术	4	8		
		Z66.6 小说及广播剧演播	4	8		

续表

专业基础课程主模块		所需知识、素质、能力	学时		标准要求	测试方法
			课内	课外		
Z66 有声语言应用	素质	具备综合驾驭不同音频录制的技巧和素养	6	12	深入了解市场需求，实现对作品的把控	—
	能力	具备新媒体环境下播音员创作和创新的能力	6	12	能够熟练应用相关软硬件，实现有声语言创作	课堂提问、课堂讨论
Z67 新闻	知识	Z67.1 绪论 (1) 新闻学与新闻工作	1	2	能够区分新闻学与新闻工作的差异，掌握新闻工作者应具备的素质	课程题库(随机)、文献分析、心得、撰写小论文
		(2) 新闻工作者应具备的素质	2	4		
		Z67.2 新闻本源 (1) 新闻	2	4	能够了解新闻的含义、新闻的本源、新闻的类别，掌握新闻的要素，灵活地理解新闻特征	课程题库(随机)、新闻报道评析、思维导图、撰写新闻稿件
		(2) 新闻的本源	1	2		
		(3) 新闻的类别	1	2		
		(4) 新闻的要素	2	4		
		Z67.3 新闻真实性 (1) 新闻报道失实原因	1	2	辨析新闻报道失实的原因，掌握新闻真实性的原则与要求	课程题库(随机)、撰写作文、制作PPT
		(2) 新闻真实性要求	2	4		
		Z67.4 新闻价值 (1) 新闻价值的内涵、构成要素	3	6	掌握新闻价值构成要素，理解新闻价值实现过程与价值取向	课程题库(随机)、新闻稿件评析、撰写小论文、撰写新闻采访提纲
		(2) 新闻价值实现过程与价值取向	1	2		
	素质	培养新闻传播思维，使学生具备良好的理论素养，形成能够指导新闻实践、解决实际问题的理论储备			能够掌握新闻事业发展和新闻传播现象的基本理念，熟悉新闻传播规律和新闻政策法规界的前沿发展规律和发展理念	—

续表

专业基础课程主模块		所需知识、素质、能力	学时		标准要求	测试方法
			课内	课外		
Z67 新闻	能力	具备运用所学理论、评价、分析新闻现象和具体案例,并将其应用于实践的逻辑思维能力			能够时刻关注传媒前沿发展动态和社会热点,具有新闻传播敏感性	一
Z68 新闻事业	知识	Z68.1 新闻事业 (1) 新闻事业的概念、性质与功能	2	4	掌握新闻事业的性质与功能,熟悉中国社会主义新闻事业的性质与任务的基本规律	课程题库(随机)、思维导图、制作新闻文献分析 PPT
		(2) 中国社会主义新闻事业的性质与任务	2	4		
		Z68.2 新闻工作的党性原则和基本方针 (1) 党性原则的主要规律	1	2	掌握新闻工作的党性原则,理解新闻工作的基本方针	课程题库(随机)、思维导图、制作新闻文献分析 PPT
		(2) 党性原则的基本方针	2	4		
		Z68.3 新闻宣传 (1) 新闻宣传的基本概念、新闻宣传的要素	2	4	掌握宣传的内涵、特点与作用、辩证、灵活地理解我国新闻宣传的基本理念与方法,以及对外新闻宣传的侧重点	课程题库(随机)、思维导图、制作新闻宣传策划方案
		(2) 我国新闻宣传的理念与方法	1	2		
		Z68.4 新闻舆论导向与新闻舆论监督 (1) 新闻舆论导向	3	6	掌握新闻舆论导向,熟悉新闻舆论监督,熟悉新闻舆论提高舆论引导能力,使用新闻舆论监督的原则与方法	课程题库(随机)、撰写小论文、撰写新闻舆论引导策划方案、制作文献分析 PPT
		(2) 新闻舆论监督	3	6		
	素质	具备职业认知素质和媒介素养,形成社会主义核心价值引领下的职业道德意识			能够具备新闻传媒职场思维,树立正确的新闻传播价值观	一
	能力	具备对当代新闻传播现象和当前互联网时代复杂舆情进行理性分析,思考和评判的执行力			能够解决新闻传播实践具体问题,具备一定深度的思维逻辑与分析问题能力	一

专业基础课程主模块		所需知识、素质、能力	学时		标准要求	测试方法
			课内	课外		
Z69 广播电视的诞生与发展	知识	Z69.1 广播电视的诞生与发展 （1）了解媒介发展的五个阶段	2	4	了解广播电视的前世今生，熟练分析世界与中国广播电视发展的进程	课程题库测试（随机）
		（2）媒介的类型和特点	2	4		
		Z69.2 认识电视主要技术标准和传播制式 （1）广播的定义和分类、电视的发明和发展	2	4	通过对广播电视总体发展的了解，分析现代化媒体进步对人类生活带来的改变	观看视频、分组讨论、思维导图
		（2）广播电视的体制划分及代表国家、传播的制式等	2	4		
		Z69.3 广播电视传播符号的构成与社会功能 （1）理解和掌握广播、电视传播图像，声音，字幕符号等	2	4	了解作为广播电视传播符号的声音与画面的特点，作用及相互关系；重点了解声音传播元素中的语言，音乐，音响各自的特点及作用，画面的特征和意义，以及声音与画面这两种传播元素在不同的配合关系下所起到的作用	撰写"地球村"的心得体会
		（2）了解广播电视传播的特征，掌握广播电视传播的社会功能和影响	1	2		
	素质	具备自主学习能力及延伸基础理论的习惯			梳理考点内容	—
	能力	了解广播电视事业发展的历程和特点，打好扎实的专业课基础			分析报告	围绕主题进行文学创意写作

续表

专业基础课程主模块	所需知识、素质、能力		学时		标准要求	测试方法
			课内	课外		
Z70 不同类型的电视节目的发展与创新	知识	Z70.1 电视新闻节目的基本元素和形态 （1）熟悉电视新闻节目制作的方式	2	4	能够了解不同类型新闻节目的历史沿革及发展现状	课程题库测试（随机）
		（2）中国电视新闻节目的发展现状和竞争态势	2	4		
		Z70.2 掌握娱乐节目的概念和类型 （1）了解我国电视娱乐节目的发展	2	4	能够区分并熟悉各类节目制作与包装技巧，掌握不同节目类型的编排策划特性	组内讨论分析报告
		（2）新媒体时代对于娱乐节目的冲击	2	4		
		Z70.3 探究电视纪录片的特征、题材与创作手法 （1）中国电视纪录片的发展历程	2	4	了解不同类型纪录片的历史沿革及创作手法，能够在规定时间内完成项目调研及拍摄，表达出主题创意	节目编排思维导图
		（2）中国电视纪录片的发展现状及发展趋势	1	2		
	素质	大量实例项目教学，让学生身临其境地感受不同类型节目制作的全过程。			节目制作策划流程，具体节目举例阐述PPT	一
	能力	针对不同类型节目制作，形成并提升编导思维架构			结合虚拟演播室，讨论节目制作流程分析报告	围绕主题进行故事构思和写作
Z71 新媒体人的职业素养与受众分析	知识	Z71.1 理解和掌握媒体不同工作岗位的设置及工作范畴 （1）全媒体不同工作岗位的划分	2	4	能够在电视演播室了解及使用各种电视制作设备制作节目	课程题库测试（随机）
		（2）不同岗位的工作范畴	2	4		

续表

专业基础课程主模块		所需知识、素质、能力	学时		标准要求	测试方法
			课内	课外		
Z71 新媒体人的职业素养与受众分析	知识	Z71.2 熟悉全媒体人的职业素养及发展现状与未来趋势			掌握演播室节目制作的机位设置、导播系统操作	融媒体上机实操
		(1) 不同类型从业人员应具备的职业素养	2	4		
		(2) 传统媒体的发展现状及未来趋势	1	2		
		Z71.3 受众的定义、特征、重要性			撰写一部以小组为单位,以"我的大学生活"为题材的短片,创作前期编导阐述,并分组讨论	课下讨论思维导图汇报
		(1) 受众的群体特征构成及文化心理结构	2	4		
		(2) 影响受众的态度的因素及如何满足受众接受心理	1	2		
	素质	具备正确的政治方向和社会主义核心价值观			分析媒体从业者应有的坚守、自行收集资料、整理绘制思维导图	—
	能力	具备完成影视短片制作的能力			能够准确阐述合理正向的编导思维,完成前期创作及策划工作	—
Z72 普通话水平测试简介	知识	Z72.1 普通话的定义和历史发展过程	0.5	1	通过学习,掌握普通话的定义及历史发展过程、掌握普通话等级测试的具体说明	课程题库(随机)
		Z72.2 普通话等级测试基本规则	1.5	3		
	素质	形成对普通话等级测试的基本认知			能够认知普通话等级证书在日常学习生活中的价值	—
	能力	收集、整理普通话等级测试原题,能使用规则准确做题			能够了解认知普通话水平测试的大概内容,可以在生活中进行普通话规则指导	课堂提问 课堂讨论

续表

专业基础课程主模块		所需知识、素质、能力	学时		标准要求	测试方法
			课内	课外		
Z73 普通话语音知识及训练	知识	Z73.1 声母的构成及发音辨正练习	2	4	掌握声母、韵母、语流音变的定义及分类知识点	课程题库（随机）
		Z73.2 韵母的构成及发音辨正练习	2	4		
		Z73.3 语流音变的分类及发音技巧	4	8		
	素质	会对错误的声母、韵母、语流音变发音进行区分和相关纠正			能够对语音基础知识综合应用	—
	能力	能够熟练区分不同类别的声母、韵母、语流音变			能对生活中声母、韵母、语流音变有问题的人进行分析纠正	—
Z74 朗诵及命题说话训练	知识	Z74.1 朗读概述及朗读技巧	4	8	通过学习，掌握朗读定义及技巧，并能进行讲解说明	课程题库（随机）
		Z74.2 命题说话	2	4	通过学习，掌握命题说话的含义、说话要领，并能即兴说话	
	素质	在普通话等级测试中，能熟练且正确地朗读作品，并且能够熟练掌握朗读作品语音难点，会对命题说说话进行分类			具备进行普通话等测试指导的相关素质	—
	能力	掌握朗读作品语音难点，命题说话的说话要领			能在日常生活中综合运用相关知识，提高竞争力	—
Z75 文学鉴赏	知识	Z75.1 外国经典诗歌鉴赏 (1) 作家生平	1	2	能够讲述作家生平主要事迹，积累名人故事素材	课程题库（随机）
		(2) 作品内容			有感情地朗诵诗歌	朗诵展示（根据诗歌特点和风格，运用有声语言表达技巧，完成诗歌朗诵）
		(3) 作品赏析			能够讲述作品的整体结构和抒情线索	

续表

专业基础课程主模块		所需知识、素质、能力	学时		标准要求	测试方法
			课内	课外		
Z75 文学鉴赏	知识	Z75.2 外国经典小说鉴赏	7	14		
		（1）作家生平			能够讲述作家生平主要事迹，积累名人故事素材	课程题库（随机）
		（2）作品内容			能够讲述作品的主要情节或内容梗概	讲故事展示（根据小说特点和风格，运用有声语言表达技巧，完成小说故事梗概的讲述）
		（3）作品赏析			能够分析作品人物形象和思想主题，并深入发掘其中蕴含的人性、哲理、文化等深层意蕴	
		Z75.3 中国现当代诗歌鉴赏	1	2		
		（1）作家生平			能够讲述作家生平主要事迹，积累名人故事素材	课程题库（随机）
		（2）作品内容	1	2	有感情地朗诵诗歌	朗诵展示（根据诗歌特点和风格，运用有声语言表达技巧，完成诗歌朗诵）
		（3）作品赏析			能够讲述作品的整体结构和抒情线索	
		Z75.4 中国现当代经典小说鉴赏	7	14		
		（1）作家生平			能够讲述作家生平主要事迹，积累名人故事素材	课程题库（随机）
		（2）作品内容			能够讲述作品的主要情节或内容梗概	讲故事展示（根据小说特点和风格，运用有声语言表达技巧，完成小说故事梗概的讲述）
		（3）作品赏析			能够分析作品人物形象和思想主题，并深入发掘其中蕴含的人性、哲理、文化等深层意蕴	
	素质	具有文学审美素养，对作品理解有深度、有创新意识			能够关注世界文学，进行文化传播和交流	
	能力	具备有声语言表达能力，能够逻辑清晰地赏析中外文学名作，会写文学评论、能制作文学作品解析的视频			用简单的语言讲解清楚某部作品；能够使用文学鉴赏方法进行考研试题的应答	限时朗诵诗歌和讲述小说故事梗概

续表

专业基础课程主模块		所需知识、素质、能力	学时		标准要求	测试方法
			课内	课外		
Z76 文学改编	知识	Z76.1 小说创作 （1）情节 （2）结构 （3）人物 （4）主题	8	16	清晰表述小说创作的方法和技巧及取得戏剧、影视、视频创作借鉴的地方	小说创作分析与研究（阅读分析小说，完成某部小说的创作方法总结）
		Z76.2 小说改编 （1）视频改编 （2）影视改编	8	16	能够对某部小说进行短视频、话剧、舞台剧、影视剧等各种类型的改编	小说改编剧本（重新审视小说，进行新的构思，保留揭示主线故事矛盾冲突，由故事情节推动剧情画面感，提升小说的创作或改编）
		（3）服装设计风格的分类				—
	素质	阅读量丰富，关注文化等垂直领域和文学用户生态			大量阅读小说	
	能力	具备良好的文字驾驭能力，拥有丰富的想象力、敏锐的洞察力以及较强的故事创意能力			设计戏剧性情节，并独立撰稿及编写故事，完成视频或影视剧本的创作	小说题材选取，进行新媒体小说写作或短剧写作或影视剧改编
Z77 创作观的建立	知识	Z77.1 播音的正确创作道路 （1）理解正确创作道路的含义	1	2	通过学习，掌握正确创作道路的含义、原则和重要性，并能进行讲解说明	课程题库（随机）
		（2）正确创作道路要遵循的原则	1	2		
		（3）坚持正确创作道路的重要性	2	4		
		Z77.2 播音主持语言特点 （1）规范性、庄重性、鼓动性	1	2	通过学习演练，掌握播音主持的语言特点，理解"三性"和"三感"的概念，存在的问题和要求，并能进行讲解说明，完成在线课程学习任务	课程题库（随机）
		（2）时代感、分寸感、亲切感	1	2		
		（3）实训：播音语言特点模拟练习	2	4		

续表

专业基础课程主模块		所需知识、素质、能力	学时		标准要求	测试方法
			课内	课外		
Z77 创作观的建立	素质	形成对正确创作道路概述的基本认知和对播音主持语言特点的基本认知			能够认识到播音主持的正确创作道路问题是贯穿课程始终的教学重点	课外实践
	能力	具备收集整理、阅读分析案例的能力，掌握文稿播读等技能，并能熟练运用对应的播音主持语言特点			能够掌握创作的基础知识，并熟练掌握播音主持的语言特点和技巧	课堂提问 课堂讨论 创作实训
	知识	Z78.1 创作准备 （1）广义备稿	1	2	通过学习掌握创作准备中的备稿概念，掌握备稿六步技巧，并能进行讲解说明，完成在线课程学习任务	课程题库（随机）
		（2）狭义备稿	1	2		
		（3）创作实训：备稿六步	2	4		
		Z78.2 播音感受 （1）播音感受的概念	1	2	通过学习透过文字符号"感之于外，受之于心"的理解力，并在此基础上运用各种表达技巧	课程题库（随机）
		（2）具体感受和整体感受	1	2		
		（3）实例分析与训练	2	4		
Z78 情感的触发与调动	素质	深入理解备稿的含义，以及备稿在播音主持创作准备中的意义，同时具备较强的播音感受力和创作力			掌握播音主持文稿备稿和感受力，并对不同的文稿表达形式进行区分	课外实践
	能力	掌握备稿的含义、技巧和播音感受能力			通过学习演练，掌握各具体播音文稿的含义、特性和功能，区分具体感受和整体感受，并能进行讲解说明，完成在线课程学习任务	课堂提问 课堂讨论 创作实训

专业基础课程主模块		所需知识、素质、能力	学时		标准要求	测试方法
			课内	课外		
Z79 情感的准确呈现	知识	Z79.1 语言表达内部技巧				
		（1）情景再现	1	2	通过学习演练，掌握语言表达内部技巧，并能进行讲解说明，完成在线课程学习任务	课程题库（随机）
		（2）内在语	1	2		
		（3）对象感	1	2		
		Z79.2 语言表达外部技巧				
		（1）停连、重音	2	4	通过学习演练，掌握语言表达外部技巧，并能进行讲解说明，完成在线课程学习任务	课程题库（随机）
		（2）语气、节奏	2	4		
		（3）创作实训：内三外四技巧	3	6	能够对不同类型文稿有声语言创作进行区分和应用，并熟练掌握有声语言和态势语言的运用要领	课外实践
	素质	具备专业实践创作力，以及有声语言和态势语言的表达艺术			采用由内而外的创作技巧引导，让学生建立全媒体环境下正确的语言传播创作观	课堂提问课堂讨论创作实训
	能力	掌握播音主持创作内外部技巧，切实提升有声语言的表达能力			掌握播音主持语言表达的特征、传承播音主持语言表达技艺的精粹，提升播音主持艺术创作核心知识学习的应用能力，夯实有声语言表达功力	课程题库（随机）
Z80 对象的接受与鉴赏	知识	Z80 播音主持创作综合实训				
		（1）话语样式与体式	2	4		
		（2）播音主持的创作状态	2	4		
		（3）播音主持表达基本规律	2	4		
	素质	使学生基本掌握主流媒体需要的多样化的语言传播能力，让学生适应媒体变化需求			能够熟练掌握播音主持创作运用的要领	课外实践
	能力	掌握有声语言创作在传播领域的基本实践技能			能够对播音主持创作核心知识进行综合运用	课堂提问课堂讨论创作实训

续表

专业基础课程 主模块		所需知识、素质、能力	学时		标准要求	测试方法
			课内	课外		
Z81 广播播音 主持概论	知识	Z81.1 广播传播的特征、要素			掌握广播节目的基本要素，包括有声语言、广播语言、广播音乐，并能创新运用于节目分析和创作	课程题库 （随机）
		（1）广播传播的特点	0.5	1		
		（2）广播节目的要素	0.5	1		
		（3）广播节目案例分析	1	2		
		Z81.2 广播播音主持的定义和样式			掌握广播播音主持的语言特点及表达样式，并能完成各项准备工作	课程题库 （随机）
		（1）广播播音主持的定义	0.5	1		
		（2）广播播音主持的语言特点、表达样式	1	2		
		（3）广播播音主持的准备	0.5	1		
	素质	形成对广播的基本认知和对广播节目类型及特征的基本认知			能够理解广播节目主持人必备的素质和能力	—
	能力	掌握收集整理、阅读分析广播节目资料、撰写广播节目案例分析的能力			能够掌握广播概述的基础知识，能够区分不同的广播节目类型，能够区分不同的广播播音主持的特点和技巧	课堂提问 课堂讨论 播音实训（节目编创、播音主持）
Z82 广播社教 类节目播音 主持	知识	Z82.1 广播社教节目概述			掌握社教类广播节目的特点	课程题库 （随机）
		（1）广播社教节目的分类及特征	2	4		
		（2）广播社教节目的播音主持方式及要求	2	4		
		（3）广播社教节目的播音主持案例分析	2	4		
		Z82.2 广播社教节目创作分析			掌握不同类型社教类广播节目的创作方式，创新运用于少儿节目、老年节目、体育节目、文化节目、科技节目等类型的节目实践	课程题库 （随机）
		（1）以讲述为主要创作方式	2	4		
		（2）以访谈为主要创作方式	2	4		
		（3）以体验为主要创作方式	2	4		

续表

专业基础课程主模块	所需知识、素质、能力		学时		标准要求	测试方法
			课内	课外		
Z82 广播社教类节目播音主持	素质	具备广播社教类节目相关的媒介融合思维方式、审美素养和有声语言创作视野			掌握广播社教类节目相关的频道化建设、主持人品牌树立，节目分众化垂直传播，主持人多元化驾驭、垂直内容融媒传播，有声语言多元创新的节目创作理念，能够熟练运用于创作实践	—
	能力	掌握不同类型的广播社教节目的播音主持能力，并能立足时代，进行创新表达，完成"服务"			掌握社教类节目的主持创作特点，理解主持人的传媒角色、语言特点，能力诉求，并具备不同社教节目的串联、演示讲解、体验评述、篇章叙事、访谈、配音（涵盖广播配音）、文艺演播等能力	课堂提问 课堂讨论 播音实训（节目编创、播音主持）
Z83 广播文艺类节目播音主持	知识	Z83.1 广播文艺节目的特性与种类			掌握不同艺术形式（音乐节目、曲艺节目、文学节目、综艺娱乐节目、戏曲节目、服务与资讯报道、小说连播与演播道，小说播节目、服务性节目；不同制作方式的）节目及节目特征与传播理念	课程题库（随机）
		（1）按节目的艺术形式分类	0.5	1		
		（2）按节目的制作方式分类	0.5	1		
		（3）广播文艺类节目播音主持案例分析	1.5	3		
		Z83.2 广播文艺类节目播音主持录播、直播与演播			掌握录播、直播、演播等不同创作方式的播音主持技巧，具备独立或协作完成节目编创与录制的实践能力	课程题库（随机）
		（1）录播的创作特征及要求	0.5	1		
		（2）直播的创作特征及要求	0.5	1		
		（3）演播的创作特征及要求	0.5	1		

续表

专业基础课程主模块	所需知识、素质、能力	学时 课内	学时 课外	标准要求	测试方法
Z83 广播文艺类节目播音主持	素质：具备与时俱进的有声语言、音乐、音响等表意、表情、表真听觉元素的文化审美素养			具备关于有声语言、音乐、音响等表意、表情、表真听觉元素的文化审美素养，能够以有声语言等诉诸听觉的手段为主，为听众塑造真、幻、美的听觉形象，提供审美享受，并进行文化引领	一
	能力：具备为受众提供新娱乐文化概念下的音频内容，创新进行播音主持的能力			具备为不同类型的广播文艺节目进行听觉元素整合，策划选题、结构节目、组织主稿、播音主持、后期剪辑、包装制作等能力	课堂提问 课堂讨论 播音实训（节目编创、播音主持）
Z84 广播新闻类节目播音主持	知识 Z84.1 新闻播音 (1) 新闻播音概述及语言特征	2	4	掌握新闻稿件和新闻播音的特点，强化基本功，形成新闻敏感性，从容把握不同类型新闻的播音要领	课程题库（随机）
	(2) 新闻稿件的理解	2	4		
	(3) 新闻稿件的有声语言表达	4	8		
	Z84.2 新闻评论节目播音主持 (1) 新闻评论节目的要素及形态	4	8	掌握新闻评论播音主持的特点，把握社论、评论员文章、短评、编后话等不同类型新闻评论的播音主持要领	课程题库（随机）
	(2) 直播的创作特征及要求	4	8		
	(3) 新闻评论节目播音主持的主要方式及要求	4	8		

续表

专业基础课程主模块		所需知识、素质、能力	学时		标准要求	测试方法
			课内	课外		
Z84 广播新闻类节目播音主持	知识	Z84.3 广播现场报道 (1)广播现场报道概述	2	4	理解广播现场报道的形式、特点,能够掌握现场报道的关键性技巧,并进行合理的报道组织,协作完成多元的广播新闻类节目	课程题库 课堂提问 课堂讨论 分组实践
		(2)广播现场报道的选题	2	4		
		(3)广播现场报道的组织	4	8		
		(4)广播现场报道的关键技巧	4	8		
	素质	能够坚持新闻播音主持的正确道路,掌握正确的创作技巧方法			具备新闻播音工作所需的政治素养、文化素养、新闻素养和专业素养	—
	能力	具备广播新闻类节目的播音主持能力,满足新闻传播的需求			具备消息、通讯、调查报告、访谈、特写等新闻体裁的文本分析能力,并能够结合全媒合发展所需进行创新表达	课堂提问 课堂讨论 播音实训(节目编创、播音主持)
Z85 媒介融合与广播媒介播音主持	知识	Z85.1 媒介融合与广播媒介概述 (1)媒介融合的概念	1	2	能够拓宽文化视野,具备在融媒体背景下进行广播播音主持创作、学理反思,创新表达的能力	课程题库 (随机)
		(2)媒介融合的定义与内涵	1	2		
		(3)媒介融合的节目及播音主持案例分析	2	4		

续表

专业基础课程主模块		所需知识、素质、能力	学时		标准要求	测试方法
			课内	课外		
Z85 媒介融合与广播播音主持	知识	Z85.2 媒介融合态势下新广播媒介的发展变化			能够在多元融介融合过程中自觉进行播音主持创作的美学提升，熟悉并运用新技术、新手段进行新广播节目的播音主持尝试	课程题库（随机）
		(1) 广播与其他媒介的组合	1	2		
		(2) 广播与新技术的聚合	1	2		
		(3) 新广播媒介的案例分析	2	4		
		Z85.3 媒介融合态势下的广播播音主持业务			能够结合媒介融合发展态势，掌握定制化、移动化、交互实时等广播播音主持能力	课堂提问 课堂讨论 分组实践
		(1) 媒介融合态势下广播节目制作的特点	2	4		
		(2) 媒介融合态势下广播播音主持业务的拓展	2	4		
	素质	具备驾驭多媒介跨界传播的语言表达素质和文化审美素养			能够运用新理念、不同平台、不同终端、新技术、新方式等为不同受众提供个性化的音频内容与服务，实现多媒介跨界传播	—
	能力	具备媒介融合背景下的口语传播创新能力和跨界传播能力			能够跨界处理音频内容，进行编辑、点评、策划、传播、播音主持等工作	课堂提问 课堂讨论 播音实训（节目编创、播音主持）
Z86 纪录片概述	知识	Z86.1 纪录片概述			掌握纪录片的概念、特征与主要类型	课程题库（随机）
		(1) 纪录片的概念	1	6		文本呈现
		(2) 纪录片的主要特征	1			总结自己喜欢的纪录片类型与特点
		(3) 纪录片的主要类型	1			

续表

专业基础课程主模块		所需知识、素质、能力	学时		标准要求	测试方法
			课内	课外		
Z86 纪录片概述	素质	提高自身的纪录片审美与艺术素养			感受真、善、美的过程中形成健康的三观和良好的人格品质	一
	能力	了解与掌握纪录片的理论知识,并具备运用理论知识进行实际有效的纪录片分析的能力			从主观感性入手,向理性分析进发,能够从类型纪录片,时空观,叙事与造型,长镜头与蒙太奇,符号学等不同角度剖析纪录片	影评写作 结合具体的纪录片影片,尝试从不同的角度分析该作品
Z87 纪录片发展历程	知识	Z87.1 世界纪录片的发展历程 (1) 世界纪录片发展过程中的主要人物之弗拉哈迪、维尔托夫纪录片大师的创作理念与代表作品	2	12	掌握世界纪录片发展历程中主要人物的创作特点及其代表作品的相关知识	课程题库(随机) 文本呈现 合世界纪录片发展历程中的代表纪录片作品分析艺术特性
		(2) 世界纪录片发展过程中的主要人物之格里尔逊、伊文思纪录片大师的创作理念与代表作品	2			
		(3) 世界纪录片发展过程中的主要人物之里芬斯塔尔、让鲁什纪录片大师的创作理念与代表作品	2			
		Z87.2 中国纪录片的发展历程 (1) 我国纪录片的起步期	1	6	掌握中国纪录片发展过程中不同时期的不同创作特点与代表作品	课程题库(随机) 文本呈现 总结我国不同时期纪录片代表作品的特点
		(2) 我国纪录片的发展期	1			
		(3) 我国纪录片的提高期	1			
	素质	提高自身对不同时期纪录片的审美			在感受纪录片特点的过程中,逐渐形成良好的人格品质	一

续表

专业基础课程主模块		所需知识、素质、能力	学时		标准要求	测试方法
			课内	课外		
Z87 纪录片发展历程	能力	了解与掌握纪录片发展历程中纪录片的相关理论知识，并运用理论知识总结纪录片的特点			从具体的时代入手，结合当时的历史特点，分析总结纪录片呈现出的创作特征及其文化内涵	影评写作结合具体的影片，尝试从不同的文化特征下分析该影片作品
Z88 纪录片的创作	知识	Z88.1 纪录片创作前准备 （1）纪录片题材的选择及其前期项目	2	8	掌握纪录片题材的选择注意事项	课程题库（随机）文本呈现 选题策划的 PPT 一份
		（2）纪录片前期准备过程中的调研预访、方案写作、拍摄提纲	2		掌握纪录片前期准备过程需要做的工作	
		Z88.2 纪录片的拍摄 （1）现场拍摄中的意识与注意事项	2	8	掌握现场拍摄中的意识与注意事项，制作完成自己的无技巧剪辑小组纪实作品	课程题库（随机）作品呈现 拍摄制作无技巧剪辑小组纪实作品
		（2）纪录片拍摄创作实践	2			
		Z88.3 纪录片的采访 （1）纪录片的现场采访过程中的问题设计、采访原则	2	8	掌握纪录片的现场采访过程中的问题设计，采访原则，制作完成自己小组的采访作品	课程题库（随机）作品呈现 制作完成自己的小组采访作品
		（2）纪录片采访实践	2			
		Z88.4 纪录片后期制作流程及要点 （1）纪录片后期制作的主要工作	2	8	掌握纪录片后期制作流程及要点，学习老师分享的纪录片影评文章，分析	课程题库（随机）文本呈现

续表

专业基础课程主模块		所需知识、素质、能力	学时		标准要求	测试方法
			课内	课外		
Z88 纪录片的创作	知识	(2) 纪录片剪辑实践	2	8	该作品在后期剪辑过程中运用的剪辑技巧，写一篇小论文	剪辑技巧运用的小论文
		Z88.5 纪录片实训创作 (1) 纪录片的叙事手段、剪辑的技法技巧	2	8	掌握纪录片的叙事手段、剪辑的技法技巧，撰写解说词，以及纪录片节奏、结构的把握，完成一部完整的纪录片作品	课程题库（随机）作品呈现 一部完整的纪录片作品
		(2) 撰写解说词，以及纪录片节奏、结构的把握	2			
	素质	具备对于不同类型纪录片的审美与艺术素养			在潜移默化中受到教育，创作与审美能力在日积月累后得到提高	—
	能力	掌握纪录片选题策划、前期准备、拍摄、采访、后期剪辑，自己制作完成一部完整的纪录片作品			具备从拍摄与剪辑两个层面创作一部纪录片的能力	从专业的角度去创作纪录片，并且具备一定的实践价值
Z89 数字音频基础与录制技术	知识	Z89.1 数字音频基础 (1) 声音的三要素与声音的传播	1	2	1. 阅读课程学习资料，观看教学案例，撰写学习笔记 2. 掌握数字音频录制的基础知识，重点掌握数字音频的数字化 3. 撰写一篇不同类型音频资源录制的分析报告	课程题库（随机）课堂提问 课堂讨论
		(2) 数字音频的基本构成	1	2		
		(3) 数字音频信号的基本特征与属性	1	2		
		(4) 数字音频的采样、编码、格式	1	2		
		(5) 数字音频的格式转换	1	2		
		(6) 数字音频录制案例分析	2	4		

续表

专业基础课程主模块		所需知识、素质、能力	学时		标准要求	测试方法
			课内	课外		
	知识	**Z89.2 数字音频录制技术** （1）音频录制设备	1	2	1. 掌握音频资源获取的方式、音频录制的不同类别及特点 2. 熟悉常见收音器的基本设置 3. 认识音频处理工作台，并能完成各项准备工作 4. 音频资源的录制工作	课程题库 （随机） 课堂提问 课堂讨论
		（2）音频资源获取的方式	1	2		
		（3）音频录制的类别	1	2		
		（4）收音器的基本设置	2	4		
Z89 数字音频录制技术		（5）音频处理工作台的基本设置	2	4		
	素质	形成对音频录制的基本认知，并掌握其具体应用			1. 思想政治觉悟高 2. 音频录制能力强 3. 艺术审美水平高	课堂提问、课堂讨论
	能力	（1）具备收集整理、阅读分析音频录制资料、撰写音频录制案例分析的能力 （2）具备音频资源录制的动手操作能力 （3）具备灵活应对不同类型作品音频录制的创新能力 （4）培养学生的沟通能力与团队协作能力			具备广播电视媒体从业者所要求的五种能力：写作能力、实操能力、创新能力、沟通能力、写作能力	课堂提问、课堂讨论、音频实训（广播节目、电视节目、影视配音、有声读物、新媒体作品）
Z90 音频资源的设计与编辑	知识	**Z90.1 音频资源的设计** （1）音频资源设计的基本概念	0.2	0.4	1. 阅读课程学习资料，撰写学习笔记 2. 掌握数字音频设计的基础知识，重点掌握音频设计的创作技巧 3. 撰写一篇不同类型的音频资源设计方案	课程题库 （随机） 课堂提问 课堂讨论
		（2）音频资源设计的基本原则	0.2	0.4		
		（3）音频资源设计的影响因素	0.2	0.4		
		（4）音频资源设计的具体样式	0.2	0.4		
		（5）声音的处理效果	0.2	0.4		
		（6）音频资源设计案例分析	0.2	0.4		

续表

专业基础课程主模块	所需知识、素质、能力		学时		标准要求	测试方法
			课内	课外		
Z90 音频资源的设计与编辑	知识	Z90.2 音频资源的编辑			1. 掌握音频资源制作的基本流程 2. 熟悉音频资源制作软件 Adobe Audition 的基本设置 3. 熟练运用常见的声音制作效果,并能完成各项准备工作 4. 音频资源的编辑工作	课程题库（随机） 课堂提问 课堂讨论
		(1) 音频资源制作技术基础知识	0.3	0.6		
		(2) 音频资源制作的流程	0.5	1		
		(3) 软件 Adobe Audition 的基本操作	1	2		
		(4) 音频制作效果的演示及功用	1	2		
		(5) 声音场景的构建	1	2		
		(6) 音频资源编辑案例分析	1	2		
	素质	形成对音频编辑的基本认知,掌握其具体应用,并具备广播电视节目相关的媒介合融合思维方式、审美素养和有声语言创作视野			1. 思想政治觉悟高 2. 音频编辑能力强 3. 艺术审美水平高	课堂提问 课堂讨论
	能力	(1) 具备收集整理、阅读分析音频编辑资料,撰写音频编辑资料、阅读分析的能力 (2) 具备编辑音频资源的动手操作的能力 (3) 具备灵活应对不同类型作品音频编辑的创新能力 (4) 培养学生的沟通能力与团队协作能力			具备广播电视媒体从业者所要求的五种能力:写作能力、实操能力、创新能力、沟通能力、写作能力	课堂提问 课堂讨论 音频资源编辑实训（广播节目、电视节目、影视配音、有声读物、新媒体作品）
Z91 数字视频录制技术基础	知识	Z91.1 数字视频基础			1. 阅读课程学习资料,观看教学案例,撰写学习笔记 2. 掌握数字视频录制的基础知识,重点掌握视频的格式转换 3. 撰写一篇不同类型视频资源录制的分析报告	课程题库（随机） 课堂提问 课堂讨论
		(1) 数字视频的基本概念	0.2	0.4		
		(2) 数字视频的录制方法	0.3	0.6		
		(3) 数字视频信号的基本特征与属性	0.5	1		
		(4) 数字视频的画幅、像素、分辨率、格式、帧速率、编码	0.5	1		

续表

专业基础课程主模块	所需知识、素质、能力		学时		标准要求	测试方法
			课内	课外		
Z91 数字视频基础录制技术	知识	（5）数字视频的格式转换	0.5	1	1. 掌握视频资源获取的方式、视频录制的技巧 2. 熟悉常见拍摄器材的基本设置 3. 熟悉不同类型节目的拍摄要求，并能完成各项准备工作 4. 视频资源的录制工作	课程题库（随机） 课堂提问 课堂讨论
		（6）数字视频录制案例分析	0.5	1		
		Z91.2 数字视频录制技术				
		（1）视频录制设备	0.5	1		
		（2）视频资源获取的方式	0.5	1		
		（3）视频资源拍摄技巧	0.5	1		
		（4）拍摄器材的基本设置	1	2		
		（5）模拟场景拍摄实践	1	2		
	素质	形成对视频录制的基本认知并掌握其具体应用			1. 思想政治觉悟高 2. 视频录制能力强 3. 艺术审美水平高	课堂提问 课堂讨论
	能力	（1）具备收集整理、阅读分析视频录制资料，撰写视频录制资料的能力 （2）具备录制视频资源的动手操作能力 （3）具备灵活应对不同类型视频作品视频录制的创新能力 （4）培养学生的沟通能力与团队协作能力			具备广播电视媒体从业者所要求的五种能力：写作能力、实操能力、创新能力、沟通能力、写作能力。	课堂提问 课堂讨论 视频资源制实训（广播节目、电视节目、影视配音、有声读物、新媒体作品）
Z92 视频资源的设计与编辑	知识	Z92.1 视频资源的设计			1. 阅读课程学习资料，撰写学习笔记 2. 掌握数字视频设计的基础知识，重点掌握数字视频设计的创作技巧 3. 撰写一篇不同类型视频资源设计方案	课程题库（随机） 课堂提问 课堂讨论
		（1）视频资源设计的基本概念	0.2	0.4		
		（2）视频资源设计的基本原则	0.2	0.4		
		（3）视频资源设计的影响因素	0.2	0.4		
		（4）视频资源设计的具体样式	0.2	0.4		

续表

专业基础课程主模块		所需知识、素质、能力	学时		标准要求	测试方法
			课内	课外		
Z92 视频资源的设计与编辑	知识	(5) 画面的处理效果	0.2	0.4		一
		(6) 视频资源设计案例分析	0.2	0.4		
		Z92.2 视频资源的编辑	0.3	0.6	1. 掌握视频资源制作的基本流程 2. 熟悉视频资源制作的软件 Premiere 的基本设置 3. 熟练运用常见的视频制作效果,并能完成各项准备工作 4. 视频资源的编辑工作	课程题库(随机) 课堂提问 课堂讨论
		(1) 视频资源制作技术基础知识	0.2	0.4		
		(2) 视频资源制作的流程	0.3	0.6		
		(3) 软件 Premiere 的基本操作	2	8		
		(4) 视频制作效果的演示及功用	1	2		
		(5) 拍摄场景的构建	1	2		
		(6) 视频资源编辑案例分析				
	素质	形成对视频编辑的基本认知,掌握其具体应用,并具备广播电视相关的媒介融合思维方式、审美素养和有声语言音创作视野			1. 思想政治觉悟高 2. 视频编辑能力强 3. 艺术审美水平高	一
	能力	(1) 具备收集整理,阅读分析视频编辑案例的动手操作能力 (2) 具备编辑视频资源的动手操作能力 (3) 具备灵活应对不同类型作品视频编辑的创新能力 (4) 培养学生的沟通能力与团队协作能力			具备广播电视媒体从业者所要求的五种能力:写作能力、实操能力、创新能力、沟通能力、写作能力	视频资源编辑实训(广播节目、电视节目、影视配音、有声读物、新媒体作品) 课堂提问 课堂讨论
Z93 音视频合成技术	知识	Z93.1 音视频合成概述	1	2	1. 阅读课程学习资料,观看教学案例,撰写学习笔记	课程题库(随机) 课堂提问 课堂讨论
		(1) 音视频合成的基本原则	1	2		
		(2) 音视频组合的基本形式				

续表

专业基础课程主模块		所需知识、素质、能力	学时		标准要求	测试方法
			课内	课外		
	知识	（3）声画组合的功用	1	2	2. 掌握音视频合成的基础知识，重点掌握音视频合成技巧	课程题库（随机） 课堂提问 课堂讨论
		（4）音视频合成的常用效果	1	2	3. 撰写一篇不同类型音视频资源合成设计方案	
Z93 音视频合成技术		Z93.2 音视频资源合成实践 （1）Premiere 软件操作的高级技巧	0.5	1	1. 掌握音视频合成的基本流程	
		（2）音视频资源合成的输入设置	0.5	1	2. 熟悉音视频资源制作软件 Premiere 的高级技巧	课程题库（随机） 课堂提问 课堂讨论
		（3）音视频资源的合成与特效制作	1	2	3. 熟练运用常见的音视频制作效果，并能完成各项准备工作	
		（4）音视频资源合成的输出设置	0.5	1	4. 音视频资源的合成工作	
		（5）音视频合成场景的构建	0.5	1		
		（6）音视频合成案例分析	1	2		
	素质	形成对音视频合成的基本认知，并具备具体应用，掌握其融合思维方式，审美素养和有声语言创作视野			1. 思想政治觉悟高 2. 音视频合成能力强 3. 艺术审美水平高	一
	能力	（1）具备收集整理、阅读分析音视频合成资料，撰写音视频合成案例分析的能力 （2）具备音视频合成资源的动手操作能力 （3）具备灵活应对不同类型作品音视频合成的创新能力 （4）培养学生的沟通能力与团队协作能力			具备广播电视媒体从业者所要求的五种能力：写作能力、实操能力、创新能力、沟通能力、协作能力	课堂提问 音视频资源合成实训（广播节目、电视节目、影视配音、有声读物、新媒体作品）

续表

专业基础课程主模块		所需知识、素质、能力	学时		标准要求	测试方法
			课内	课外		
Z94 人物传播形象设计与造型的基本原理	知识	Z94.1 人物传播形象设计与造型的基本原理 (1)形象设计概念、原则及要求	2	2	阅读课程学习资料,观看教学案例,撰写学习笔记	课程题库(随机)
		(2)不同类型节目中设计与造型要点	2	2		
		(3)人物形象设计的特点及类型	2	2	阅读课程学习资料,观看教学案例,撰写学习笔记	课程题库(随机)
		(4)影响人物形象设计的因素	2	2		
	素质	形成人物形象设计的造型意识			能够区分不同类型人物传播形象设计的造型特点及要求	—
	能力	阅读学习资料,观看教学案例,提高资料收集、分析和整理的能力		2	能够掌握人物传播形象设计与造型的基本原理	课堂提问 课堂讨论
Z95 化妆设计与造型的规律及技法	知识	Z95.1 人物化妆、化妆用品的美学规律;化妆;化妆用品的基本知识 (1)艺术形象中人物化妆、化妆用品的基本知识	4	2	通过学习,掌握艺术人物化妆、化妆用品的基本知识和化妆造型的美学规律,并能进行讲解说明	课程题库(随机)
		(2)化妆造型的美学规律	4	2		
		Z95.2 人物化妆与造型的步骤与技法 (1)人物化妆与造型的步骤与技法	4	2	通过学习演练,掌握人物化妆与造型的步骤与技法,并能进行讲解说明	
		(2)化妆与造型实训	10	10		
	素质	对不同艺术形象人物的化妆与造型进行诊断与提升			能够根据艺术类型区分人物的仪态规范和气质塑造	—

续表

专业基础课程主模块	所需知识、素质、能力		学时		标准要求	测试方法
			课内	课外		
Z95 化妆设计与造型的规律及技法	能力	掌握不同艺术形象的人物化妆与造型的步骤与技法			能够对不同类型艺术形象进行优雅气质的整体塑造与提升	课堂提问课堂讨论课堂实训
Z96 着装设计与造型的规律及技法	知识	Z96.1 着装的基本知识与礼仪习俗;不同艺术类型人物着装的设计与造型 (1) 人物着装的基本知识与礼仪习俗	4	2	通过学习演练,掌握人物着装的基本知识与礼仪习俗,以及设计与造型特点,并能进行讲解说明	课程题库(随机)
		(2) 不同艺术类型人物着装的设计与造型	4	2		—
		Z96.2 服饰选择与着装设计与画面的协调搭配 (1) 服饰选择与人物外貌特征的搭配	4	2	能够根据艺术类型区分人物的着装设计与造型特点	
		(2) 着装设计与画面的协调搭配实训	10	10		
	素质	对人物着装设计与造型进行诊断与提升			能够根据艺术类型区分人物的仪态规范和气质塑造	课堂提问课堂讨论课堂实训
	能力	掌握不同类型着装设计与造型的规律与技法			能够对不同艺术类型人物进行着装设计与造型的塑造及提升	

续表

专业基础课程主模块		所需知识、素质、能力	学时		标准要求	测试方法
			课内	课外		
Z97 艺术情景演艺	知识	Z97 情景演艺综合实训 方案1(就业方向):分组设计不同类型的电视栏目,由学生扮演主持人、嘉宾、观众等角色,把所学的主持人礼仪与形象设计的知识进行运用,提升学生的综合技能 方案2(应用型研究方向):分组设计+考研面试演应试者,教师扮演评委,由学生扮演考研面试研究方向考研面试研究方向,培养应用型形象设计技巧,提升学生的应试能力	4	8	通过学习演练,能够在不同类型的电视栏目对所学知识进行讲解说明	课程题库(随机)
	素质	对人物在不同类型中艺术形象设计进行诊断与提升			能够根据艺术类型区分人物形象设计的特点	—
	能力	掌握人物在不同类型中艺术形象的设计应用			1.能够对不同艺术类型人物进行形象设计的塑造与提升 2.培养应用型研究方向学生考研面试形象设计技巧,提升学生的应试能力	课堂提问 课堂讨论 课堂实训
Z98 传播学与人类传播活动的发展	知识	Z98.1 传播与传播学 (1)传播与传播学的概念	2	4	能够了解传播学的发展进程,掌握传播、传播学的概念内涵	课程题库(随机)、传媒案例诊断、专题研讨
		(2)传播学的奠基人与学术流派	2	4		
		Z98.2 人类传播活动的发展历史 (1)口语传播时代、文字传播时代	2	4	了解人类传播活动的发展进程,掌握不同传播时代的特点	课程题库(随机)、专题研讨、思维导图
		(2)印刷传播时代、电子传播时代	2	4		

续表

专业基础课程主模块		所需知识、素质、能力	学时		标准要求	测试方法
			课内	课外		
Z98 传播学与人类传播活动的发展	知识	Z98.3 人类传播活动的基本类型 (1) 自我传播与人际传播	2	4	掌握不同类型传播活动的特点和规律	课程题库（随机）、头脑风暴、撰写读书笔记、传媒热点调研
		(2) 群体传播、组织传播、大众传播	4	8		
	素质	具备传播活动理性认知知识素质			能够从日常传播活动中发现传播规律	—
	能力	具备运用传播理论认识传播实践的初步能力			能够运用传播理论分析传播实践	—
Z99 传播活动的"5W"要素	知识	Z99.1 传播者 (1) 传播者的概念、权利与义务	1	2	掌握传播者的概念，理解"把关人"理论	课程题库（随机）、头脑风暴
		(2) "把关人"理论	1	2		
		Z99.2 传播内容 (1) 符号的概念、语言符号、非语言符号	2	4	掌握语言符号、非语言符号的概念、类型和典型现象 理解语言符号的作用，理解信息社会的一般特征	课程题库（随机）、传媒案例诊断、传媒热点调研、问卷制作分析
		(2) 信息的特征、信息爆炸、信息匮乏、信息污染	2	4		
		Z99.3 传播媒介 (1) 媒介的宏观、微观分析	1	4	掌握不同传播媒介的特点，理解麦克卢汉的媒介观	课程题库（随机）、传媒经典共读
		(2) 麦克卢汉的媒介观	2	4		

续表

专业基础课程主模块		所需知识、素质、能力	课内	课外	标准要求	测试方法
Z99 传播活动的"5W"要素	知识	Z99.4 受众 (1) 受众的概念和特点	1	4	掌握受众的分类与特点，传播效果的类型，理解大众传播效果的宏观效果理论	课程题库（随机）、专题研讨、传媒案例诊断、传媒热点调研、学术小论文、问卷制作分析
		(2) 受众的心理特征、选择性理论、"使用与满足"理论	2	4		
		Z99.5 传播效果 (1) 传播效果的概念、传播效果的类型、传播技巧	3	4		
		(2) 大众传播效果的宏观效果理论：沉默螺旋理论、议程设置理论、培养理论、知沟理论	3	4		
	素质	具备从事传播活动和传媒实践的基本专业素养	4	8	能够从"5W"要素入手，对传播活动和传媒实践进行理性分析	—
	能力	具备发现、分析传播活动基本规律的能力，能够运用传播规律进行传播实践	4	8	能够运用传播理论指导传媒实践	—
Z100 艺术总论	知识	Z100.1 艺术的本质与特征 (1) 艺术的本质 (2) 艺术的特征	4	8	能深刻理解并掌握艺术的本质与特征理论	课程题库（随机）
		Z100.2 艺术的起源 (1) 关于艺术起源的几种观点 (2) 人类艺术起源的多元决定论	4	8	能多角度地理解艺术的起源	
		Z100.3 艺术的功能与艺术教育 (1) 艺术的功能与艺术的社会化功能 (2) 艺术教育	4	8	能理解艺术的作用及实施艺术教育的重要性	

续表

专业基础课程主模块	所需知识、素质、能力		学时		标准要求	测试方法
			课内	课外		
Z100 艺术总论	知识	Z100.4 文化系统中的艺术 （1）文化概说 （2）艺术与文化大系统间的关系 （3）艺术与其他精神文化间的关系	4	8	能理解文化的内涵，并深刻理解艺术与文化大系统及与其他精神文化之间的关系	课程题库（随机）
	素质	掌握艺术学科的基础理论			掌握艺术学科的基础理论	
	能力	具备理论的综合归纳能力			能够对某一艺术理论进行多角度的解读	
Z101 艺术种类	知识	Z101.1 实用艺术 （1）实用艺术的主要种类 （2）实用艺术的审美特征	2	4	能够对不同形式的艺术品进行分类，并掌握每一类艺术品的审美特征	课程题库（随机）
		Z101.2 造型艺术 （1）造型艺术的主要种类 （2）造型艺术的审美特征	2	4		
		Z101.3 表情艺术 （1）表情艺术的主要种类 （2）表情艺术的审美特征	2	4		
		Z101.4 综合艺术 （1）综合艺术的主要种类 （2）综合艺术的审美特征	2	4		
		Z101.5 语言艺术 （1）语言艺术的主要体裁 （2）语言艺术的审美特征	2	4		
	素质	掌握不同种类艺术的审美特征			能够敏锐捕捉各种形式艺术品的审美特征	—
	能力	具备较为专业的艺术欣赏能力			能够对不同种类的艺术精品进行专业的赏析	写出较高水平的艺术赏析文章

续表

专业基础课程主模块	所需知识、素质、能力		学时		标准要求	测试方法
			课内	课外		
Z102 艺术系统	知识	Z102.1 艺术创作 (1) 艺术创作的主体——艺术家 (2) 艺术创作过程 (3) 艺术创作心理 (4) 艺术风格、流派、思潮	2	4	系统掌握艺术创作的过程及不同的艺术风格、流派和思潮	课程题库（随机）
		Z102.2 艺术作品 (1) 艺术作品的层次 (2) 典型和意境 (3) 中国传统艺术精神	2	4	明确艺术作品的层次，掌握典型意境及中国传统艺术精神	
		Z102.3 艺术鉴赏 (1) 艺术鉴赏的一般规律 (2) 艺术鉴赏的审美心理 (3) 艺术鉴赏的审美过程 (4) 艺术鉴赏的艺术批评	2	4	掌握艺术鉴赏的规律，艺术鉴赏的审美心理过程及艺术批评的相关内容	
	素质	了解完整的艺术系统			能够全面掌握艺术创作、作品呈现、艺术鉴赏这一完整的艺术生产过程	—
	能力	能够用艺术系统相关理论，指导自己的艺术创作及艺术欣赏			能够进行艺术创作，并具备专业的艺术批评能力	创作出自己的艺术作品或写出专业的艺术评论文章

续表

专业基础课程主模块	所需知识、素质、能力		学时		标准要求	测试方法
			课内	课外		
Z103 主持人传播形象设计与造型的基本原理	知识	Z103 主持人传播形象设计与造型的基本原理 (1) 形象设计概念、原则及要求	0.5	1	阅读课程学习资料,观看教学案例,撰写学习笔记	课程题库(随机)
		(2) 不同类型节目中设计与造型要点	0.5	1		
		(3) 主持人形象设计的特点及类型	0.5	1		
		(4) 影响主持人形象设计的因素	0.5	1		
	素质	形成主持人形象设计的造型意识			能够区分不同类型节目主持人传播形象设计与造型的造型特点及要求	一
	能力	阅读学习资料,观看教学案例,提高资料收集、分析和整理能力			能够掌握主持人传播形象设计与造型的基本原理	课堂提问 课堂讨论
Z104 主持人人际交往中的基本礼仪	知识	Z104.1 主持人在社交中的察言观色,应变技巧,换位思考 (1) 察言观色	1	2	观看电视节目,查阅学习资料,撰写分析报告	课程题库(随机)
		(2) 应变技巧,换位思考	1	2		
		Z104.2 主持人在社交中的会面礼仪,餐桌礼仪 (1) 会面礼仪	1	2	通过学习演练,掌握主持人常用礼仪的规范,并能进行讲解说明	课程题库(随机)
		(2) 餐桌礼仪	1	2		
	素质	形成主持人处理突发事件的应变技巧和礼仪控场意识			能够区分不同的主持人在社交活动中应变技巧和礼仪规范的运用	一
	能力	掌握主持人处理突发事件的应变技巧和社交中常用的礼仪规范			能够在不同主持人社交活动中灵活运用应变技巧和礼仪规范	课堂提问 课堂讨论 课堂实训

续表

专业基础课程主模块	所需知识,素质,能力		学时 课内	学时 课外	标准要求	测试方法
Z105 主持人的仪态与训练技巧	知识	Z105.1 主持人仪态的站姿与动姿 (1) 站姿	1	2	通过学习演练,掌握主持人仪态的站姿与动姿规范,并能进行讲解说明	课程题库(随机)
		(2) 动姿	1	2		课程题库(随机)
		Z105.2 主持人提升气质的方法 主持人提升气质的方法	2	4	通过学习演练,掌握主持人提升气质的方法,并能进行讲解说明	—
	素质	形成主持人良好的仪态和气质			能够根据节目类型区分主持人的仪态规范和气质塑造	课堂提问 课堂讨论 课堂实训
	能力	掌握主持人仪态的站姿与动姿规范及提升气质的方法			能够对不同类型节目主持人进行优雅气质的整体塑造与提升	
Z106 主持人化妆设计与造型的规律及技法	知识	Z106.1 主持人电视化妆、化妆用品的基本知识;化妆造型的美学规律 主持人电视化妆、化妆用品的基本知识	1	2	通过学习,掌握主持人电视化妆、化妆用品的基本知识和化妆造型的美学规律,并能进行讲解说明	课程题库(随机)
		(2) 化妆造型的美学规律	1	2		
		Z106.2 主持人化妆与造型的步骤与技法 (1) 主持人化妆与造型的步骤与技法	1	2	通过学习演练,掌握主持人化妆与造型的步骤与技法,并能进行讲解说明	
		(2) 化妆与造型实训	5	10		
	素质	对主持人化妆与造型进行诊断与提升			能够根据节目类型区分主持人的仪态规范和气质塑造	—

续表

专业基础课程主模块		所需知识、素质、能力	学时		标准要求	测试方法
			课内	课外		
Z106 主持人化妆与造型设计的规律及技法	能力	掌握主持人化妆与造型的步骤与技法			能够对不同类型节目主持人进行优雅气质的整体塑造提升	课堂提问 课堂讨论 课堂实训
Z107 主持人着装设计与造型的规律及技法	知识	Z107.1 主持人着装的基本知识与礼仪习俗;不同类型主持人着装的设计与造型 (1)主持人着装的基本知识与礼仪习俗	1	2	通过学习演练,掌握主持人着装的基本知识与礼仪习俗特点,并能进行讲解说明	课程题库(随机)
		(2)不同类型主持人着装的设计与造型	1	2		—
		Z107.2 服饰选择与主持人外貌特征的搭配;着装设计与画面的协调搭配 (1)服饰选择与主持人外貌特征的搭配	1	2	能够根据节目类型区分主持人的着装设计与造型特点	—
		(2)着装设计与画面的协调搭配实训	5	10		
	素质	对主持人着装设计与造型进行诊断与提升			能够根据节目类型区分主持人的仪态规范和气质塑造	
	能力	掌握主持人着装设计与造型的规律与技法			能够对不同类型节目主持人进行着装设计与造型的塑造及提升	课堂提问 课堂讨论 课堂实训

续表

专业基础课程主模块		所需知识、素质、能力	学时		标准要求	测试方法
			课内	课外		
Z108 主持人情景演艺	知识	Z108 主持人情景演艺综合实训 方案1（就业方向）：分组设计不同类型的电视栏目，由同学生扮演主持人、嘉宾、观众等角色，把所学角色设计的知识进行运用，提升学生的主持人礼仪与形象设计的综合技能 方案2（应用型研究方向）：分组设计考研面试场景，由同学生扮演应试者，教师扮演面试演评委，培养应用型研究方向学生考研应用型形象设计技巧，提升学生的应试能力	4	8	通过学习演练，能够在不同类型的电视栏目对主持人礼仪与形象设计运用，并能进行讲解说明	课程题库（随机）
	素质	对主持人在不同类型节目中的形象设计进行诊断与提升			能够根据节目类型区分主持人形象设计的特点	—
	能力	掌握主持人在不同类型节目中的形象设计应用			1. 能够对不同类型节目主持人进行形象设计的塑造与提升 2. 培养应用型研究方向学生考研面试形象设计技巧，提升学生的应试能力	课堂提问 课堂讨论 课堂实训
Z109 课程导入和媒介的概念、发展及形成	知识	Z109.1 社交媒体之于我们	1	3	能根据项目课题要求，寻找合适的资料	课程题库（随机）
		Z109.2 融媒体的发展、纸媒的未来	1	3	清晰阐述调研的目的、内容，并整理出符合逻辑的材料	
		Z109.3 中西方媒介市场的形成过程	1	3	能根据项目课题要求，寻找合适的资料	

续表

专业基础课程主模块		所需知识、素质、能力	学时		标准要求	测试方法
			课内	课外		
Z109 课程导入和媒介的概念、发展及形成	知识	Z109.4 商业报纸及其特点（二次销售）	1	3	清晰阐述调研的目的、内容，并整理出符合逻辑的材料	课程题库（随机）
	素质	概念掌握和认知拓展				一
	能力	调研资料的收集、分析和整理能力			能够根据任务项目，独立完成规划、调研、收集、整理和分析	调研报告（PPT）
Z110 媒介作为产业和其特性以及媒介的社会功能	知识	Z110.1 事业单位和企业单位的功能和特点	1	2	能根据项目课题要求，寻找合适的资料	课程题库（随机）
		Z110.2 媒介作为事业单位和企业单位的不同	1	2		
		Z110.3 媒介的文化属性及文化属性下的特征体现	1	2		
		Z110.4 媒介的经济属性及经济属性下的特征体现	1	2		
		Z110.5 媒介作为产业的作用和意义	2	4	清晰阐述调研的目的、内容，并整理出符合逻辑的材料	课程题库（随机）
		Z110.6 媒介对于其他产业和国家形象的影响和塑造	2	4		
		Z110.7 功能说 1：环境监视功能、社会协调功能、社会遗产／文化的传承功能	2	4		·
		Z110.8 功能说 2：娱乐功能、经济功能、社会地位赋予功能、麻醉性功能	2	4		课程题库（随机）

续表

专业基础课程主模块	所需知识、素质、能力		学时		标准要求	测试方法
			课内	课外		
Z110 媒介作为产业和其特性以及媒介的社会功能	素质	知识识记和认知拓展	—	—	能够根据任务项目，独立完成规划、调研、收集、整理和分析	—
	能力	能够根据任务项目，独立完成规划、调研、收集、整理和分析				书面论文
Z111 国内外管理和经营实例分析	知识	Z111.1 现代媒介的生存环境	1	2	能根据项目课题要求，寻找合适的资料	课程题库（随机）
		Z111.2 中国传媒产业市场化的背景和进程	1	2		课程题库（随机）
		Z111.3 默多克和他的新闻集团	1	2	清晰阐述调研的目的、内容，并整理出符合逻辑的材料	调研报告（PPT）
		Z111.4 华谊的运营策略	1	2		
		Z111.5 新媒体概念及特征	1	2	能根据项目课题要求，寻找合适的资料，清晰阐述调研的目的、内容，并整理出符合逻辑的材料	课程题库（随机）
		Z111.6 新媒体的管理和运营策略	1	2		课程题库（随机）
	素质	知识识记和认知拓展			1. 能够通过观摩各种文体的优秀作品，吸收优秀作品的经验，对各种文体的基本规律和写作技巧非常了解 2. 能够围绕任务完成不同文体的写作任务，作品具备一定的创意	—
	能力	调研资料的收集、分析和整理能力				调研报告（PPT）
Z112 直播的基础认知	知识	Z112.1 直播电商概述与认知	0.5	1	能够了解网络直播的发展历程，理解直播电商的内涵、理解直播电商的商业价值，掌握直播电商平台	课程题库（随机）
		（1）直播电商概述	0.5	1		
		（2）直播电商的产业链	0.5	1	直播电商的发展历程、理解直播电商的商业链，熟悉常见的直播电商平台	
		（3）直播电商平台的分析	1	2		

续表

专业基础课程主模块		所需知识、素质、能力	学时 课内	学时 课外	标准要求	测试方法
Z112 直播的基础认知	知识	Z112.2 直播电商相关岗位概述			能够掌握直播电商的岗位职责与职业能力要求，掌握直播电商团队的人员配置特点	课程题库（随机）
		（1）直播电商人才特征与岗位设置	0.5	1		
		（2）直播电商岗位职责与技能	1	2		
		（3）短视频岗位职责与技能	0.5	1		
	素质	具备直播相关的媒介融合思维方式、审美素养和创作视野			能够结合媒介融合发展态势，基本形成定制化、移动化、交互实时化等直播素养	—
	能力	掌握收集整理、阅读分析各类直播资料，撰写直播案例分析的能力			能够运用新理念、新技术、新方式等为不同平台、不同终端、不同受众提供个性化直播内容与服务，实现多媒介跨界传播	课堂提问 课堂讨论 直播实训（拆解直播间，进行案例分析）
Z113 体验互动类直播的策划准备	知识	Z113.1 直播电商的策划与准备			掌握直播内容策划、直播脚本、活动方案策划和直播的基本技巧	课程题库（随机）
		（1）熟悉直播电商的定位	0.5	1		
		（2）熟悉直播电商的要素	0.5	1		
		（3）直播场地的搭建准备	0.5	1		
		Z113.2 直播电商品的选择与规划			能够掌握选品的渠道、依据，理解选品的策略，掌握商品定价和组品策略，具备基本场景和人设配置的能力	
		（1）选品的定义与原则	0.5	1		
		（2）组品配置与场景搭建	1	2		
		（3）主播人设与视觉传播	1	2		
	素质	具备体验互动类直播相关的策划与准备、选品与组品、主播创新表达等综合素质			掌握不同直播赛道的品牌建设、人设打造、场景构建、引流推广、数据分析，分众化传播，主播多元化发展，重直播赛道创新表达的理念，并能够综合运用于实践	—

107

续表

专业基础课程 主模块		所需知识、素质、能力	学时		标准要求	测试方法
			课内	课外		
Z113 体验互动 类直播的策划 准备	能力	掌握不同类型体验互动类直播的营销（主持）和运营能力，并能立足时代，进行创新表达，完成多元化"服务"			掌握不同类目、场景的直播特点，理解主播的传媒角色，语言特点，能力诉求，并具备实践等能力	课堂提问 课堂讨论 直播实训（完成选题、选品、组品、人设、场景等策划方案）
		Z114.1 直播前："引流""互动" （1）做好直播前预热准备	1	2	熟悉直播引流的定义、优势、引流时机，掌握直播前预热技巧	课程题库 （随机）
		（2）调动直播间人气"五步法"，互动玩法提升直播间氛围	1	2		
		（3）开展平台内付费推广，做好粉丝运营	1	2		
	知识	Z114.2 直播中：话术、控场与互动 （1）创新话术	2	4	掌握直播话术，控场及互动技巧	
		（2）灵活控场	2	4		
		（3）多元互动	2	4		
		Z114.3 直播后：数据分析及改进措施 （1）流量数据	1	2	掌握分析直播数据，复盘流量指标、人气指标、转化指标的技巧	课程题库 （随机）
Z114 体验互动 类直播的创新 实践		（2）人气数据	0.5	1		
		（3）转化指标	0.5	1		
	素质	能够洞察各直播平台的流量规则，具备灵活应变的素质			能够拓宽媒介视野，适应直播行业发展节奏，具备良好的身心素质	—
	能力	具备创新营销与精细化运营的综合直播能力			能够创新直播话术，进行多元互动、综合分析直播数据（复盘流量指标、人气指标、转化指标）	课堂提问 课堂讨论 直播实训（大小屏直播、商业直播、公益直播实践）

续表

专业基础课程主模块	所需知识、素质、能力		学时		标准要求	测试方法
			课内	课外		
Z115 融媒体背景下的直播发展	知识	Z115.1 媒介融合与直播发展趋势			能够拓宽文化视野，具备在融媒体背景下进行体验互动类直播的能力	课程题库（随机）
		（1）抖音、淘宝、快手、腾讯等直播平台的创新营销模式与策略（主播）	1	2		
		（2）不同直播电商平台的创新发展	1	2		
		（3）直播电商未来的发展趋势	1	2		
		Z115.2 融媒体下的直播运营营销案例分析			能够在多元媒介创作中自觉进行播音主持的美学提升，用新技术、新手段进行公益类直播、直播带货等实践	课程题库（随机）
		（1）直播电商＋广告媒介的案例分析	2	4		
		（2）直播电商＋渠道赋能的案例分析	2	4		
		（3）公益直播＋直播带货案例分析	2	4		
		Z115.3 融媒体下的直播营销案例分析			能够结合媒介融合发展态势，洞察电商类、本地生活类主播营销行业创新实践	课程题库、课堂提问、课堂讨论、分组实践
		（1）电商带货类主播营销案例分析	2	4		
		（2）本地生活类主播营销案例分析	2	4		
	素质	具备综合驾驭多媒介跨界跨屏传播素质和文化审美素质			能够运用新理念、新技术、新方式等为不同平台、不同终端、不同受众个性化直播服务	—
	能力	具备媒介融合背景下的直播营销和运营能力			能够融会贯通，创新运用与实践	课堂提问、课堂讨论、直播实训

续表

专业基础课程主模块		所需知识、素质、能力	学时		标准要求	测试方法
			课内	课外		
Z116 电视摄像基础理论与应用	知识	Z116.1 了解景别、景深的概念 (1) 景别 (2) 景深	4	8	理解景别、景深的概念；掌握景别和景深的运用	课程题库（随机）
		Z116.2 固定镜头 固定镜头	4	8	理解固定镜头的概念及含义；掌握固定镜头的运用	线下作业
		Z116.3 运动镜头 推镜头、拉镜头、摇镜头、移镜头、跟镜头、升降镜头	4	8	理解推、拉、摇、移、跟、升降六个镜头的概念理论；掌握推、拉、摇、跟、升降六个镜头的运用，及转场运用	拍摄作业：完成一组户外植物拍摄；场景要求：光线充足，植被生长茂密；画面要求：横屏 4：3，不要过曝
		Z116.4 镜头语言 主观镜头、客观镜头、反应镜头	4	8	理解什么是主观镜头、客观镜头、反应镜头，并且能够用于拍摄	课程题库（随机）
	素质	具备镜头艺术审美的创意理念			能够从生活中发现美，并进行拍摄的创意表达	拍摄作业：在校园内进行拍摄，主题自拟，充分运用所学知识进行创意拍摄，要注意拍摄细节。尽量从细小的事物中寻找灵感
	能力	具备基本镜头运用的实际操作能力			能够围绕某个主题完成基础镜头的创意拍摄	命题拍摄：学生拍摄红色主题的视频，在拍摄过程中要展示出镜头的运用，和在红色主题上延伸自己的想法
Z117 摄像实践操作	知识	Z117.1 构图方式 (1) 中心构图法、水平线构图法、三分构图法、对角线构图	8	16	熟练掌握中心构图法、水平构图法、三分构图法和对角线构图法	课程题库（随机）

续表

专业基础课程主模块	所需知识、素质、能力		学时		标准要求	测试方法
			课内	课外		
Z117 摄像实践操作	知识	Z117.2 运动镜头的实际操作 （1）推镜头、拉镜头、摇镜头、移镜头、跟镜头、升降镜头	8	16	掌握推、拉、摇、移、跟、升降六个镜头的运用，以及转场运用	线下作业
	素质	掌握不同形式构图和镜头运用的艺术审美			能够通过观摩各种优秀影视作品，对各种影视构图的基本规律和镜头艺术非常了解	要求每位学生都观看一部电影作品，并写出自己对影片中优秀片段的拍摄技巧和艺术表现手法的理解
	能力	具备构造各种构图的能力和使用镜头的方法			能够围绕任务完成各类镜头的拍摄，镜头具备一定的审美创意	学生自己设定视频主题，但要具备正能量、上进的元素，视频中要尽量体现出这学期所教的所有拍摄手法，并且要拍摄出自己的独特风格审美。不可照抄
Z118 电视节目（类）播音主持概述（主流媒体、流媒体）	知识	Z118.1 电视传播的特征、要素 （1）电视媒介的传播特点	0.5	1	掌握电视节目的基本要素，包括有声语言、电视语言、电视音乐，并能创新运用于节目分析创作	课程题库（随机）
		（2）电视传播的基本单元	0.5	1		
		（3）电视传受关系与播音主持	1	2		
		Z118.2 电视播音主持的定义和样式 （1）电视播音主持的定义	0.5	1	掌握电视播音主持的语言特点及表达样式，并能完成各项准备工作	课程题库（随机）

续表

专业基础课程主模块		所需知识、素质、能力	学时 课内	学时 课外	标准要求	测试方法
Z118 电视节目（类）播音主持概述（主流媒体）	知识	（2）电视播音主持的语言特点、表达样式	1	2	掌握电视播音主持的语言特点及表达样式，并能完成各项准备工作	课程题库（随机）
		（3）电视播音主持的准备	0.5	1		
	素质	形成对电视的基本认知和对电视节目类型及特征的基本认知			能够理解电视节目主持人必备的素质和能力	—
	能力	掌握收集整理、阅读分析电视节目资料，撰写电视节目案例分析的能力			能够掌握电视概述的基础知识，能够区分不同类型的电视节目，能够区分不同节目主持的特点和技巧	课堂提问 课堂讨论 播音实训（节目编创、播音主持）
Z119 电视（类）新闻播音	知识	Z119.1 电视新闻播音			掌握新闻稿件和新闻播音的特点，强化基本功，形成不同类型新闻的播音型	课程题库（随机）
		（1）电视新闻播音概述及语言特征	2	4		
		（2）新闻播音稿件的类型	2	4		
		（3）电视新闻播音总体要求	4	8		
		Z119.2 电视新闻播音的表达样态			掌握新闻评论播音主持的特点，把握社论、评论员文章、短评、编后话等不同类型新闻评论的播音要领	课程题库（随机）
		（1）新闻播音的语言表达样态	4	8		
		（2）新闻播音表达样态	4	8		
		（3）新闻播音表达样态的传承及	4	8		
		（4）电视新闻播音表达样态的时代特征				
		Z119.3 电视新闻播音的多样化发展			掌握不同类型新闻播报的特点，强化基本功，编写新闻敏感性，把握不同类型新闻的播音要领	课程题库、课堂提问、课堂讨论、分组实践
		（1）规范播报	0.5	1		
		（2）说新闻	0.5	1		
		（3）说播结合	1	2		

续表

专业基础课程主模块	所需知识、素质、能力	学时 课内	学时 课外	标准要求	测试方法
Z119 电视（类）新闻播音	知识				
	Z119.4 电视（类）新闻播音的准备			明确节目定位，掌握节目流程，具备节目意识，多方协调配合，完善出镜形象，强化基本功能与新闻现场的灵活互动，做好心理调节，把握出镜状态	课程题库、课堂提问、课堂讨论、分组实践
	（1）熟悉稿件内容，明确节目定位	0.5	1		
	（2）掌握节目流程，具备节目意识，做好应急准备	0.5	1		
	（3）多方协调配合、完善出镜形象（着装、化妆、照明、音响）	1	2		
	Z119.5 电视（类）新闻口播			掌握电视新闻出镜口播的特点，明确电视新闻出镜口播要求，可以完成电视新闻出镜口播任务	课程题库、课堂提问、课堂讨论、分组实践
	（1）电视新闻口播的概念、特点	0.5	1		
	（2）电视新闻口播的内容与表达	0.5	1		
	（3）电视新闻口播出镜方式	0.5	1		
	（4）电视新闻口播的全息把握	0.5	1		
	Z119.6 电视（类）新闻配音			了解电视新闻配音概念，明确电视新闻配音特点，具备电视新闻配音基本能力	—
	（1）电视新闻配音概念	0.5	1		
	（2）如何做好电视新闻配音工作	1	2		
	（3）电视新闻配音工作常见问题解析	0.5	1		
	素质 能够坚持新闻播音主持的正确道路，掌握正确的创作技巧方法			具备新闻播音工作所需的政治素养、文化素养、新闻素养和专业素养	课堂提问、课堂讨论
	能力 具备电视新闻类节目的播音主持能力，满足新闻传播的需求			具备消息、通信、调查报告、访谈、特写等新闻文体裁的文本分析能力和播音主持能力，并能够结合全媒介发展所需进行创新表达	播音实训（节目编创、播音主持）

113

续表

专业基础课程主模块	所需知识、素质、能力	学时		标准要求	测试方法
		课内	课外		
Z120 电视新闻类节目主持	知识 Z120.1 电视新闻采访				
	（1）电视新闻采访概述	0.5	1	掌握电视新闻采访的概念，把握新闻采访的特点，从容完成电视新闻采访工作	课程题库（随机）
	（2）电视新闻采访的特点	0.5	1		
	（3）如何做好电视新闻采访	1	2		
	Z120.2 新闻评论节目播音主持				
	（1）新闻评论节目的要素及形态	4	8	掌握新闻评论播音主持的特点，把握新闻社论、评论员文章、短评、编后语等不同类型新闻评论的播音主持要领	课程题库（随机）
	（2）直播的创作特征及要求	4	8		
	（3）新闻评论节目播音主持的主要方式及要求	4	8		
	Z120.3 电视现场报道				
	（1）电视现场报道概述	2	4	理解电视现场报道的形式、特点，能够掌握现场报道的关键性技巧，并进行合理的报道现场组织，协作完成多元的电视新闻类节目	课程题库、课堂提问、课堂讨论、分组实践
	（2）电视现场报道的选题	2	4		
	（3）电视现场报道的组织	4	8		
	（4）电视现场报道的关键技巧	4	8		
	素质 能够坚持新闻播音主持的正确道路，掌握正确的创作技巧方法			具备新闻播音工作所需的政治素养、文化素养、新闻素养和专业素养	—
	能力 具备电视新闻类节目的播音主持能力，满足新闻传播的需求			具备消息、通信、调查报告、访谈、特写等新闻文体裁的文本分析能力和播音主持能力，并能够结合媒介融合发展所需进行创新表达	课堂提问、课堂讨论、播音实训（节目编创、播音主持）

114

续表

专业基础课程主模块	所需知识、素质、能力		学时		标准要求	测试方法
			课内	课外		
	知识	Z121.1 电视社教节目概述 （1）电视社教节目的分类及特征	2	4	掌握社教类电视节目概述、策划及播音主持的特点	课程题库（随机）
		（2）电视社教节目的播音主持方式及要求	2	4		
		（3）电视社教节目的播音主持案例分析	2	4		
		Z121.2 电视社教节目创作方式 （1）以讲述为主要创作方式	2	4	掌握不同类型社教类电视节目的创作方式，创新运用于少儿节目、老年节目、体育节目、文化节目、科技节目等类型的节目实践	课程题库（随机）
Z121 电视社教类节目播音主持		（2）以访谈为主要创作方式	2	4		
		（3）以体验为主要创作方式	2	4		
	素质	具备电视社教类节目相关的媒介融合思维方式，主持人多元化有声语言创作视野，审美素养和有声语言创作视野			掌握电视社教类节目相关的频道化建设、主持人品牌树立、节目分众化传播、主持人多元化驾驭、垂直内容融媒传播、有声语言多元创作的新节目创作理念，能够熟练运用于创作实践	—
	能力	掌握不同类型的电视社教节目的播音主持能力，并能立足时代，进行创新表达，完成"服务"			掌握社教节目主持创作特点，理解主持人的传媒角色、语言特点，并具备不同社教节目的串词、演示讲解、体验评述、篇章叙事、访谈、配音（涵盖广告配音）、文艺演播等能力	课堂提问 课堂讨论 播音实训（节目编创、播音主持）

续表

专业基础课程主模块	所需知识、素质、能力		学时		标准要求	测试方法
			课内	课外		
Z122 电视综艺娱乐类节目播音主持	知识	Z122.1 电视综艺娱乐节目的特性与种类 （1）按节目的艺术形式分类	0.5	1	掌握不同艺术形式（音乐节目，文学节目，戏曲节目，曲艺节目，综艺娱乐节目，服务性节目，综艺资讯报道）；不同制作方式的节目等节目的特征与传播理念	课程题库（随机）
		（2）按节目的制作方式分类	0.5	1		
		（3）电视综艺娱乐类节目播音主持案例分析	1.5	3		
		Z122.2 电视综艺娱乐节目的录播、直播与演播 （1）录播的创作特征及要求	0.5	1	掌握录播、直播、演播等不同创作方式的播音主持技巧，具备独立或协作完成节目编创与录制的创新实践能力	课程题库（随机）
		（2）直播的创作特征及要求	0.5	1		
		（3）演播的创作特征及要求	0.5	1		
	素质	具备与时代俱进的有声语言、音乐、音响等美学素养			具备关于有声语言、视听元素等表意，表情，表真听觉元素的文化审美素养，能够用语言和副语言等手段，为受众塑造真、幻、美的视听感受，提供审美享受，并进行文化引领	—
	能力	具备为受众提供新娱乐文化概念下的音频内容，创新娱乐主持的能力			具备为不同类型的电视文艺节目进行组稿、策划选题、结构节目、播音主持、后期剪辑、包装制作等能力	课堂提问 课堂讨论 播音实训（节目编创·播音主持）

续表

专业基础课程主模块	所需知识、素质、能力		学时		标准要求	测试方法
			课内	课外		
Z123 媒介融合与电视播音主持	知识	Z123.1 媒介融合与电视媒介概述			能够拓宽文化视野,具备在融媒体背景下进行电视融播音主持创作、学理反思,创新表达的能力	课程题库（随机）
		（1）媒介融合的概念	1	2		
		（2）媒介融合的定义与内涵	1	2		
		（3）媒介融合的节目及播音主持案例分析	2	4		
		Z123.2 媒介融合态势下新电视媒介的发展变化			能够在多元媒介融合过程中自觉进行播音主持创作的美学提升,熟悉并运用新技术、新手段进行新电视节目的播音主持尝试	课程题库（随机）
		（1）电视与其他媒介的组合	1	2		
		（2）电视与新技术的聚合	1	2		
		（3）新电视媒介的案例分析	2	4		
		Z123.3 媒介融合态势下的电视播音主持业务				
		（1）媒介融合态势下电视节目制作的特点	2	4	能够结合媒介融合发展态势,掌握定制化、移动化、交互实时化等时代化的能力	一
		（2）媒介业务的拓展	2	4	能够运用新理念、新技术、新方式等为不同平台、不同终端、音频内容与服务,实现多媒介跨界传播	
	素质	具备综合驾驭多媒介跨界传播的语言表达素质和文化审美素养				课堂提问 课堂讨论（节目编创、播音主持）
	能力	具备媒介融合背景下的口语传播创新能力和跨界传播能力			能够跨界处理音频内容,进行编辑、点评、策划、传播、播音主持等工作	播音实训（节目编创、播音主持）

续表

专业基础课程主模块		所需知识、素质、能力	学时 课内	学时 课外	标准要求	测试方法
Z124 主持人传播形象设计与造型的基本原理	知识	Z124. 主持人传播形象设计与造型的基本原理 (1) 形象设计概念、原则及要求	0.5	1	阅读课程学习资料，观看教学案例，撰写学习笔记	课程题库（随机）
		(2) 不同类型节目中设计与造型要点	0.5	1		课程题库（随机）
		(3) 主持人形象设计的特点及类型	0.5	1	阅读课程学习资料，观看教学案例，撰写学习笔记	课程题库（随机）
		(4) 影响主持人形象设计的因素	0.5	1		
	素质	形成主持人形象设计的造型意识			能够区分不同类型节目主持人传播形象设计与造型特点及要求	—
	能力	阅读学习资料，观看教学案例，提高资料收集、分析和整理能力			能够掌握主持人传播形象设计与造型的基本原理	课堂提问 课堂讨论
Z125 主持人人际交往中的基本礼仪	知识	Z125.1 主持人在社交中的察言观色、应变技巧、换位思考 (1) 察言观色	1	2	观看电视节目，查阅学习资料，撰写分析报告	课程题库（随机）
		(2) 应变技巧、换位思考	1	2		课程题库（随机）
		Z125.2 主持人在社交中的会面礼仪、餐桌礼仪 (1) 会面礼仪	1	2	通过学习演练，掌握主持人常用礼仪的规范，并能进行讲解说明	课程题库（随机）
		(2) 餐桌礼仪	1	2		
	素质	形成主持人处理突发事件的应变技巧和礼仪控场意识			能够区分不同的主持人社交活动中应变技巧和礼仪规范的运用	—
	能力	掌握主持人处理突发事件的应变技巧和社交中常用的礼仪规范			能够在不同的主持人社交活动中灵活运用应变技巧和社交礼仪规范	课堂提问 课堂讨论 课堂实训

续表

专业基础课程主模块	所需知识、素质、能力		学时		标准要求	测试方法
			课内	课外		
Z126 主持人的仪态与训练技巧	知识	Z126.1 主持人仪态的站姿与动姿 (1)站姿	1	2	通过学习演练，掌握主持人仪态的站姿与动姿规范，并能进行讲解说明	课程题库（随机）
		(2)动姿	1	2		
		Z126.2 主持人提升气质的方法	2	4	通过学习演练，掌握主持人提升气质的方法，并能进行讲解说明	课程题库（随机）
	素质	形成主持人良好的仪态和气质			能够根据节目类型区分主持人的仪态规范和气质塑造	—
	能力	掌握主持人仪态的站姿与动姿规范及提升气质的方法			能对不同类型节目主持人进行优雅气质的整体塑造与提升	课堂提问 课堂讨论 课堂实训
Z127 主持人化妆设计与造型的规律及技法	知识	Z127.1 主持人电视化妆、化妆用品的基本知识 (1)主持人电视化妆、化妆用品的基本知识	1	2	通过学习，掌握主持人电视化妆、化妆用品的美学规律，并能进行讲解说明	课程题库（随机）
		(2)化妆造型的美学规律	1	2		
		Z127.2 主持人化妆与造型的步骤与技法 (1)化妆与造型的步骤与技法	1	2	通过学习演练，掌握主持人化妆与造型的步骤与技法，并能进行讲解说明	
		(2)化妆与造型实训	5	10		
	素质	对主持人化妆与造型进行诊断与提升			能够根据节目类型区分主持人的仪态规范和气质塑造	—
	能力	掌握主持人化妆与造型的步骤与技法			能够对不同类型节目主持人进行优雅气质的整体塑造与提升	课堂提问 课堂讨论 课堂实训

续表

专业基础课程主模块		类别	所需知识、素质、能力	学时 课内	学时 课外	标准要求	测试方法
	Z128 主持人着装设计与造型的规律及技法	知识	Z128.1 主持人着装的基本知识与礼仪习俗；不同类型主持人着装的设计与造型 (1) 主持人着装的基本知识与礼仪习俗	1	2	通过学习演练，掌握主持人着装的基本知识与礼仪习俗特点，并能进行讲解说明	课程题库（随机）
			(2) 不同类型主持人着装的设计与造型	1	2		
			Z128.2 服饰选择与主持人画面的协调搭配 (1) 服饰选择与主持人外貌特征的搭配	1	2	能够根据节目类型区分主持人的着装设计与造型特点	
			(2) 着装设计与画面的协调搭配实训	5	10		
		素质	对主持人着装设计与造型进行诊断与提升			能够根据节目类型区分主持人的仪态规范和气质塑造	—
		能力	掌握主持人着装设计与造型的规律与技法			能对不同类型节目主持人进行着装设计与造型的塑造及提升	课堂提问 课堂讨论 课堂实训
	Z129 主持人情景演艺	知识	Z129.1 主持人情景演艺综合实训 方案1（就业方向）：分组设计不同类型的电视栏目，由学生扮演主持人、嘉宾、观众等角色，把所学的主持人礼仪与形象设计的知识进行运用，提升学生的综合技能	4	8	通过学习演练，能够在不同类型的电视栏目对主持人礼仪与形象设计的知识进行运用，并能进行讲解说明	课程题库（随机）

续表

专业基础课程主模块		所需知识、素质、能力	学时		标准要求	测试方法
			课内	课外		
	知识	方案2（应用型研究方向）：分组设计考研面试场景，由学生担任应试者，教师担任评委，应用型研究方向考研面试形象设计技巧，提升学生的应试能力	4	8	通过学习演练，能够在不同类型的电视栏目对主持人礼仪与形象设计的知识进行运用，并能进行讲解说明	课程题库（随机）
Z129 主持人情景演艺	素质	对主持人在不同类型节目中的形象设计进行诊断与提升			能够根据节目类型区分主持人形象设计的特点	—
	能力	掌握主持人在不同类型节目中的形象设计应用			能够对不同类型节目主持人进行形象设计的塑造与提升培养应用型研究方向考研学生考研面试技巧、提升学生的应试能力	课堂提问课堂讨论课堂实训
	知识	Z130.1 电视节目主持概说 （1）电视主持人节目	1	2	阅读课程学习资料，观看教学案例，撰写学习笔记	课程题库（随机）
		（2）电视节目主持人	1	2		
		（3）主持人与播音员的异同	2	4		
Z130 电视节目主持	素质	形成最朴素、最扎实的关于传统媒体节目及节目主持人的相关概念			学会在观看节目的过程中明确节目类型、主持人分类等	—
	能力	阅读学习资料，观看教学案例，提高资料收集、分析和整理能力			能够具备什么是节目，什么是主持人，以及主持人与播音员同的明确辨别能力	课堂提问课堂讨论演讲实训

121

续表

专业基础课程主模块		所需知识、素质、能力	学时		标准要求	测试方法
			课内	课外		
Z131 电视新闻播音	知识	Z131.1 新闻播音的基本概念 电视新闻播音的具体形态	1	2	阅读课程学习资料，观看教学案例，撰写学习笔记	课程题库（随机）
		Z131.2 电视新闻播音中的技巧 (1) 新闻重音的处理方法	1	2	通过学习演练，掌握新闻播音这种文体与其他文体的播报区别，并能通过五大技巧对指定稿件进行讲解说明，完成在线课程学习任务	课程题库（随机）
		(2) 语势常扬 (3) 落停缓收	1	2		
		(4) 两种关系 (5) 新闻片配音	2	4		
	素质	领会什么是新闻播音，新闻播音是一切播音的基础			在观看新闻播音时，能够从专业角度分析播音员播读稿件时的优劣	—
	能力	掌握新闻播音的五大播音技巧，并加以运用			学习新闻播音的播报技巧，能够运用到实际稿件中，并能进行讲解说明，完成在线课程学习任务	课堂提问 课堂讨论 演讲实训
Z132 即兴口语表达	知识	Z132.1 无文本表达 (1) 发散思维训练	1	2	通过学习演练，掌握即兴口语表达中最重要的两部分，即无文本表达和半文本表达技巧。通过思维训练提升文本表达能力和半文本文本表达提升思维能力，通过脚本撰写提升文笔能力，完成在线课程学习任务	课程题库（随机）
		(2) 逆向思维训练	1	2		
		Z132.2 半文本表达 (1) 开场语的撰写	1	2		课程题库（随机）
		(2) 衔接语的撰写	1	2		
		(3) 结束语的撰写	2	4		

续表

专业基础课程主模块		所需知识、素质、能力	学时		标准要求	测试方法
			课内	课外		
Z132 即兴口语表达	素质	即兴口语表达的提升一部分在于思维一部分在于口述,所以对这两部分都要加强学习与训练			能够对不同类型文本表达进行区分和应用,能够熟练掌握思维语言和口头语言的运用要领	—
	能力	掌握不同文本表达的特征和重难点,提升即兴口语表达能力			能够对不同类型文本表达进行区分和应用;能够熟练掌握思维语言和口头语言的运用要领;提升学生的即兴口语表达能力	课堂提问 课堂讨论 演讲实训
Z133 电视社教服务节目	知识	Z133.1 社教服务节目概说 (1) 社教节目的界定与分类	1	2	通过学习演练,掌握社教服务类节目这个大板块的具体分支,主要详细讲解购物类、谈话类、旅游类节目主持,重点分析各节目特性和与之相对应的主持技巧	课程题库 (随机)
		(2) 社教节目的特征与发展趋势	1	2		
		Z133.2 电视旅游节目 (1) 旅游类节目的界定、分类与特征	1	2		
		(2) 旅游类节目的主持人与主持技巧	1	2		
		Z133.3 电视谈话节目 (1) 谈话类节目的界定、分类与特征	1	2		
		(2) 谈话类节目的策划	1	2		
		(3) 谈话类节目的主持人与主持技巧	1	2		
		Z133.4 电视购物节目 (1) 购物类节目的界定、分类与特征	1	2		
		(2) 购物类节目的主持人与主持技巧	1	2		

续表

专业基础课程主模块		所需知识、素质、能力	学时		标准要求	测试方法
			课内	课外		
Z133 电视社教服务节目	素质	了解社教类节目的分类，了解各个类别的社教服务节目			能够快速辨析不同的社教节目以及运用相应的主持技巧	—
	能力	掌握自己策划不同类型的社教节目，并且能够掌握相应的主持策略与技巧			能够独立主持任一类型的社教类节目	课堂提问 课堂讨论 演讲实训
Z134 电视综艺娱乐节目	知识	Z134.1 综艺娱乐类节目概说 (1) 综艺娱乐类节目的界定、分类与特征	1	2	通过学习演练，掌握辩论演讲的含义、性质、分类和原则，并能进行讲解说明	课程题库（随机）
		(2) 综艺娱乐类节目的主持人	1	2		
	素质	了解综艺娱乐类节目，说出看过的综艺娱乐类节目，了解各个类别的综艺娱乐节目			能够辨析所看过的综艺娱乐类节目中的优劣	—
	能力	掌握辩论综艺节目和节目主持人的方法，掌握简单综艺节目的策划案撰写方法			能够独立观看综艺节目并写出策划案	课堂提问 课堂讨论 演讲实训
Z135 短视频文案策划	知识	Z135.1 短视频文案构成 (1) 短视频的定义、特点、构成	1	2	能够根据短视频的构成要素分析短视频	课程题库（随机）
		(2) 短视频文案定义、构成	1	2		
		Z135.2 短视频文案的创作技巧 (1) 账号主页文案创作	2	4	能够对短视频账号主页文案、标题、开头、正文、结尾文案、脚本文案、评论文案编写、优质短视频文案创作，掌握其创作要点和方法	探究式作业（抖音、快手、哔哩哔哩等平台账号主页分析、爆款短视频分析，撰写分析报告，进行PPT汇报）
		(2) 短视频标题、开头、正文、结尾文案创作	2	4		
		(3) 评论文案编写、优质短视频短文案创作	2	4		

续表

专业基础课程主模块		所需知识、素质、能力	学时		标准要求	测试方法
			课内	课外		
Z135 短视频文案策划	素质	抖音、哔哩哔哩、小红书等重度用户，网感好，对热点敏感			熟悉短视频平台和平台规则、调性、运营策略，用户特征及喜好	—
	能力	具备扎实的文案策划功底，有较强的文案创意能力			能够进行短视频账号主页、短视频标题，开头、正文、结尾文案创作及分镜头脚本、评论文案的创作	个人主页设计：抖音账号主页打造，抖音短视频创作、发布、回复、数据分析
	知识	Z136.1 剧情类、搞笑类、美食类、旅游类、乡村类、生活类、影视类、知识类、政务类、带货类、公益宣传类短视频文案创作 （1）界定	14	28	准确说出剧情类、搞笑类、美食类、旅游类、乡村类、生活类、影视类、知识类、政务类、带货类、公益宣传类短视频的概念和特点	课程题库（随机）
		（2）创作方法	28	56	能够对各类短视频进行分析，掌握其创作要点和方法	探究式作业（抖音、快手或哔哩哔哩等平台的各类短视频分析，撰写分析报告、PPT汇报）
		（3）存在的问题与创新性发展	14	28	能够找出各类短视频存在的问题，针对具体问题提出改进措施	探究式作业（制作一条相应类型短视频，进行点评，视频展示与评，进一步修改完善，并发布和运营）
Z136 类型短视频文案创作	素质	密切跟踪短视频平台的热点动态，研究并拆解各类热门短视频作品，提炼爆款文案逻辑，沉淀为方法论			关注各类不同类型短视频，并进行内容拆解和分析总结	—
	能力	具备视频分析能力，模仿能力及二次创意改编能力，能够进行视频素材的收集、拍摄、剪辑、制作，能独立完成短视频的创意和策划。具备良好的数据分析能力，善于思考总结，利用数据指导优化运营推广策略。			能够完成各种类型的视频创作，能够进行各类短视频的选题策划、文案创作、拍摄剪辑制作，并在抖音平台发布、评论和运营	能够独立撰写短视频脚本，完成各类短视频平台短视频制作的创意和策划，快手等平台短视频的创意和策划，拍摄制作与上传，能够进行抖音平台发布、数据分析、运营提升

续表

专业基础课程主模块		所需知识、素质、能力	学时		标准要求	测试方法
			课内	课外		
Z137 有声书演播	知识	Z137.1 有声书演播实训1			了解有声书演播的基本类型和概念,着重气息及停顿,演播中的换气控制及示范练习	课程题库（随机）
		（1）有声书演播的类型及风格	1	2		
		（2）有声书演播的声音控制	2	4		
		（3）有声书演播的语调与层次表现	2	4		
		Z137.2 有声书演播实训2			能准确进行文本分析,通过学习演练,对声音的弹性要有较高的把握能力,并且能进行后期制作	课程题库（随机）
		（1）有声书演播的交流感及文本分析	1	2		
		（2）有声书演播中的多角色塑造	2	4		
		（3）有声书演播的后期制作	2	4		
	素质	形成对有声书演播类型的基本认知,以及对该领域的市场发展情况有清晰的认识			对有声书演播作品有较高的审美能力	—
	能力	具备有声作品选择、作品文本分析、演播录制、后期制作等能力			能够掌握有声演播的基础知识,能够区分不同类型的有声书作品的特点和技巧	课堂提问课堂讨论演播实训
Z138 少儿语言教学	知识	Z138.1 少儿语言培训课程概述			了解少儿语言表演课的各类教学体系,掌握少儿培训的教学方法及创新手段	课程题库（随机）
		（1）课程体系的介绍	1	2		
		（2）绕口令示范及少儿课堂常规程序	2	4		
		（3）游戏在少儿语言培训中的运用	2	4		
		Z138.2 少儿语言培训课程教学实战			通过学习演练,能独立完成教学准备,制作PPT、教案、道具等教学材料,并有良好的作品示范能力	课程题库（随机）
		（1）朗诵、表演等教学技巧	1	2		
		（2）趣味基本功及课堂管理	2	4		
		（3）公开课的设计	2	4		
	素质	具备儿童心理学及教育学领域的相关知识			能够根据教学实际情况,将儿童心理学知识运用到教案的准备中,以及课堂进程的把控中,优化教学手段和方式	—

续表

专业基础课程主模块		所需知识、素质、能力	学时		标准要求	测试方法
			课内	课外		
Z138 少儿语言教学	能力	具备备课、授课、录课的能力			通过学习演练,掌握少儿语言课堂的教学方法和特点,能独立完成一系列的少儿语言表演课程教学	课堂提问 课堂讨论 授课实训
	知识	Z139.1 文化旅游产业基本概况 (1) 洞悉文化类及旅游类解说行业的形势	1	2	通过学习演练、掌握文旅场馆讲解的不同类型及其特点,把握讲解文案的编写和文字资料整合能力	课程题库 (随机)
		(2) 了解文物背景、历史资料,准确备稿	2	4		
		(3) 讲解文案的提炼及加工	3	6		
Z139 文旅场馆讲解		Z139.2 演讲的表达艺术 (1) 讲解的语言表达技巧	1	2	通过模拟演练,掌握讲解中的有声语言表达技巧,并能完成实际讲解任务	课程题库 (随机)
		(2) 讲解的副语言运用	3	6		
		(3) 讲解实战与案例分析	2	4		
	素质	增强学生的历史文化底蕴,培养青年学生爱国、奉献、知行、尚礼、尚行的传统素养			通过与展馆解说实践相结合的方式,培养学生的历史的历史厚重感,深入了解文物背景、历史知识	课堂提问 课堂讨论 讲解实训
	能力	掌握讲解稿的写作方法及讲解中的表达技巧			能够对不同类型的文旅场馆进行区分、撰写严谨且有趣味性的讲解稿,能够对讲解中有声语言和副语言的表达技巧进行综合运用	—

读者可扫描二维码,阅读黄河科技学院播音与主持艺术本科专业人才培养方案。

播音与主持艺术本科专业
人才培养方案

Body

第 3 章

播音与主持艺术专业课程知识建模

3.1　有声语言录制项目化教学课程知识建模

有声语言录制项目化教学课程是一门聚焦于培养学生实际操作能力的课程,借助项目驱动的教学模式,引导学生在实践中掌握有声语言录制的技能。

在本课程中,学生将学习到如何使用专业的录音设备和软件进行录音与后期制作工作。同时,学生还将参与到各种类型的项目实践中,包括动漫配音、影视配音、纪录片配音、有声书录制、古诗词录制等。通过这些真实项目的锻炼,学生不但能够掌握录音技巧,还能提高自己的表演能力和创意思维。

本课程注重培养学生的团队合作精神和项目管理能力。学生将以小组形式完成项目任务,通过协作和分工,提高团队效率和项目完成的质量。同时,学生还将学习如何制订项目计划、管理项目进度和解决项目推进过程中遇到的问题。

总之,有声语言录制项目化教学课程将为学生提供一个全面且系统的学习平台,让学生在实践中提高自身技能和能力,为今后从事有声语言录制相关工作做好充分准备。

AU 使用规范项目化教学课程知识建模图如图 3-1 所示。

AU 的使用项目化教学课程知识建模图如图 3-2 所示。

社科类有声节录制项目化教学课程知识建模图如图 3-3 所示。

纪录片配音项目化教学课程知识建模图如图 3-4 所示。

小说有声书录制项目化教学课程知识建模图如图 3-5 所示。

人物配音项目化教学课程知识建模图如图 3-6 所示。

广播剧有声书录制项目化教学课程知识建模图如图 3-7 所示。

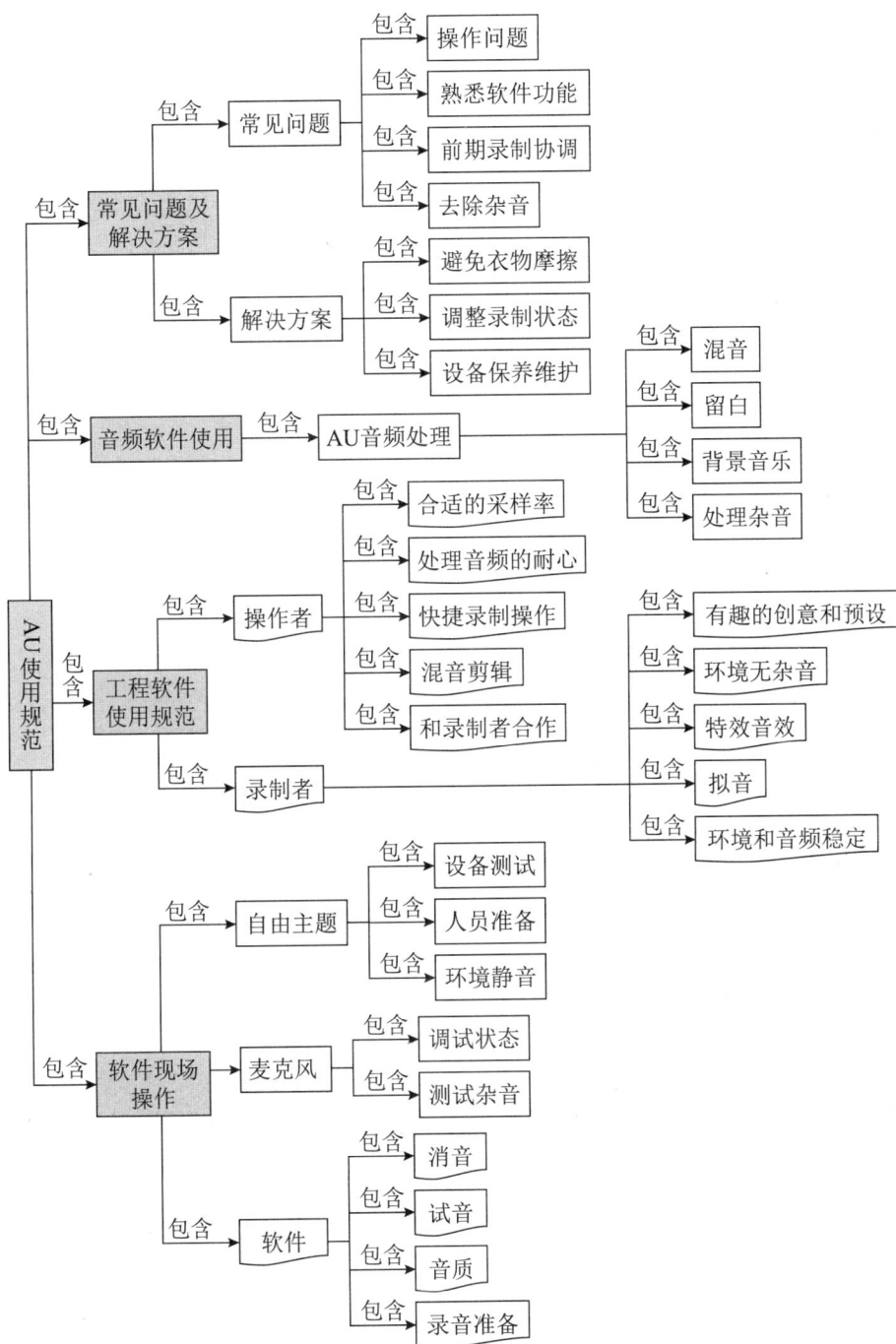

图 3-1　AU 使用规范项目化教学课程知识建模图

```
                                   ┌── 外接设备 ──┬── 设备直连
                     ┌── 录音功能 ──┤              └── 通过声卡
                     │             └── 不接设备
                     │
                     │             ┌── 根据人声特色进行选择
                     ├── 设备的选择 ┼── 根据需要的音质进行选择
                     │             ├── 根据设备的性价比进行选择      ┌── 音频的留白
                     │             └── 根据自身的预算进行选择        ├── 混音
                     │                                             ├── 音频降噪
                     │             ┌── 音频的高级处理 ──────────────┼── 背景音乐
                     ├── 音频的剪辑 ┤                  ┌── 单人音频的剪接 ├── 咳嗽声的消除
                     │             └── 干音的剪接 ──────┤             └── 分贝的处理
                     │                                └── 多人音频的剪接
                     │                                          ┌── MP3
                     ├── 音频的导出 ── 音频导出的格式 ────────────┼── PCM
                     │                                          └── WMA
                     │             ┌── 单声道
                     ├── 录音格式的选择 ┤
                     │             └── 双声道
     AU的使用 ────────┤             ┌── 避免人员走动
                     ├── 噪声的解决方案 ┼── 避免衣物的摩擦
                     │             └── 避免环境的回音 ──┬── 录音环境安装吸音棉
                     │                                └── 录音环境避免空旷
                     │             ┌── 操作设备的耐心
                     ├── 设备操作者 ┤
                     │             └── 操作设备的熟练程度
                     │                           ┌── 播音员的声音
                     │             ┌── 环境静音    ├── 高频低频的声音
                     ├── 录音注意事项 ┼── 试音 ──────┼── 播放设备的声音
                     │             │             └── 录制设备的声音
                     │             │             ┌── 麦克风的测试
                     │             └── 功能测试 ───┼── 声卡的测试
                     │                           └── 存储设备的测试
                     │             ┌── 麦克风的维护
                     └── 设备的维护 ┼── 音频线的维护
                                   ├── 卡农头的维护
                                   └── 声卡的维护
```

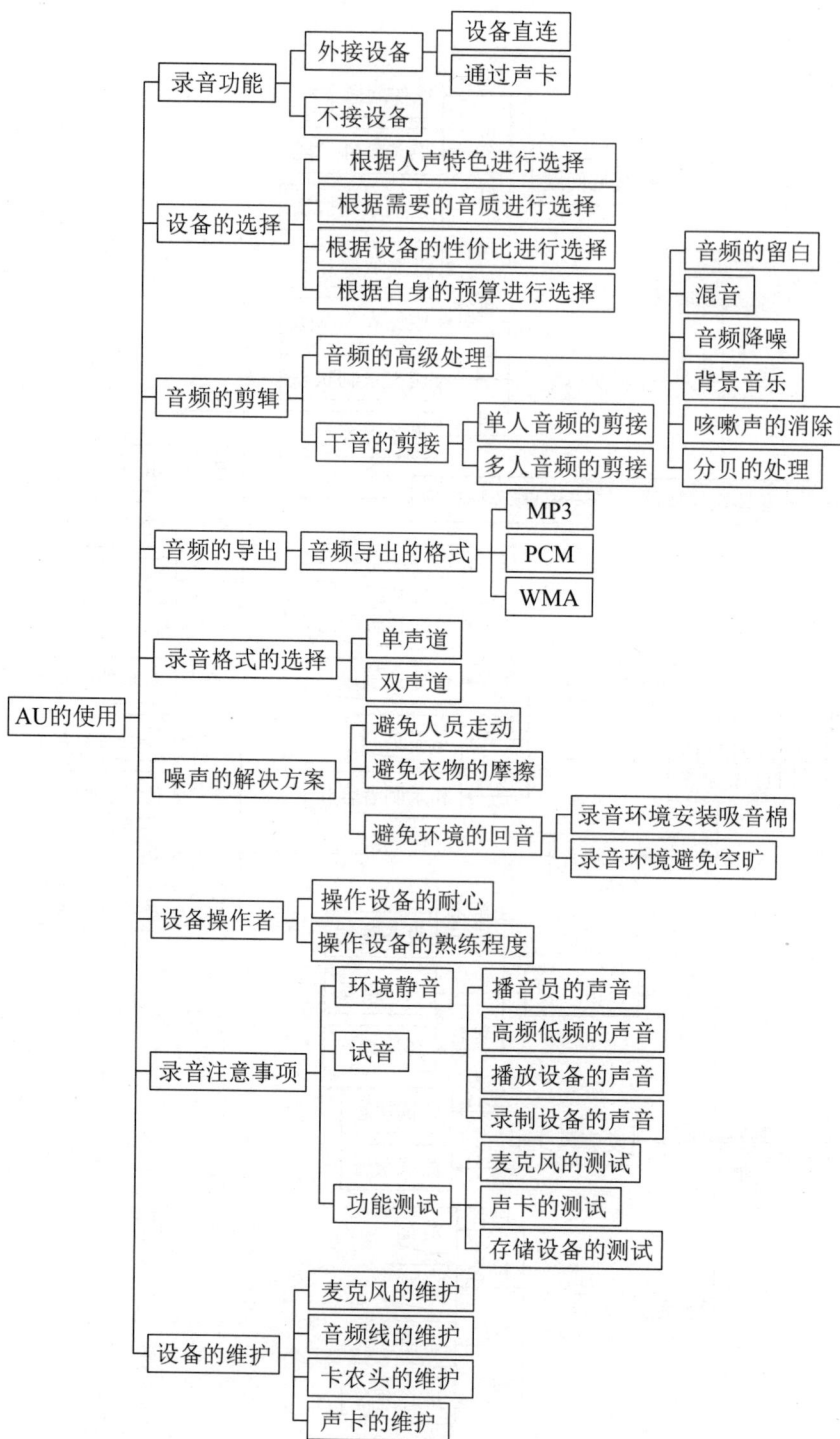

图 3-2　AU 的使用项目化教学课程知识建模图

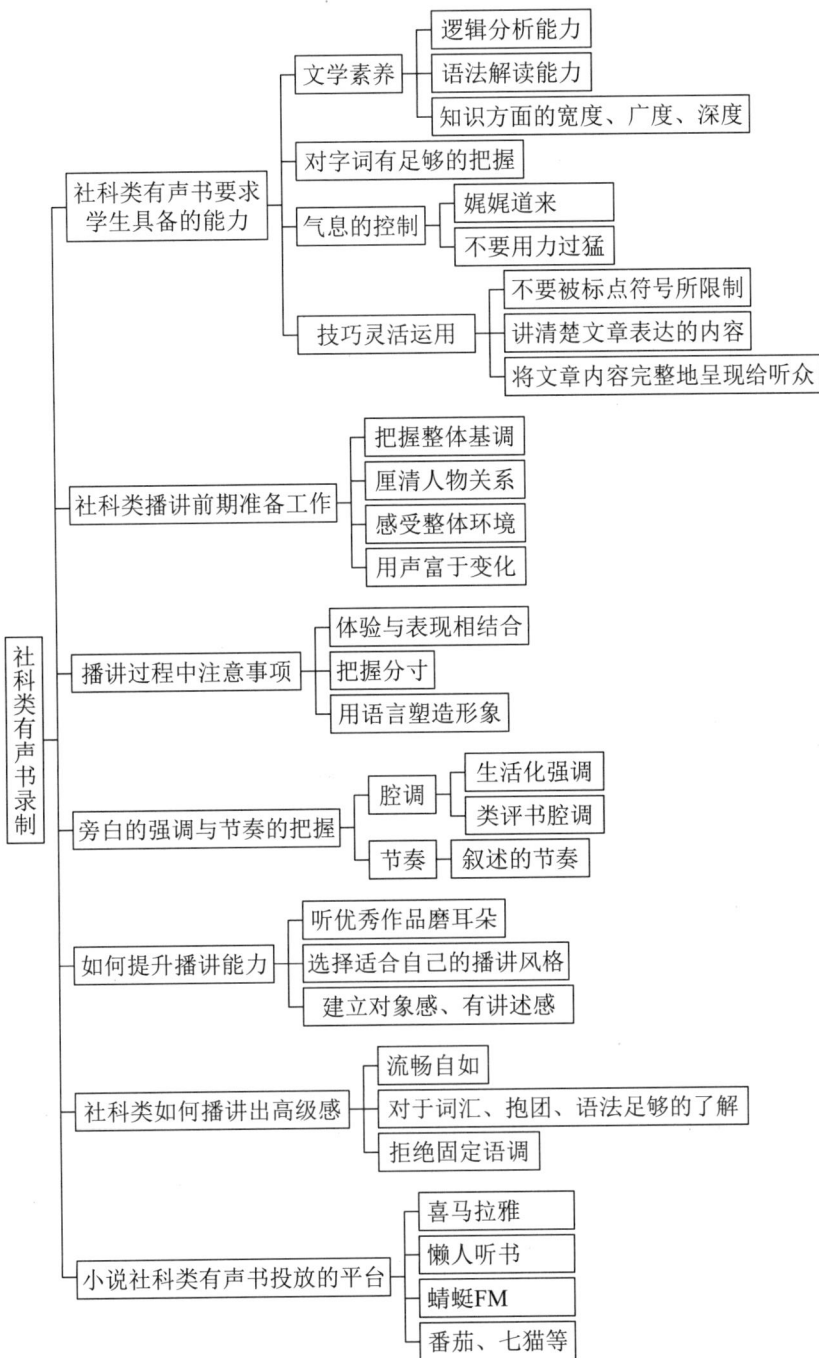

图 3-3　社科类有声节录制项目化教学课程知识建模图

支持　解说出现的原因

解说发挥的作用
　　包含　解释细节
　　包含　介绍信息
　　包含　衔接画面
　　包含　渲染气氛
　　包含　抒发感情

支持　解说

解说的准备工作
　　包含　厘清作品的背景
　　包含　把握作品的风格
　　包含　确定解说的身份
　　包含　确定解说的语言样式
　　包含　确定解说的速度与段落

支持　解说的生活化追求
　　包含　解说趋于生活化的原因和根据
　　包含　解说趋于生活化的原因和根据

支持　解说的表达样式
　　包含　议论型
　　包含　讲解型
　　包含　抒写型
　　包含　白话型
　　包含　陈述型

解说的表达式实例分析

纪录片解说示例及分析
　　包含　背景
　　包含　风格
　　包含　解说身份
　　包含　解说语言表达样式
　　包含　确定解说词的段落位置

纪录片配音

补充练习材料提示
　　包含　Discovery之《猎豹——致胜的奔跑》节选
　　包含　《探索发现》之《法门地宫的形态》
　　包含　《故宫》第12集《永远的故宫》
　　包含　《这十年》配音稿
　　包含　《霍金的宇宙》之《终极管案》
　　包含　《中国芯》和《中国心》

电视纪录片解说常见问题
　　包含　声音气质与片子风格不符
　　包含　重视形式，忽略内容和感受
　　包含　重音处理不当
　　包含　语言表达样式把握不准确

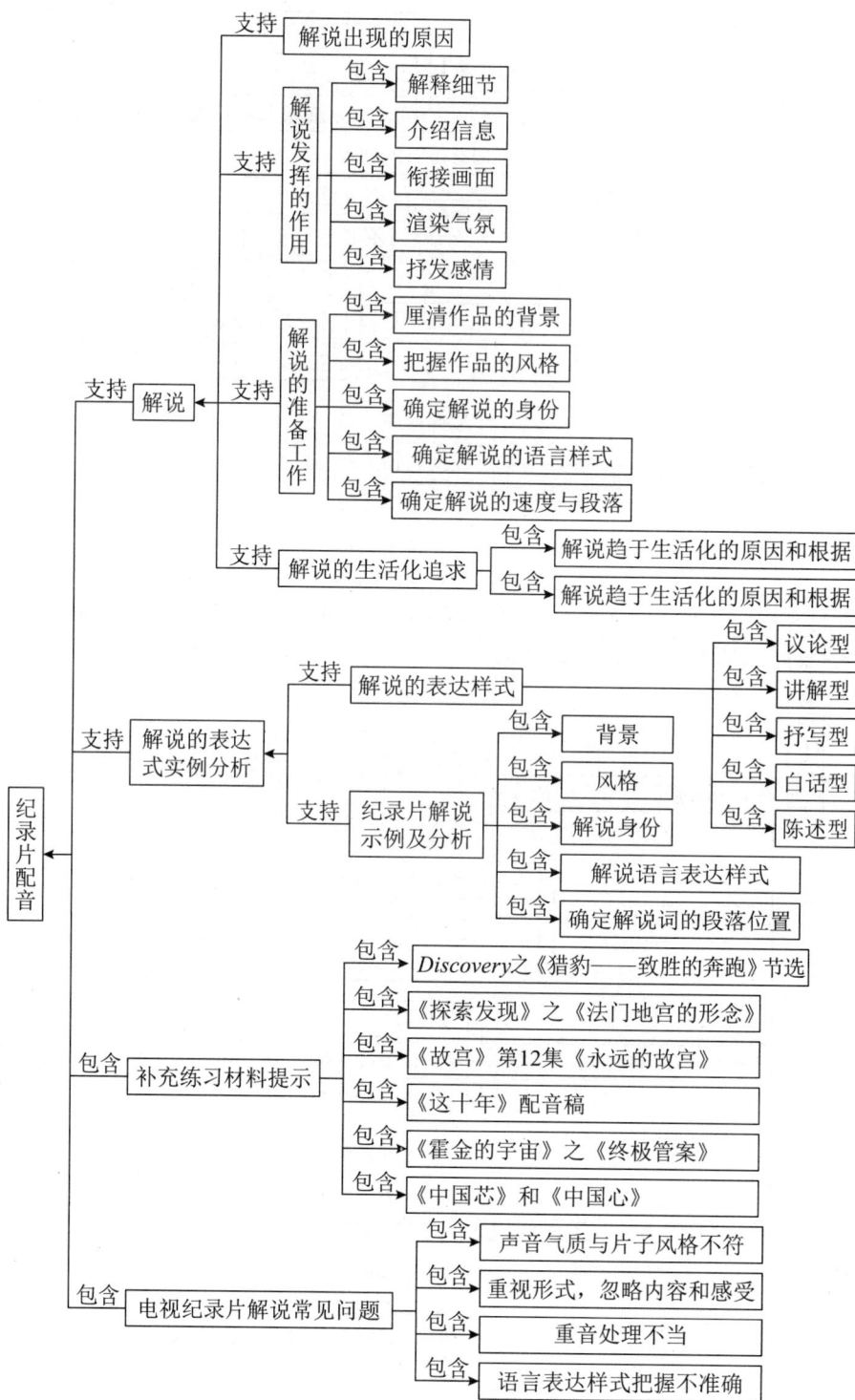

图3-4　纪录片配音项目化教学课程知识建模图

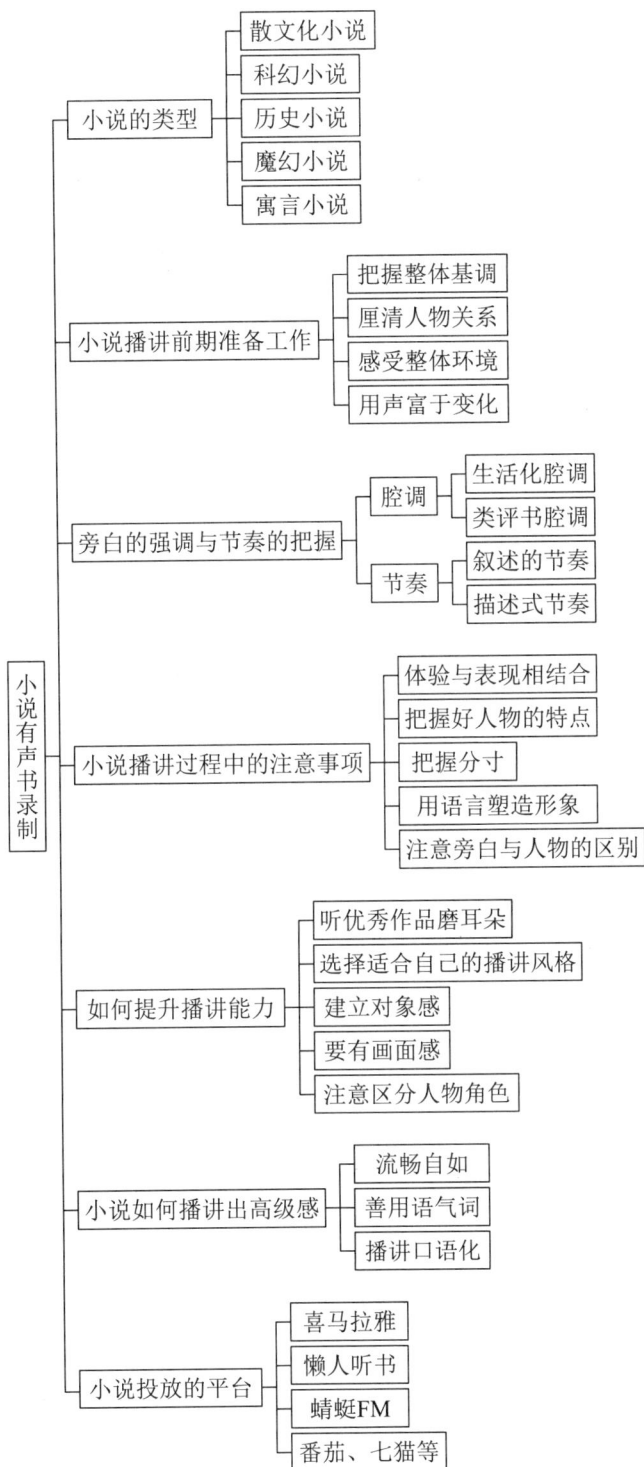

図 3-5　小说有声书录制项目化教学课程知识建模图

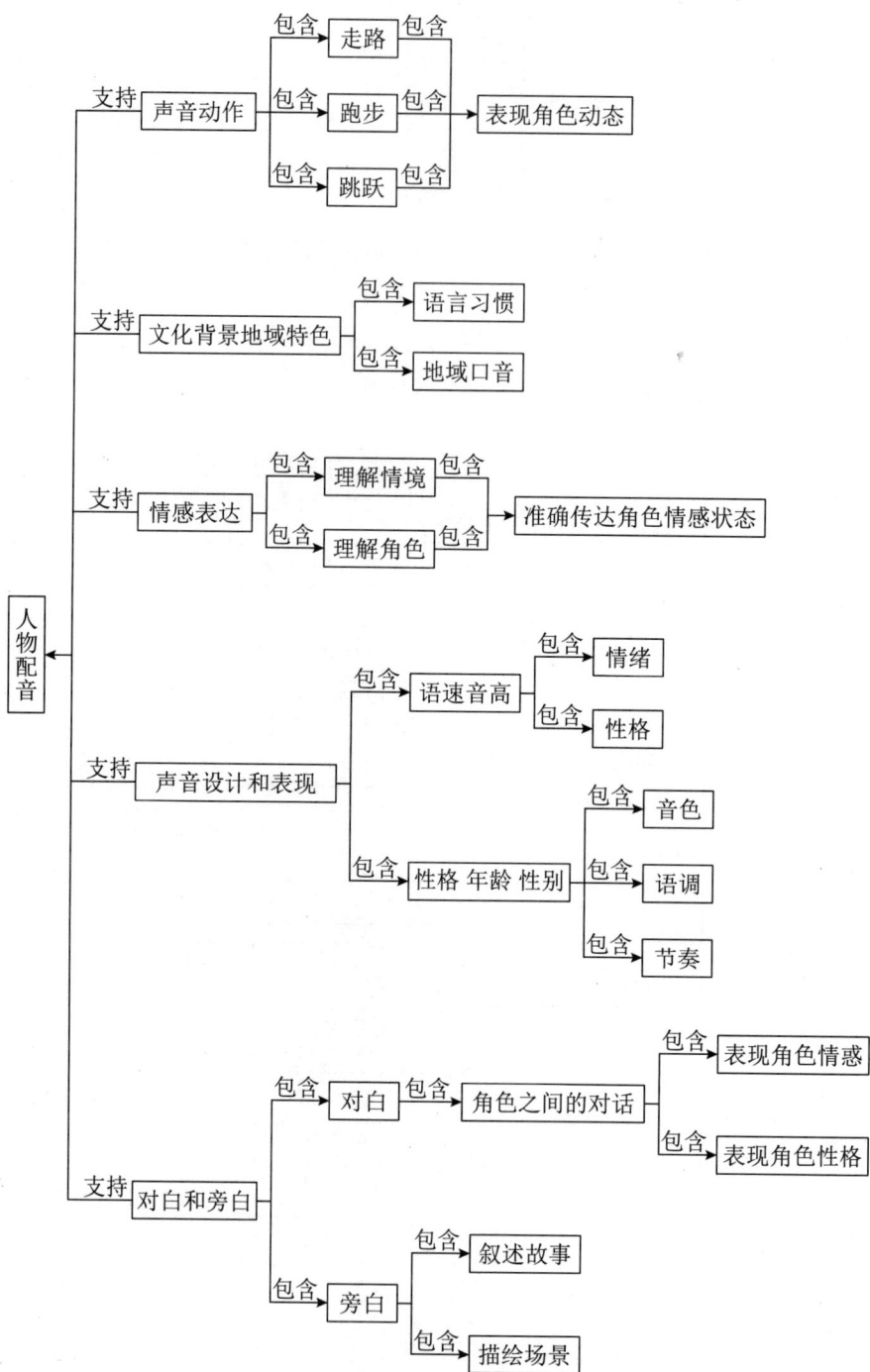

图 3-6 人物配音项目化教学课程知识建模图

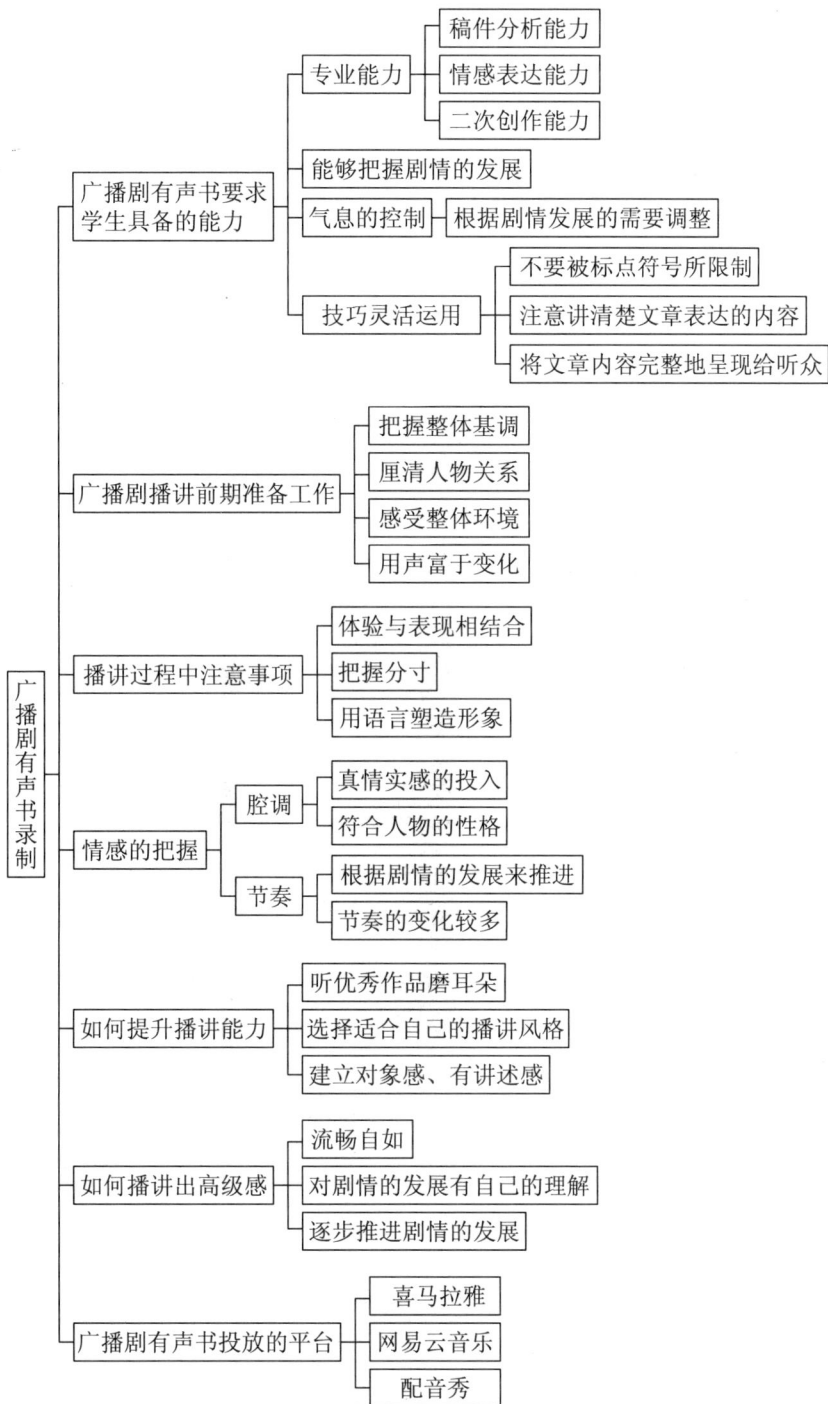

图 3-7　广播剧有声书录制项目化教学课程知识建模图

广播剧配音项目化教学课程知识建模图如图 3-8 所示。

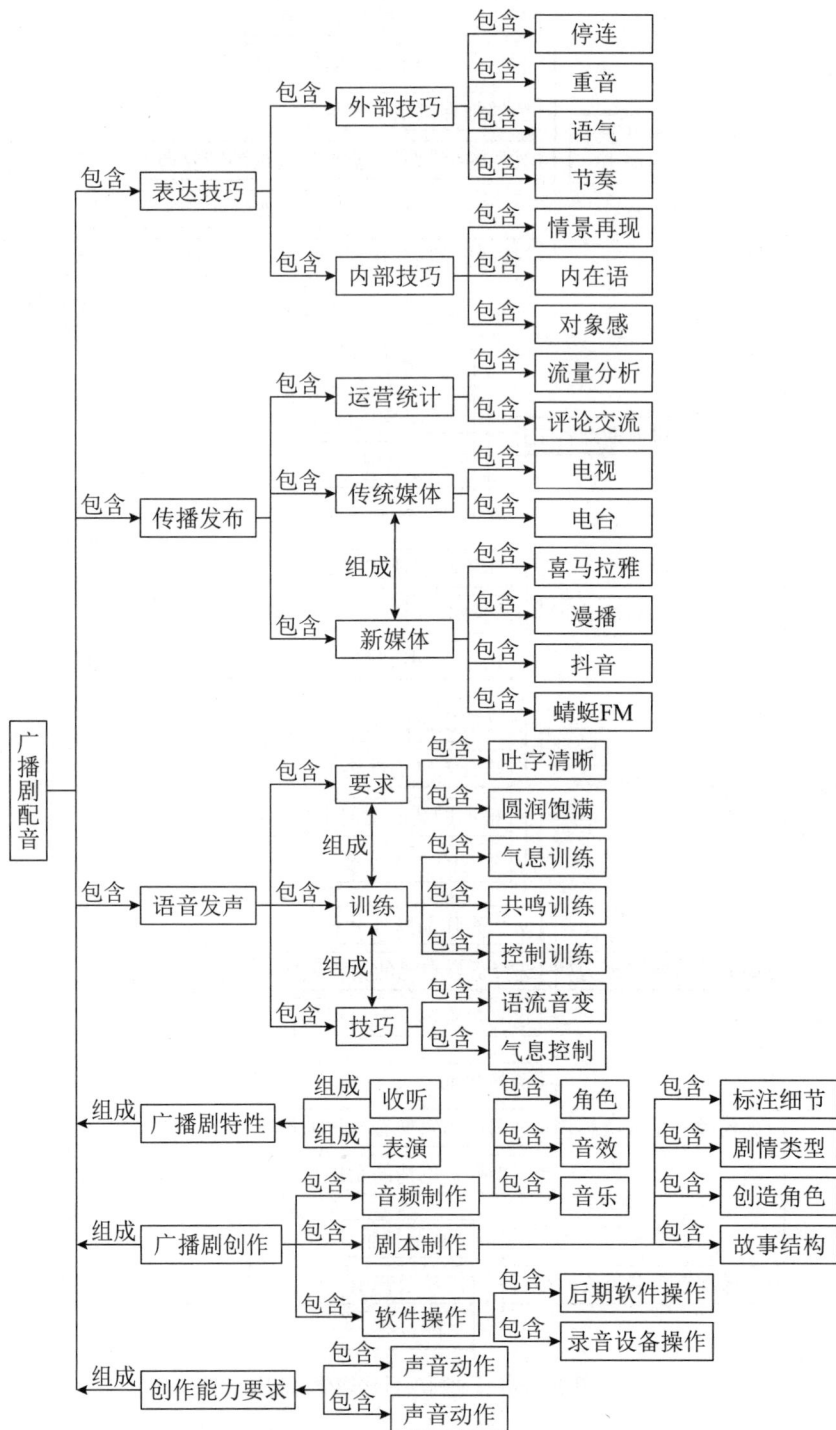

图 3-8 广播剧配音项目化教学课程知识建模图

古诗词文录制的基本操作项目化教学课程知识建模图如图 3-9 所示。

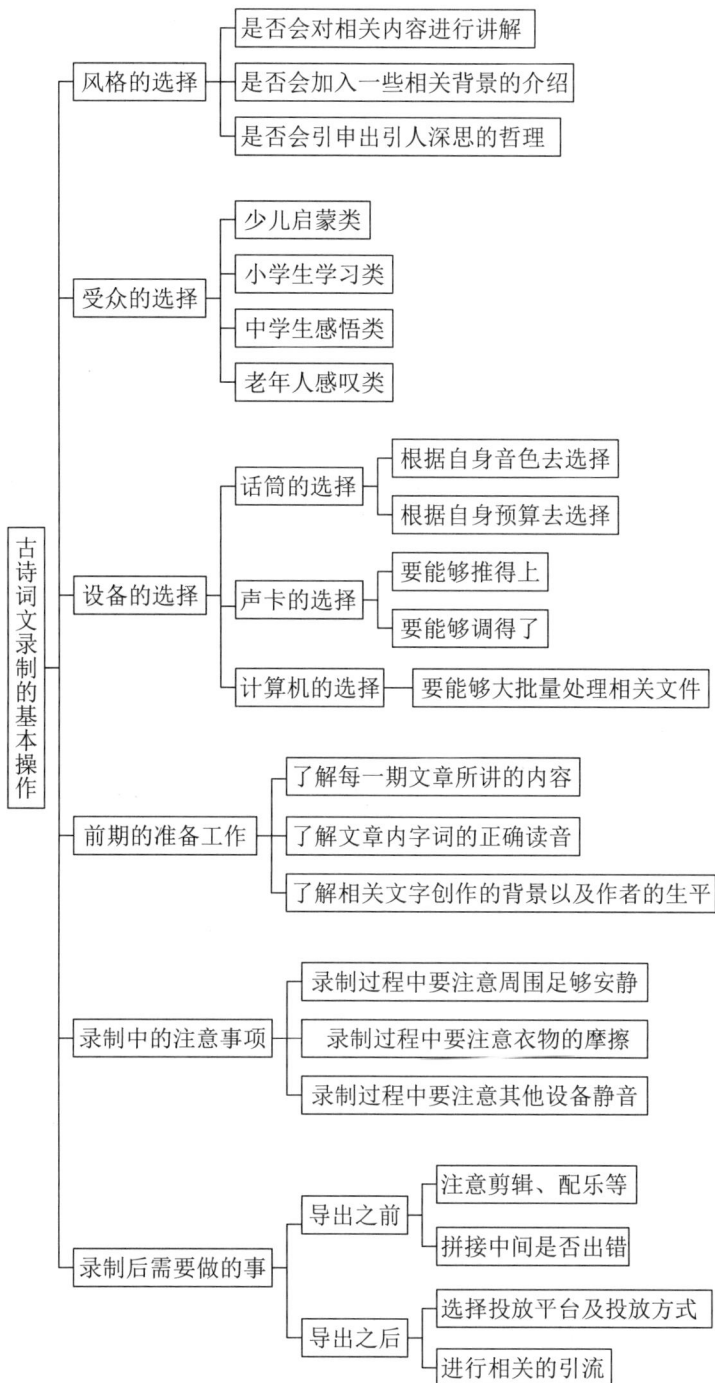

图 3-9　古诗词文录制的基本操作项目化教学课程知识建模图

电视剧配音项目化教学课程知识建模图如图 3-10 所示。

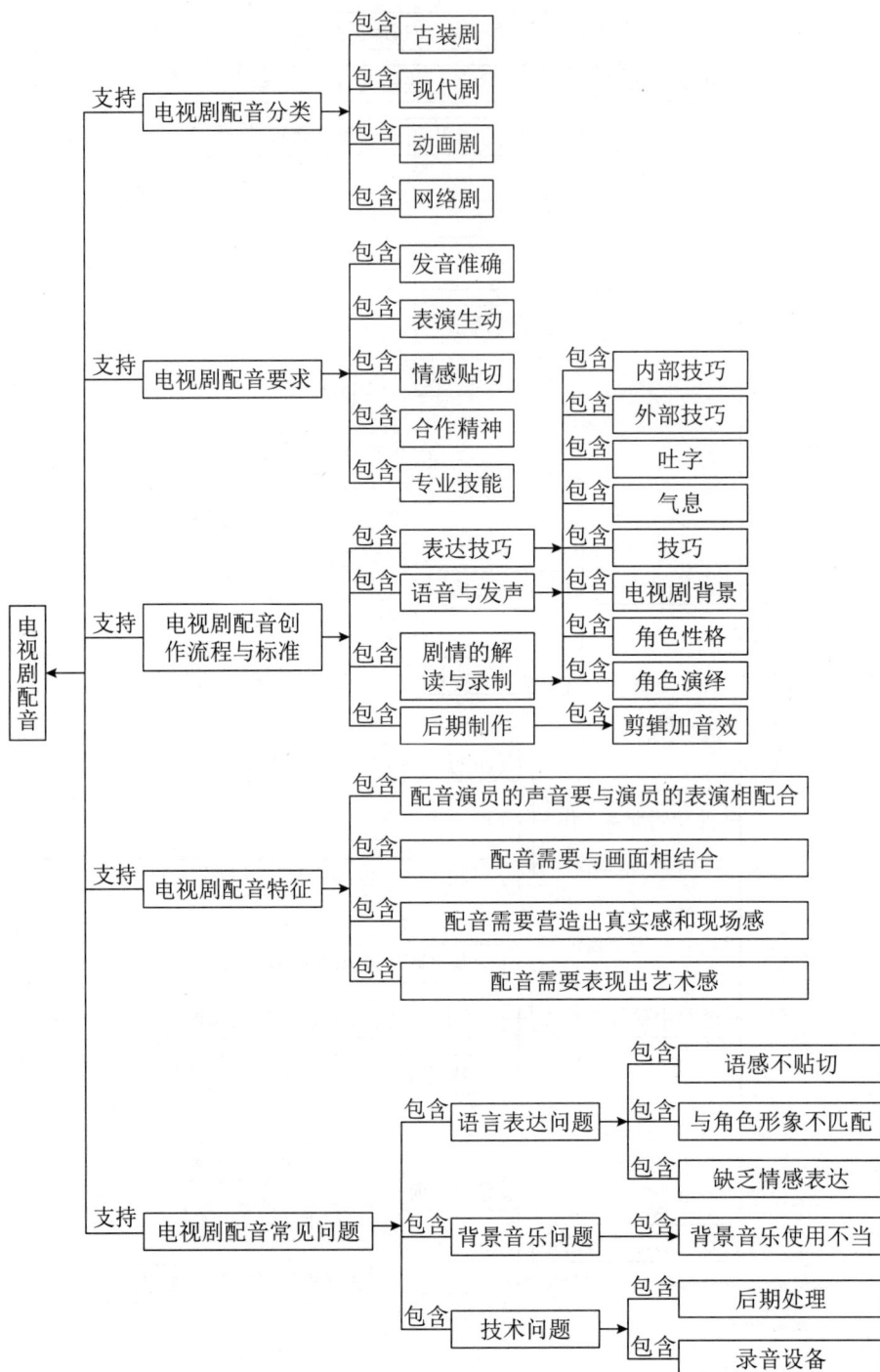

图 3-10　电视剧配音项目化教学课程知识建模图

诗的录制项目化教学课程知识建模图如图 3-11 所示。

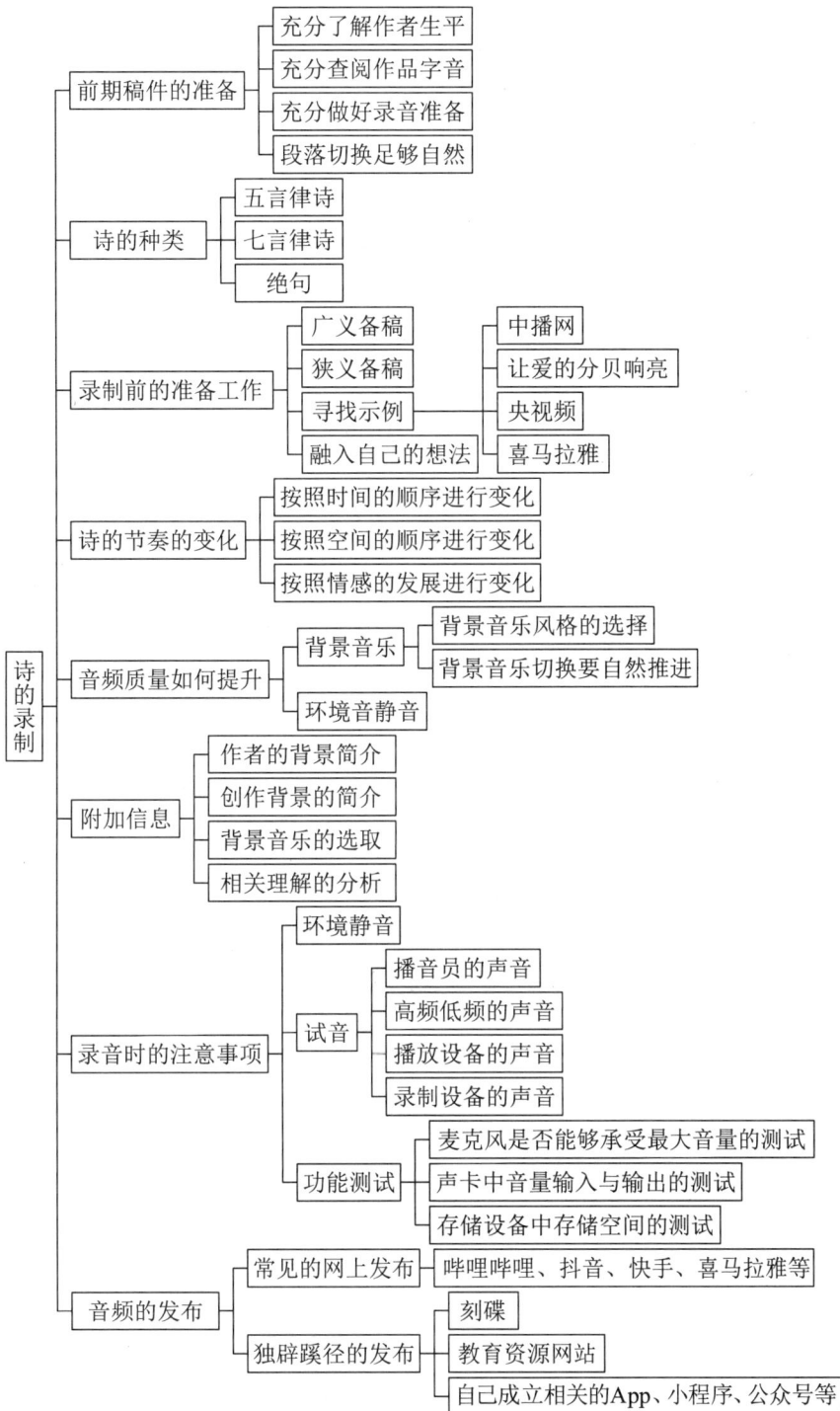

图 3-11　诗的录制项目化教学课程知识建模图

词的录制项目化教学课程知识建模图如图 3-12 所示。

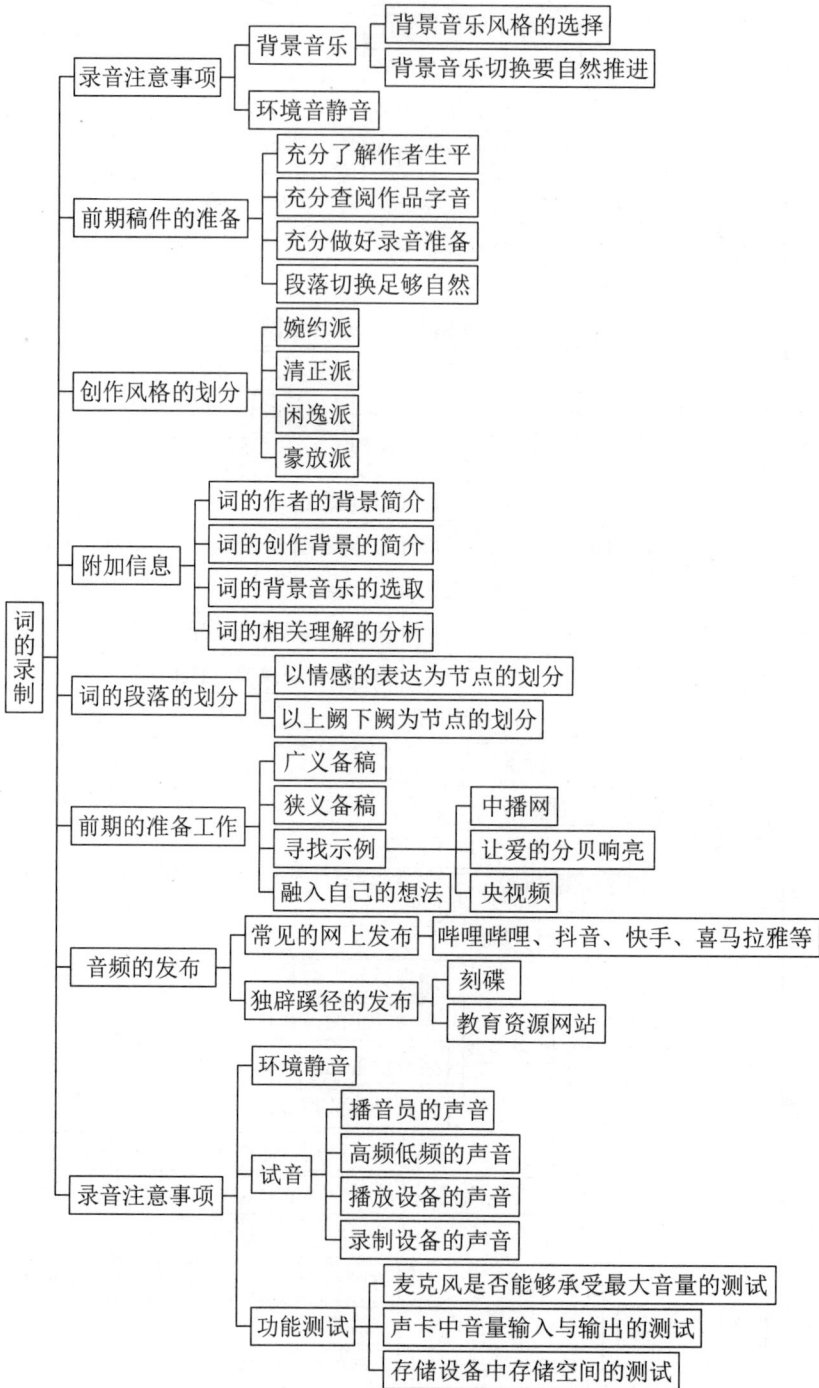

图 3-12　词的录制项目化教学课程知识建模图

电影配音项目化教学课程知识建模图如图 3-13 所示。

图 3-13　电影配音项目化教学课程知识建模图

文的录制项目化教学课程知识建模图如图 3-14 所示。

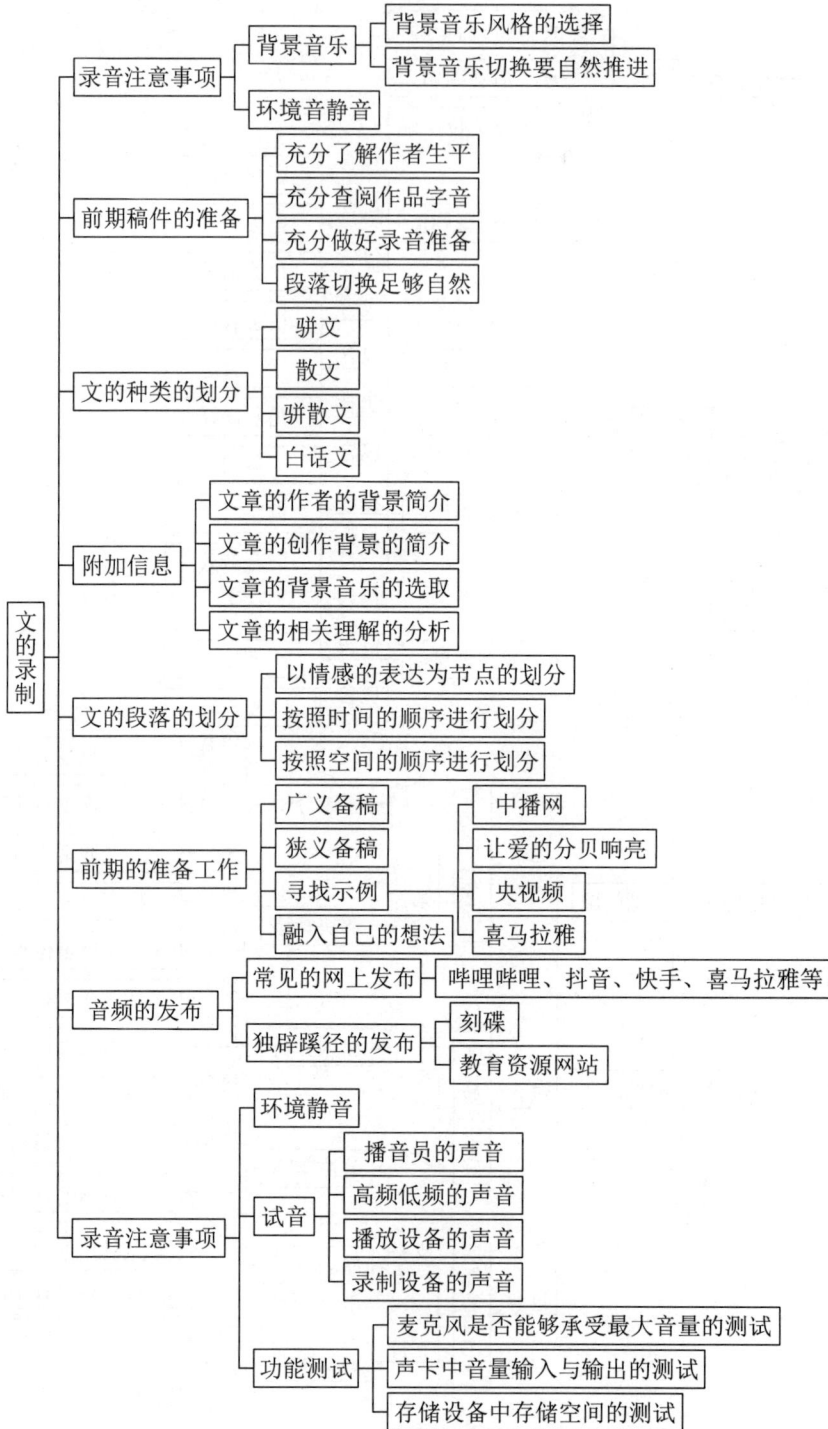

图 3-14　文的录制项目化教学课程知识建模图

3.2　主持人礼仪与形象设计专业基础课程建模

主持人礼仪与形象设计课程是一门聚焦于研究人的外观与造型的视觉传达设计课程,是艺术与设计领域的交叉学科,又被称为整体形象塑造。本课程紧密围绕主持人整体形象设计的特性,从概念出发,诠释了整体形象设计是运用视觉元素塑造主持人的外观,并通过视觉冲击形成视觉优选,进而引起受众的心理美感和判断,这是一门综合性视觉传达设计课程。它融合了美学、美容、化妆、美发、服饰装扮、仪态语言等多个方面,运用造型艺术手段,通过美容化妆、发型设计、服装服饰搭配及言谈举止的综合营造,设计出符合主持人身份、修养、职业特点与年龄特征的个性形象。这是对主持人由内到外、从头到脚的全方位塑造,以实现主持人内在素质与外在形象的完美结合。

在知识传授方面,本课程力求概念清晰明确、简明扼要,结构层次脉络分明,强调对学生专业素质全方位的培育,突出学生的创造能力与实践能力。这对于全面提升主持人形象设计教学质量,助力学生提升专业技能、实现成长成才,具有一定的指导意义。

主持人传播形象设计与造型的基本原理知识建模图如图 3-15 所示。

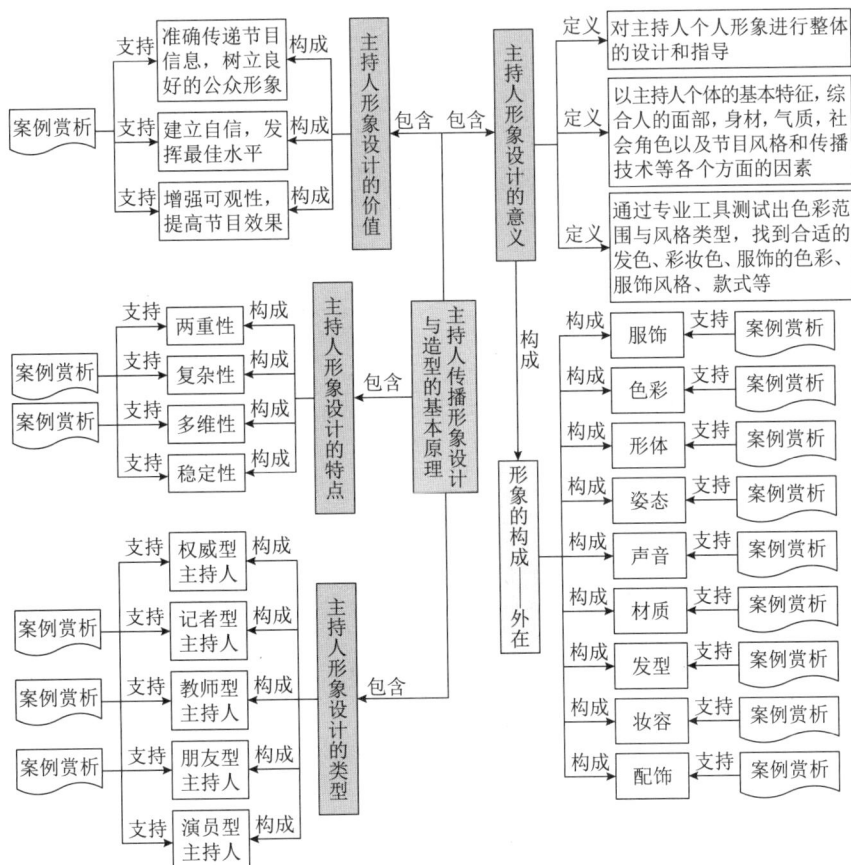

图 3-15　主持人传播形象设计与造型的基本原理知识建模图

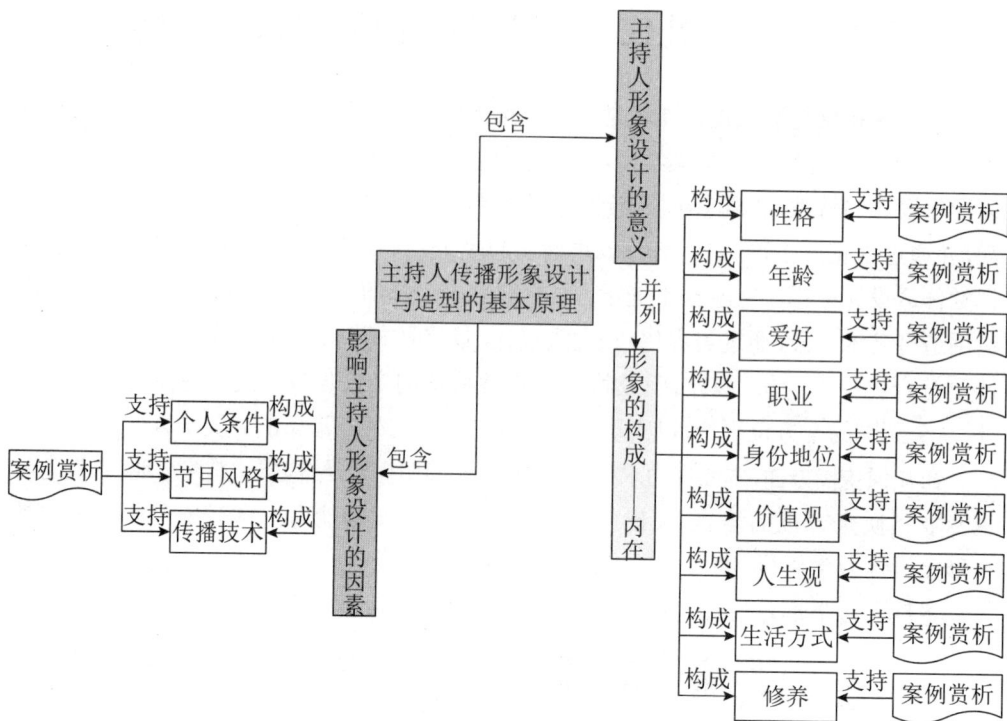

图 3-15（续）

主持人人际交往的基本礼仪知识建模图如图 3-16 所示。

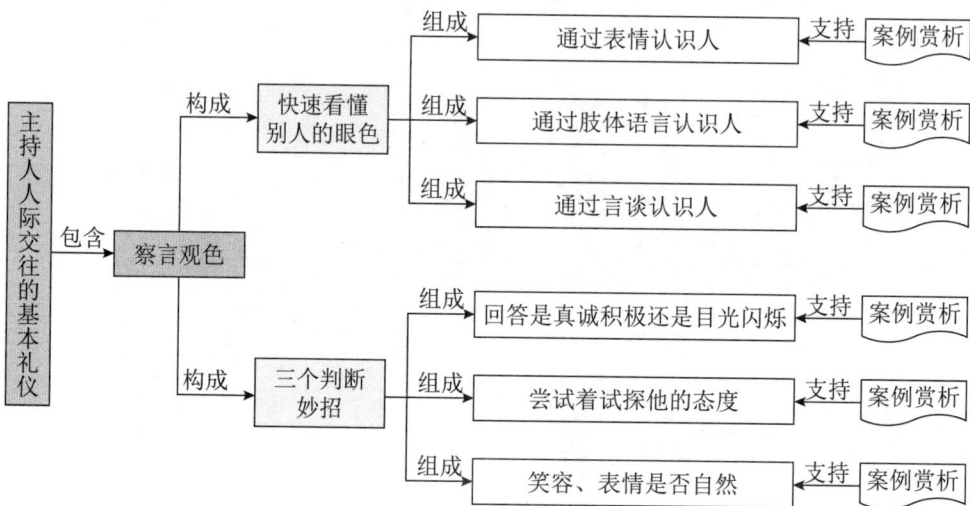

图 3-16 主持人人际交往的基本礼仪知识建模图

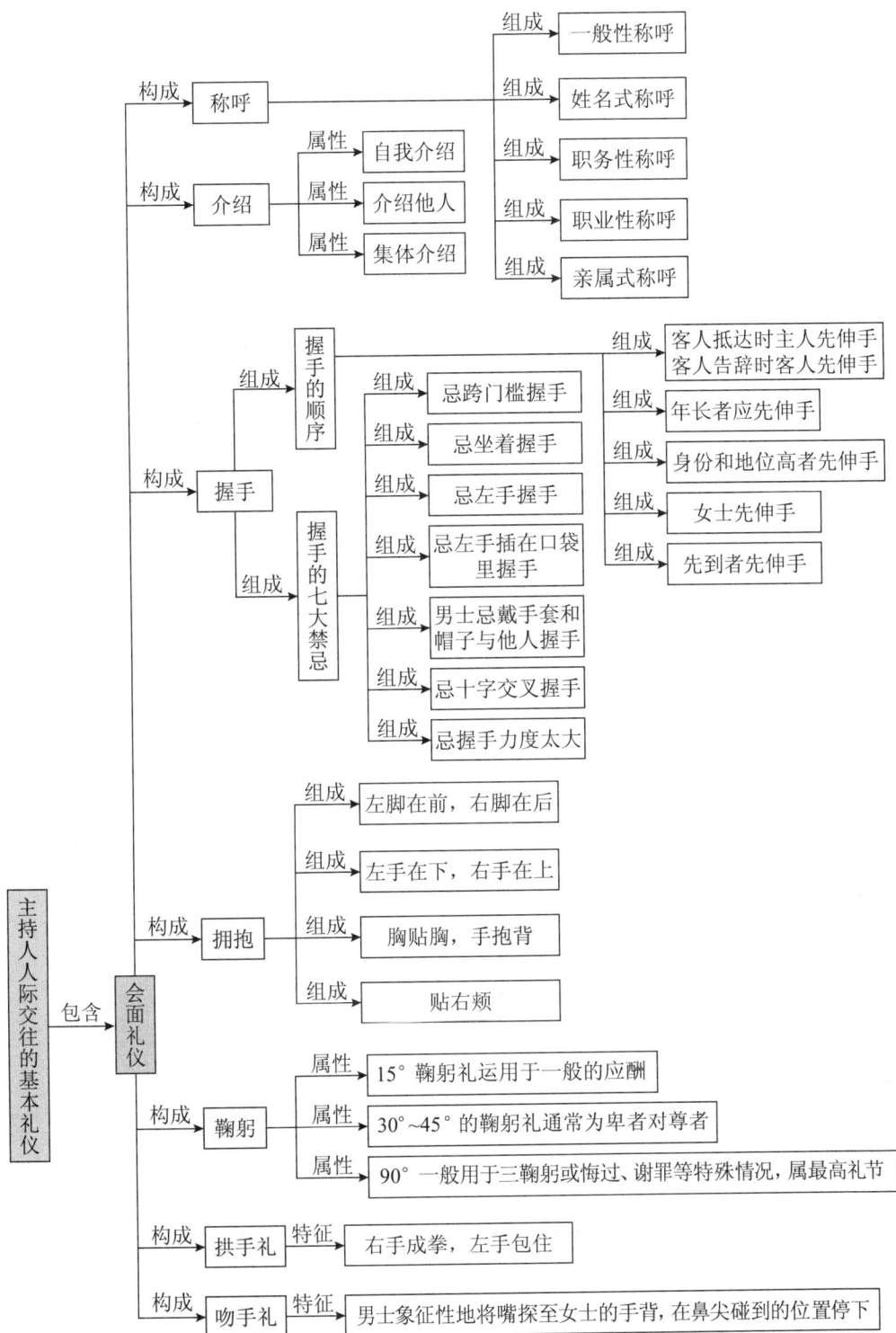

```
                                                    组成 ┌──────────────┐
                                              ┌─────────→│  一般性称呼   │
                            ┌──────┐          │          └──────────────┘
                       构成 │ 称呼 │──────────┤     组成 ┌──────────────┐
                    ┌──────→└──────┘          ├─────────→│  姓名式称呼   │
                    │                          │          └──────────────┘
                    │            属性 ┌────────┐     组成 ┌──────────────┐
                    │       ┌────────→│自我介绍 │    ├─────────→│ 职务性称呼 │
                    │ 构成  │         └────────┘     │          └──────────────┘
                    ├──────→│ 介绍 │属性┌────────┐   │     组成 ┌──────────────┐
                    │       ├────────→│介绍他人 │   ├─────────→│ 职业性称呼 │
                    │       │属性      └────────┘   │          └──────────────┘
                    │       └────────→┌────────┐    │     组成 ┌──────────────┐
                    │                 │集体介绍 │   └─────────→│ 亲属式称呼 │
                    │                 └────────┘              └──────────────┘
```

握手的顺序
- 组成 → 客人抵达时主人先伸手 客人告辞时客人先伸手
- 组成 → 年长者应先伸手
- 组成 → 身份和地位高者先伸手
- 组成 → 女士先伸手
- 组成 → 先到者先伸手

握手的七大禁忌
- 组成 → 忌跨门槛握手
- 组成 → 忌坐着握手
- 组成 → 忌左手握手
- 组成 → 忌左手插在口袋里握手
- 组成 → 男士忌戴手套和帽子与他人握手
- 组成 → 忌十字交叉握手
- 组成 → 忌握手力度太大

拥抱
- 组成 → 左脚在前，右脚在后
- 组成 → 左手在下，右手在上
- 组成 → 胸贴胸，手抱背
- 组成 → 贴右颊

鞠躬
- 属性 → 15°鞠躬礼运用于一般的应酬
- 属性 → 30°~45°的鞠躬礼通常为卑者对尊者
- 属性 → 90°一般用于三鞠躬或悔过、谢罪等特殊情况，属最高礼节

拱手礼 特征 → 右手成拳，左手包住

吻手礼 特征 → 男士象征性地将嘴探至女士的手背，在鼻尖碰到的位置停下

主持人人际交往的基本礼仪 — 包含 → 会面礼仪（构成：称呼、介绍、握手、拥抱、鞠躬、拱手礼、吻手礼）

图　3-16（续）

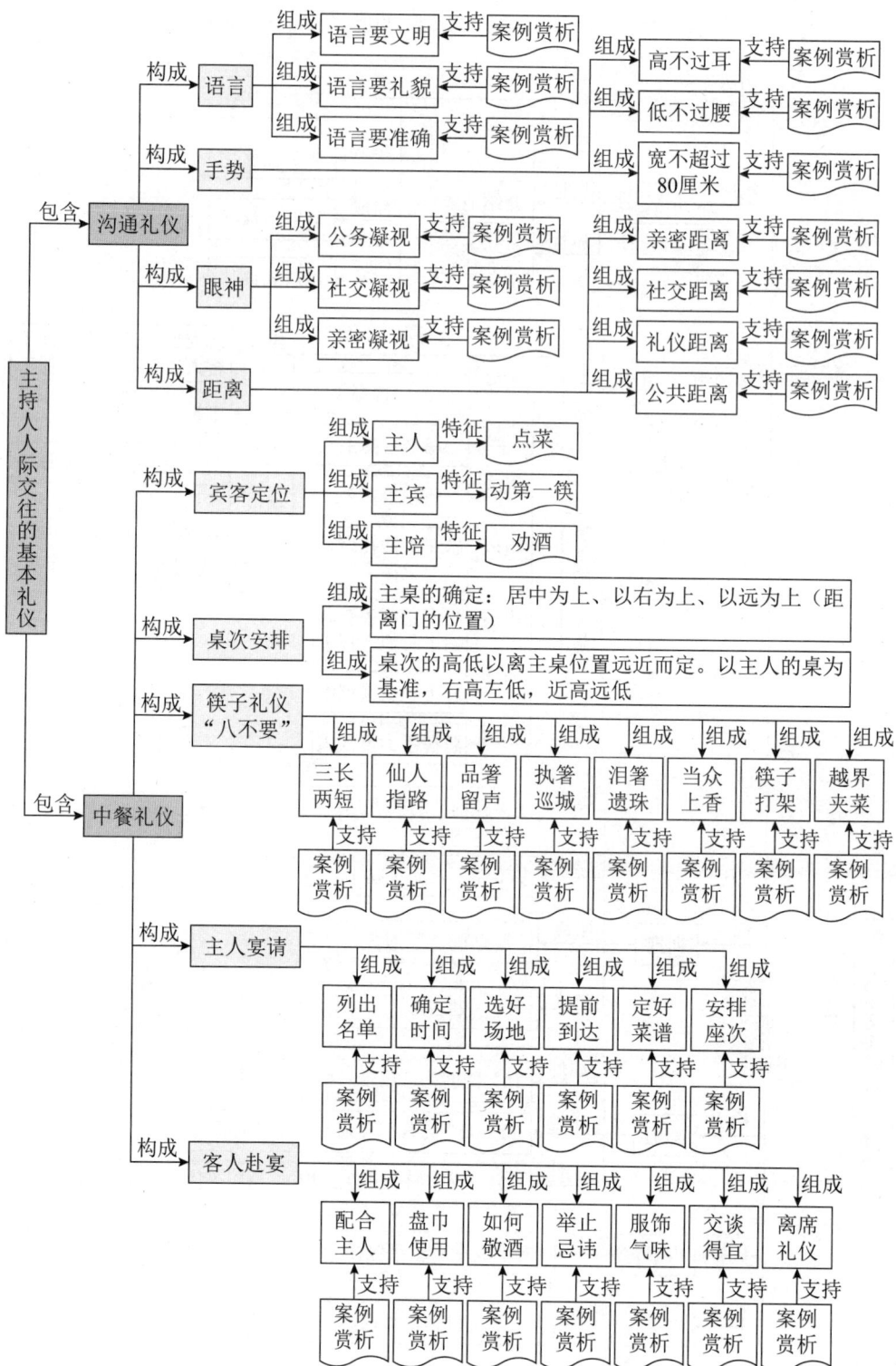

主持人人际交往的基本礼仪

包含 沟通礼仪

- 构成 **语言**
  - 组成 语言要文明 ← 支持 案例赏析
  - 组成 语言要礼貌 ← 支持 案例赏析
  - 组成 语言要准确 ← 支持 案例赏析
- 构成 **手势**
  - 组成 高不过耳 ← 支持 案例赏析
  - 组成 低不过腰 ← 支持 案例赏析
  - 组成 宽不超过80厘米 ← 支持 案例赏析
- 构成 **眼神**
  - 组成 公务凝视 ← 支持 案例赏析
  - 组成 社交凝视 ← 支持 案例赏析
  - 组成 亲密凝视 ← 支持 案例赏析
- 构成 **距离**
  - 组成 亲密距离 ← 支持 案例赏析
  - 组成 社交距离 ← 支持 案例赏析
  - 组成 礼仪距离 ← 支持 案例赏析
  - 组成 公共距离 ← 支持 案例赏析

包含 中餐礼仪

- 构成 **宾客定位**
  - 组成 主人 — 特征 点菜
  - 组成 主宾 — 特征 动第一筷
  - 组成 主陪 — 特征 劝酒
- 构成 **桌次安排**
  - 组成 主桌的确定：居中为上、以右为上、以远为上（距离门的位置）
  - 组成 桌次的高低以离主桌位置远近而定。以主人的桌为基准，右高左低，近高远低
- 构成 **筷子礼仪"八不要"**
  - 组成 三长两短 ← 支持 案例赏析
  - 组成 仙人指路 ← 支持 案例赏析
  - 组成 品箸留声 ← 支持 案例赏析
  - 组成 执箸巡城 ← 支持 案例赏析
  - 组成 泪箸遗珠 ← 支持 案例赏析
  - 组成 当众上香 ← 支持 案例赏析
  - 组成 筷子打架 ← 支持 案例赏析
  - 组成 越界夹菜 ← 支持 案例赏析
- 构成 **主人宴请**
  - 组成 列出名单 ← 支持 案例赏析
  - 组成 确定时间 ← 支持 案例赏析
  - 组成 选好场地 ← 支持 案例赏析
  - 组成 提前到达 ← 支持 案例赏析
  - 组成 定好菜谱 ← 支持 案例赏析
  - 组成 安排座次 ← 支持 案例赏析
- 构成 **客人赴宴**
  - 组成 配合主人 ← 支持 案例赏析
  - 组成 盘巾使用 ← 支持 案例赏析
  - 组成 如何敬酒 ← 支持 案例赏析
  - 组成 举止忌讳 ← 支持 案例赏析
  - 组成 服饰气味 ← 支持 案例赏析
  - 组成 交谈得宜 ← 支持 案例赏析
  - 组成 离席礼仪 ← 支持 案例赏析

图 3-16（续）

146

主持人的仪态与训练技巧知识建模图如图 3-17 所示。

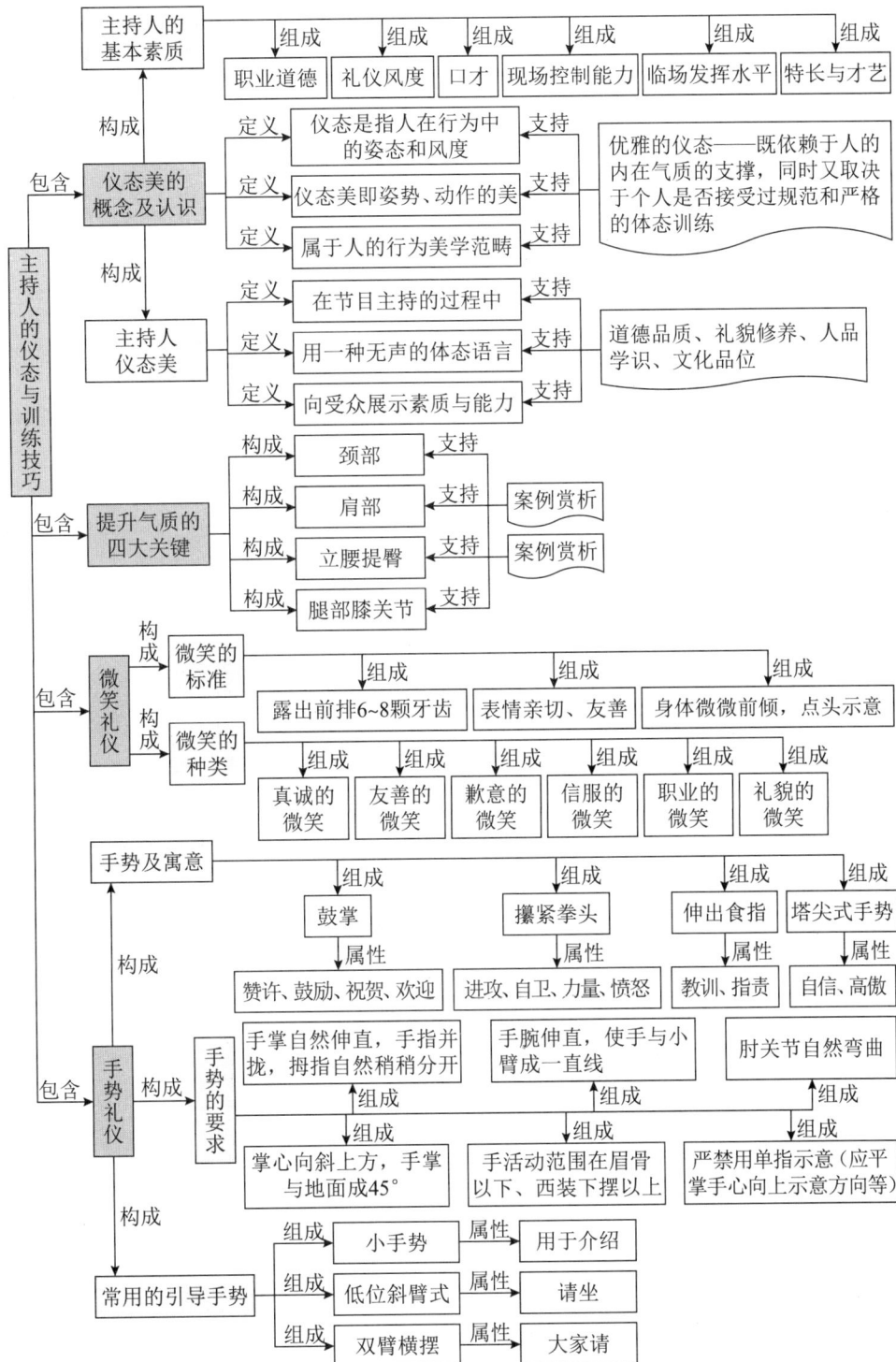

图 3-17　主持人的仪态与训练技巧知识建模图

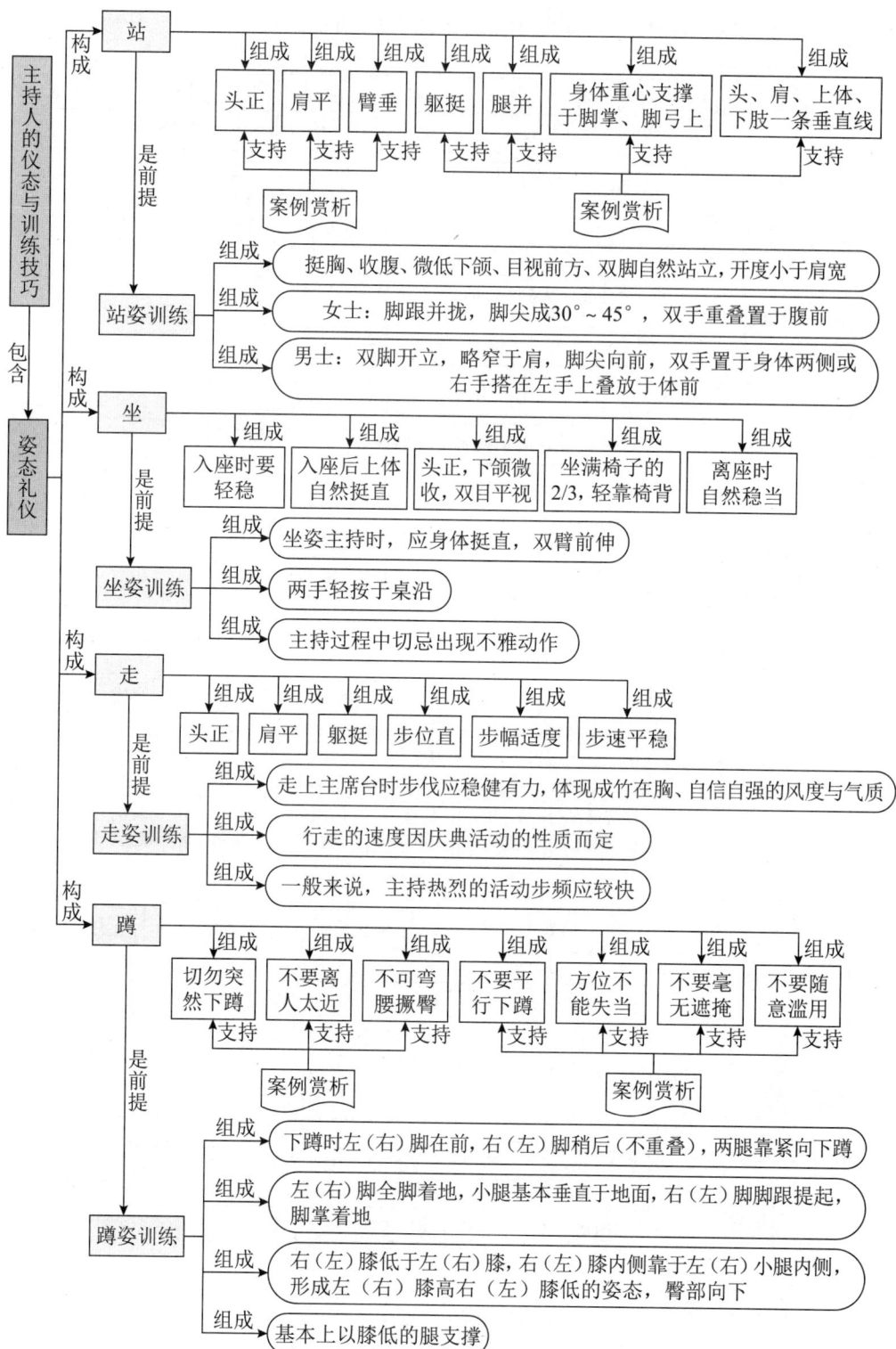

主持人的仪态与训练技巧

包含

姿态礼仪

站 —构成→

- 组成→ 头正
- 组成→ 肩平
- 组成→ 臂垂
- 组成→ 躯挺
- 组成→ 腿并
- 组成→ 身体重心支撑于脚掌、脚弓上
- 组成→ 头、肩、上体、下肢一条垂直线

支持↑ 案例赏析

支持↑ 案例赏析

是前提↓

站姿训练

- 组成→ 挺胸、收腹、微低下颌、目视前方、双脚自然站立，开度小于肩宽
- 组成→ 女士：脚跟并拢，脚尖成30°~45°，双手重叠置于腹前
- 组成→ 男士：双脚开立，略窄于肩，脚尖向前，双手置于身体两侧或右手搭在左手上叠放于体前

坐 —构成→

- 组成→ 入座时要轻稳
- 组成→ 入座后上体自然挺直
- 组成→ 头正，下颌微收，双目平视
- 组成→ 坐满椅子的2/3，轻靠椅背
- 组成→ 离座时自然稳当

是前提↓

坐姿训练

- 组成→ 坐姿主持时，应身体挺直，双臂前伸
- 组成→ 两手轻按于桌沿
- 组成→ 主持过程中切忌出现不雅动作

走 —构成→

- 组成→ 头正
- 组成→ 肩平
- 组成→ 躯挺
- 组成→ 步位直
- 组成→ 步幅适度
- 组成→ 步速平稳

是前提↓

走姿训练

- 组成→ 走上主席台时步伐应稳健有力，体现成竹在胸、自信自强的风度与气质
- 组成→ 行走的速度因庆典活动的性质而定
- 组成→ 一般来说，主持热烈的活动步频应较快

蹲 —构成→

- 组成→ 切勿突然下蹲
- 组成→ 不要离人太近
- 组成→ 不可弯腰撅臀
- 组成→ 不要平行下蹲
- 组成→ 方位不能失当
- 组成→ 不要毫无遮掩
- 组成→ 不要随意滥用

支持↑ 案例赏析

支持↑ 案例赏析

是前提↓

蹲姿训练

- 组成→ 下蹲时左(右)脚在前，右(左)脚稍后(不重叠)，两腿靠紧向下蹲
- 组成→ 左(右)脚全脚着地，小腿基本垂直于地面，右(左)脚脚跟提起，脚掌着地
- 组成→ 右(左)膝低于左(右)膝，右(左)膝内侧靠于左(右)小腿内侧，形成左(右)膝高右(左)膝低的姿态，臀部向下
- 组成→ 基本上以膝低的腿支撑

图 3-17（续）

主持人化妆设计与造型的规律及技法知识建模图如图 3-18 所示。

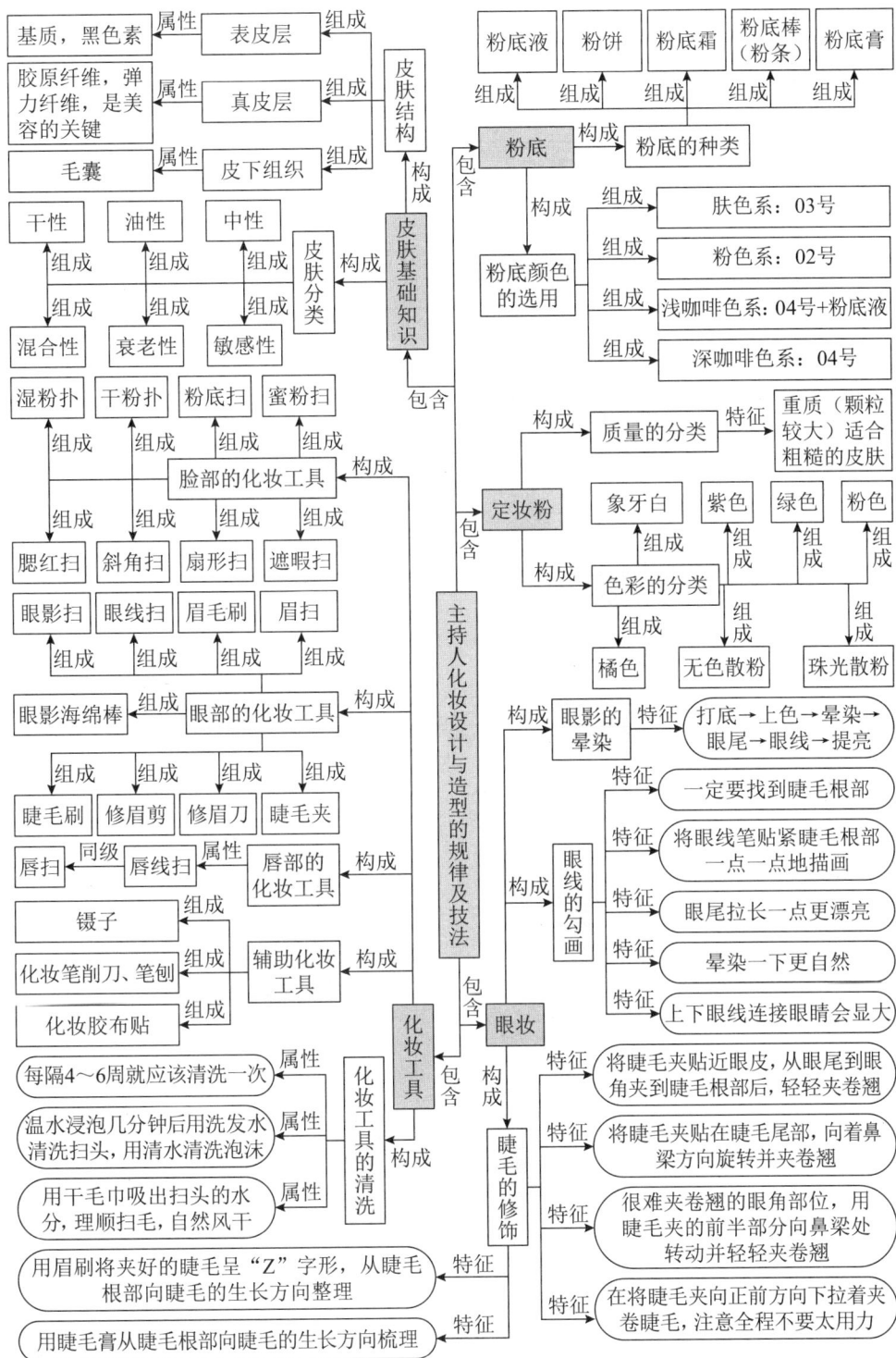

图 3-18　主持人化妆设计与造型的规律及技法知识建模图

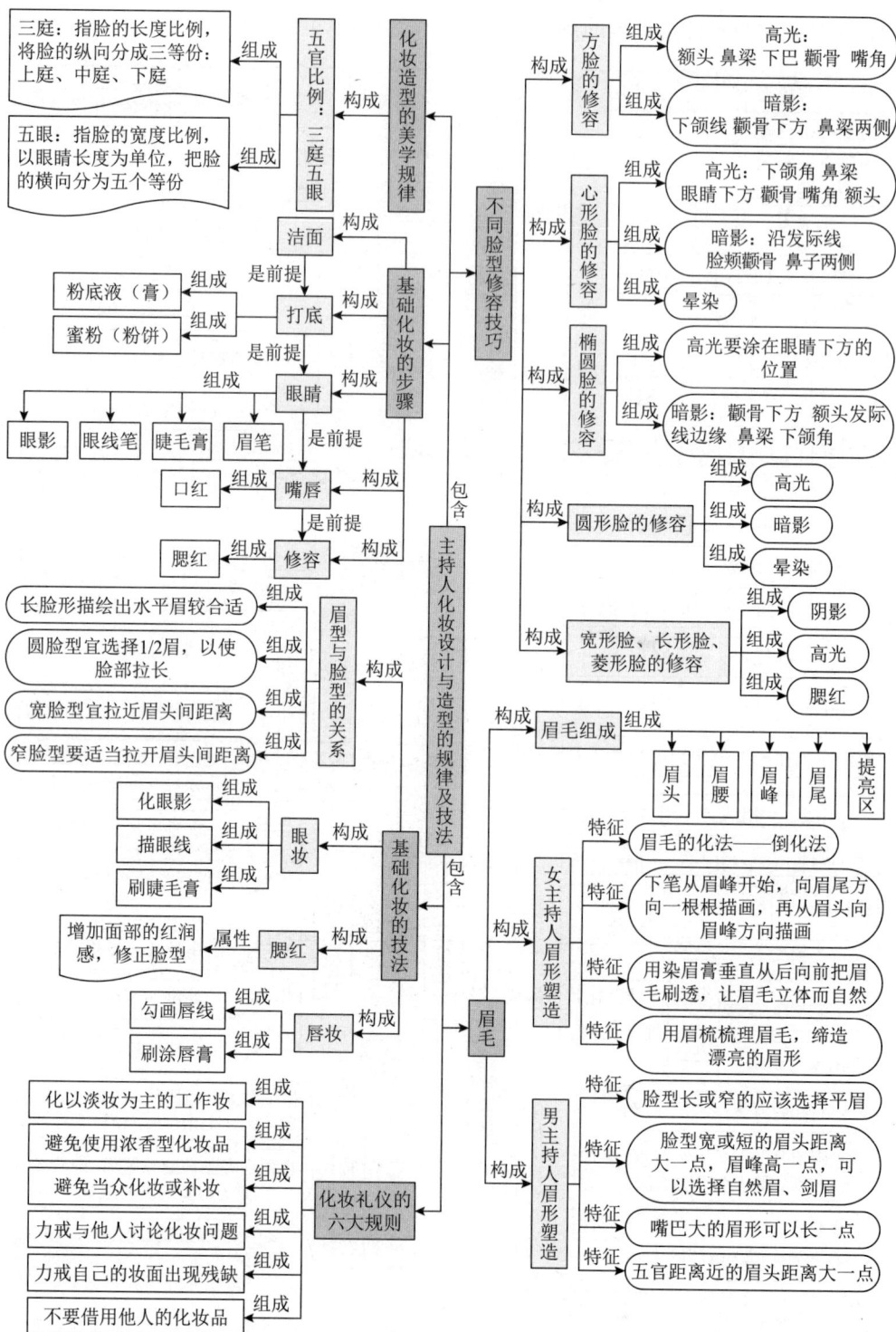

三庭：指脸的长度比例，将脸的纵向分成三等份：上庭、中庭、下庭

五眼：指脸的宽度比例，以眼睛长度为单位，把脸的横向分为五个等份

五官比例：三庭五眼

化妆造型的美学规律

方脸的修容 — 高光：额头 鼻梁 下巴 颧骨 嘴角 / 暗影：下颌线 颧骨下方 鼻梁两侧

心形脸的修容 — 高光：下颌角 鼻梁 眼睛下方 颧骨 嘴角 额头 / 暗影：沿发际线 脸颊颧骨 鼻子两侧 / 晕染

椭圆脸的修容 — 高光要涂在眼睛下方的位置 / 暗影：颧骨下方 额头发际线边缘 鼻梁 下颌角

圆形脸的修容 — 高光 / 暗影 / 晕染

宽形脸、长形脸、菱形脸的修容 — 阴影 / 高光 / 腮红

不同脸型修容技巧

洁面

粉底液（膏） / 蜜粉（粉饼）— 打底

眼影 眼线笔 睫毛膏 眉笔 — 眼睛

口红 — 嘴唇

腮红 — 修容

基础化妆的步骤

主持人化妆设计与造型的规律及技法

长脸形描绘出水平眉较合适 / 圆脸型宜选择1/2眉，以使脸部拉长 / 宽脸型宜拉近眉头间距离 / 窄脸型要适当拉开眉头间距离 — 眉型与脸型的关系

化眼影 描眼线 刷睫毛膏 — 眼妆

增加面部的红润感，修正脸型 — 腮红

勾画唇线 刷涂唇膏 — 唇妆

基础化妆的技法

眉毛组成 — 眉头 眉腰 眉峰 眉尾 提亮区

女主持人眉形塑造 — 眉毛的化法——倒化法 / 下笔从眉峰开始，向眉尾方向一根根描画，再从眉头向眉峰方向描画 / 用染眉膏垂直从后向前把眉毛刷透，让眉毛立体而自然 / 用眉梳梳理眉毛，缔造漂亮的眉形

男主持人眉形塑造 — 脸型长或窄的应该选择平眉 / 脸型宽或短的眉头距离大一点，眉峰高一点，可以选择自然眉、剑眉 / 嘴巴大的眉形可以长一点 / 五官距离近的眉头距离大一点

眉毛

化以淡妆为主的工作妆 / 避免使用浓香型化妆品 / 避免当众化妆或补妆 / 力戒与他人讨论化妆问题 / 力戒自己的妆面出现残缺 / 不要借用他人的化妆品 — 化妆礼仪的六大规则

图 3-18（续）

150

主持人着装设计与造型的规律及技法知识建模图如图 3-19 所示。

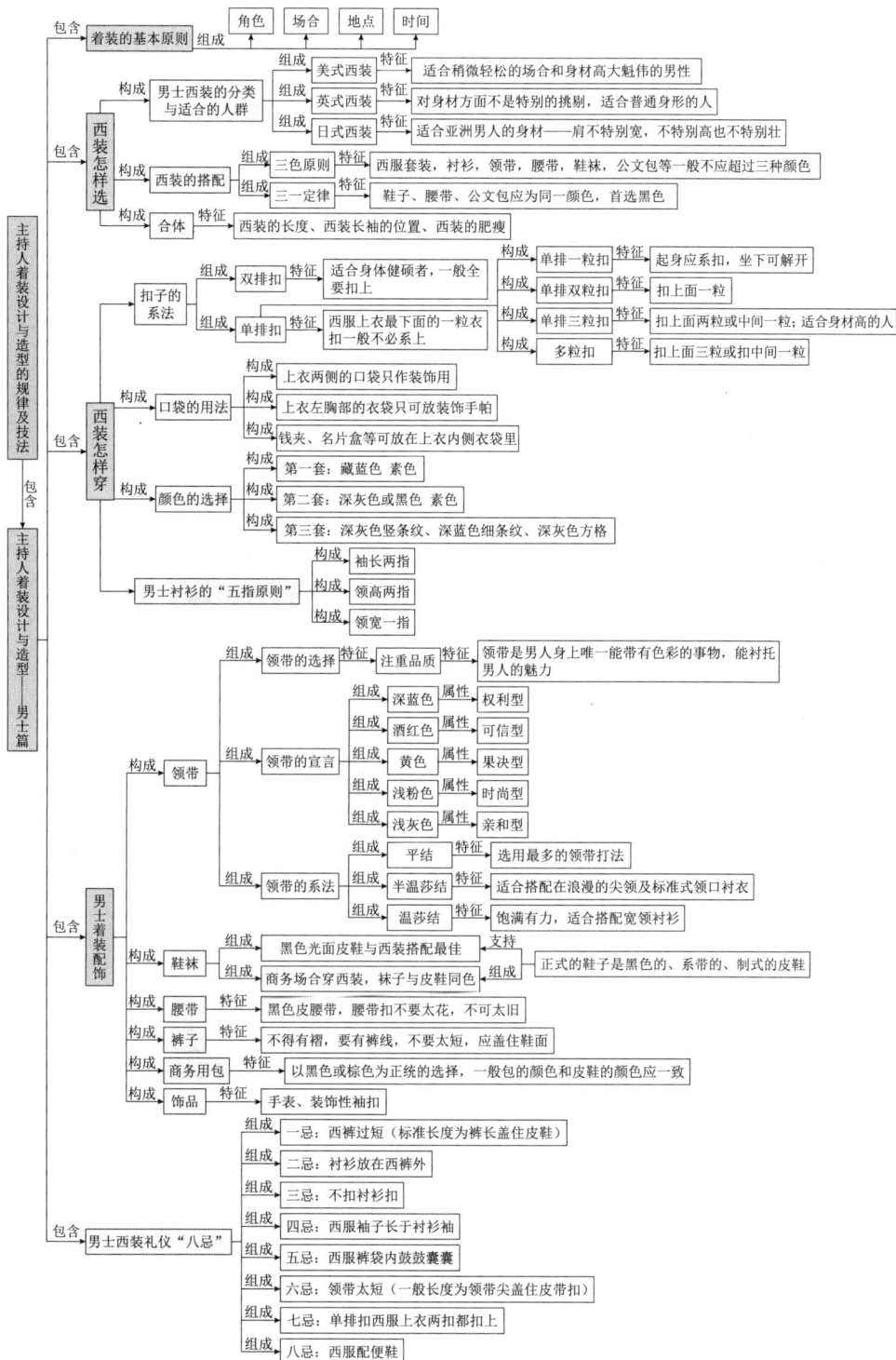

图 3-19　主持人着装设计与造型的规律及技法知识建模图

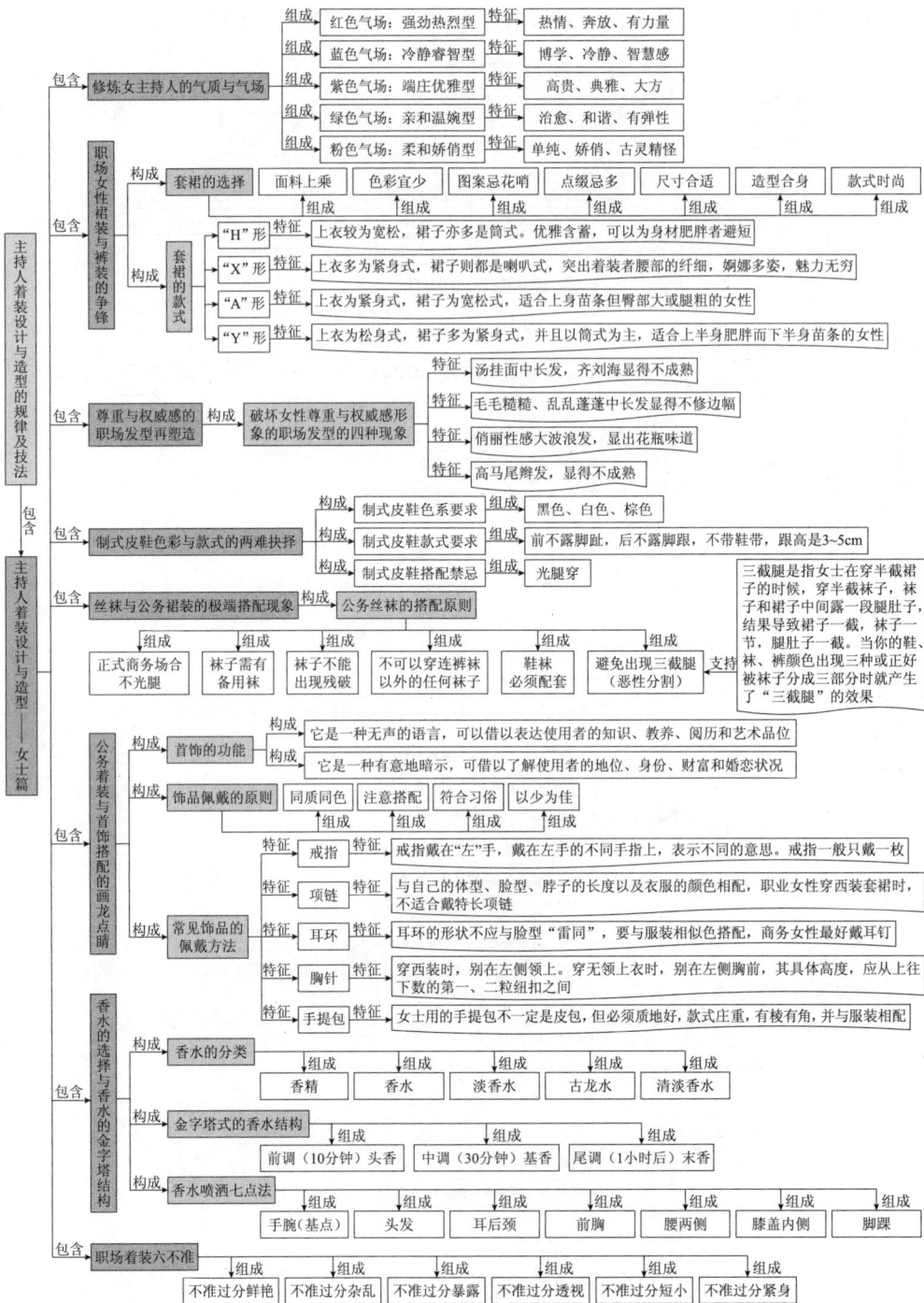

主持人着装设计与造型的规律及技法
└─ 包含

主持人着装设计与造型——女士篇
├─ 包含 → 修炼女主持人的气质与气场
│   ├─ 组成 → 红色气场：强劲热烈型 ── 特征 → 热情、奔放、有力量
│   ├─ 组成 → 蓝色气场：冷静睿智型 ── 特征 → 博学、冷静、智慧感
│   ├─ 组成 → 紫色气场：端庄优雅型 ── 特征 → 高贵、典雅、大方
│   ├─ 组成 → 绿色气场：亲和温婉型 ── 特征 → 治愈、和谐、有弹性
│   └─ 组成 → 粉色气场：柔和娇俏型 ── 特征 → 单纯、娇俏、古灵精怪

├─ 包含 → 职场女性裙装与裤装的争锋
│   ├─ 构成 → 套裙的选择
│   │   ├─ 组成 → 面料上乘
│   │   ├─ 组成 → 色彩宜少
│   │   ├─ 组成 → 图案忌花哨
│   │   ├─ 组成 → 点缀忌多
│   │   ├─ 组成 → 尺寸合适
│   │   ├─ 组成 → 造型合身
│   │   └─ 组成 → 款式时尚
│   └─ 构成 → 套裙的款式
│   ├─ "H"形 ── 特征 → 上衣较为宽松，裙子亦多是筒式。优雅含蓄，可以为身材肥胖者避短
│   ├─ "X"形 ── 特征 → 上衣多为紧身式，裙子则都是喇叭式，突出着装者腰部的纤细，婀娜多姿，魅力无穷
│   ├─ "A"形 ── 特征 → 上衣是紧身式，裙子为宽松式，适合上身苗条但臀部大或腿粗的女性
│   └─ "Y"形 ── 特征 → 上衣为松身式，裙子多为紧身式，并且以筒式为主，适合上半身肥胖而下半身苗条的女性

├─ 包含 → 尊重与权威感的职场发型再塑造
│   └─ 构成 → 破坏女性尊重与权威感形象的职场发型的四种现象
│   ├─ 特征 → 汤挂面中长发，齐刘海显得不成熟
│   ├─ 特征 → 毛毛糙糙、乱乱蓬蓬中长发显得不修边幅
│   ├─ 特征 → 俏丽性大波浪发，显出花瓶味道
│   └─ 特征 → 高马尾辫发，显得不成熟

├─ 包含 → 制式皮鞋色彩与款式的两难抉择
│   ├─ 构成 → 制式皮鞋色系要求 ── 组成 → 黑色、白色、棕色
│   ├─ 构成 → 制式皮鞋款式要求 ── 组成 → 前不露脚趾，后不露脚跟，不带鞋带，跟高是3~5cm
│   └─ 构成 → 制式皮鞋搭配禁忌 ── 组成 → 光腿穿

├─ 包含 → 丝袜与公务裙装的极端搭配现象 → 公务丝袜的搭配原则
│   ├─ 组成 → 正式商务场合不光腿
│   ├─ 组成 → 袜子需有备用袜
│   ├─ 组成 → 袜子不能出现残破
│   ├─ 组成 → 不可以穿连裤袜以外的任何袜子
│   ├─ 组成 → 鞋袜必须配套
│   └─ 组成 → 避免出现三截腿（恶性分割）
│   └─ 支持 → 三截腿是指女士在穿半截裙子的时候，穿半截袜子，袜子和裙子中间露一段腿肚子，结果导致裙子一截，袜子一节，腿肚子一截。当你的鞋、裤颜色出现三种或正好被袜子分成三部分时就产生了"三截腿"的效果

├─ 包含 → 公务着装与首饰搭配的画龙点睛
│   ├─ 构成 → 首饰的功能
│   │   ├─ 构成 → 它是一种无声的语言，可以借以表达使用者的知识、教养、阅历和艺术品位
│   │   └─ 构成 → 它是一种有意地暗示，可借以了解使用者的地位、身份、财富和婚恋状况
│   ├─ 构成 → 饰品佩戴的原则
│   │   ├─ 组成 → 同质同色
│   │   ├─ 组成 → 注意搭配
│   │   ├─ 组成 → 符合习俗
│   │   └─ 组成 → 以少为佳
│   └─ 构成 → 常见饰品的佩戴方法
│   ├─ 特征 → 戒指 ── 特征 → 戒指戴在"左"手，戴在左手的不同手指上，表示不同的意思。戒指一般只戴一枚
│   ├─ 特征 → 项链 ── 特征 → 与自己的体型、脸型、脖子的长度以及衣服的颜色相配，职业女性穿西装套裙时，不适合戴特长项链
│   ├─ 特征 → 耳环 ── 特征 → 耳环的形状不应与脸型"雷同"，要与服装相似色搭配，商务女性最好戴耳钉
│   ├─ 特征 → 胸针 ── 特征 → 穿西装时，别在左侧领上。穿无领上衣时，别在左侧胸前，其具体高度，应从上往下数的第一、二粒扣之间
│   └─ 特征 → 手提包 ── 特征 → 女士用的手提包不一定是皮包，但必须质地好，款式庄重，有棱有角，并与服装相配

├─ 包含 → 香水的选择与香水的金字塔结构
│   ├─ 构成 → 香水的分类
│   │   ├─ 组成 → 香精
│   │   ├─ 组成 → 香水
│   │   ├─ 组成 → 淡香水
│   │   ├─ 组成 → 古龙水
│   │   └─ 组成 → 清淡香水
│   ├─ 构成 → 金字塔式的香水结构
│   │   ├─ 组成 → 前调（10分钟）头香
│   │   ├─ 组成 → 中调（30分钟）基香
│   │   └─ 组成 → 尾调（1小时后）末香
│   └─ 构成 → 香水喷洒七点法
│   ├─ 组成 → 手腕(基点)
│   ├─ 组成 → 头发
│   ├─ 组成 → 耳后颈
│   ├─ 组成 → 前胸
│   ├─ 组成 → 腰两侧
│   ├─ 组成 → 膝盖内侧
│   └─ 组成 → 脚踝

└─ 包含 → 职场着装六不准
    ├─ 组成 → 不准过分鲜艳
    ├─ 组成 → 不准过分杂乱
    ├─ 组成 → 不准过分暴露
    ├─ 组成 → 不准过分透视
    ├─ 组成 → 不准过分短小
    └─ 组成 → 不准过分紧身

图　3-19（续）

主持人情景演艺知识建模图如图 3-20 所示。

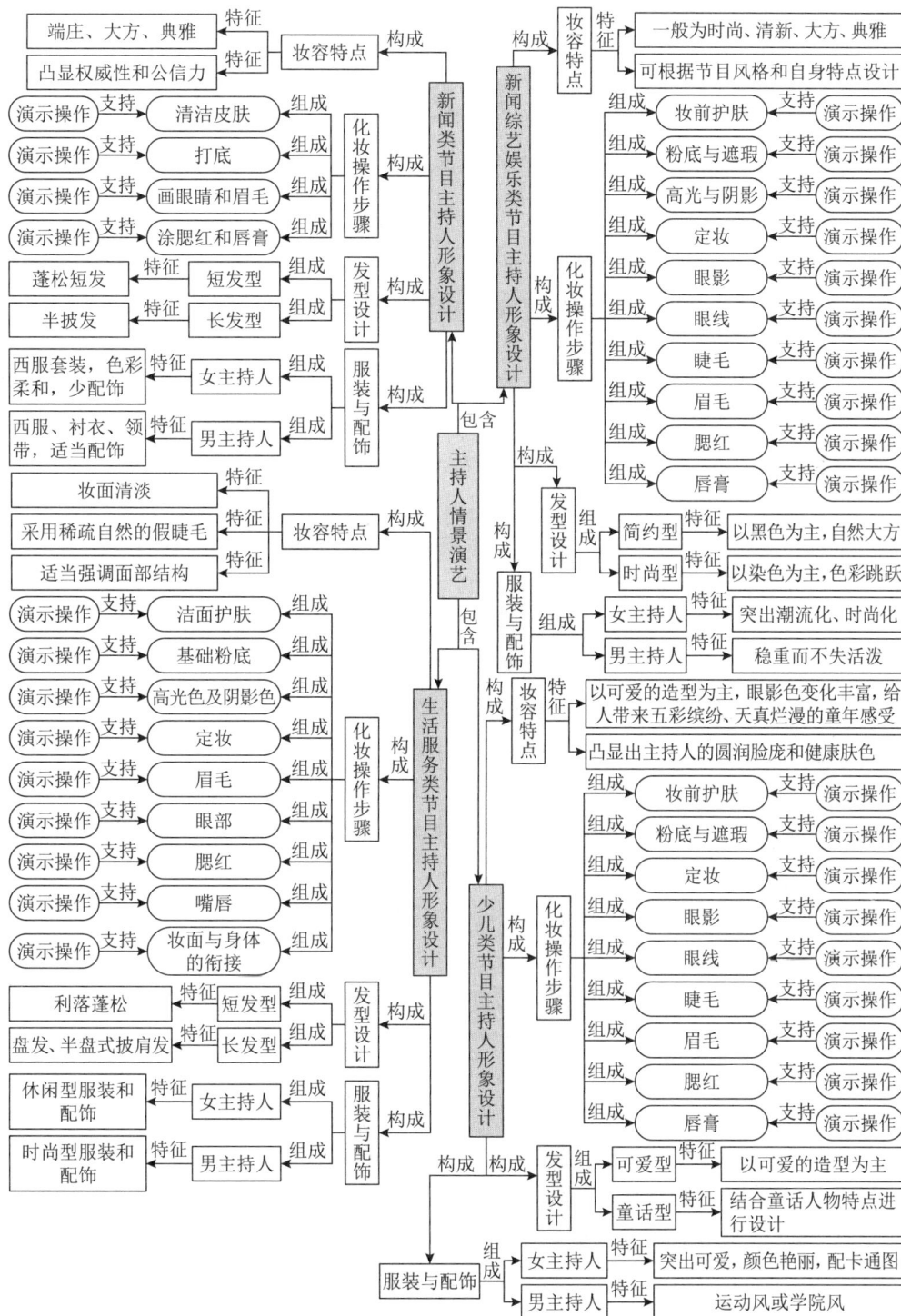

图 3-20 主持人情景演艺知识建模图

第 4 章

基于 OBE 理念的教学设计

4.1 以项目化教学为核心的教学设计思路

播音与主持艺术专业秉持 OBE 教学理念,立足社会需求,着眼一线工作任务,同时充分考虑学生主体发展需求,按照从任务到能力再到知识的逻辑,构建起以能力输出为导向、以项目化教学为核心的课程体系。其总体思路如下。

一是加强真实性与实时性的项目设计。学生通过项目化课程学习,不仅能够掌握技能,更能将所学转化为实际的综合应用能力。二是研究梳理播音与主持艺术专业基础课程对项目化课程的支撑作用。以实现高质量就业为目标,从岗位任务出发倒推,厘清知识、技能、素养对项目化教学支撑的逻辑关系,对现有课程内容进行重组改造,并重构课程。三是完善和明确客观性评价标准。既要达到人才培养目标,又要兼顾学生实际情况,合理划分"优秀""合格"等标准线。四是优化课下学习任务设计。旨在帮助学生在有限的时间内,提升课下自主学习的质量。

目前,播音主持创作基础、全媒体表达Ⅰ、主持人礼仪与形象设计等专业基础课程和少儿语言表演、有声语言录制、体验互动类直播实践等项目化教学课程已初步搭建起一个多层次、多元化的产教融合课程生态体系。未来,播音与主持艺术专业将不断丰富课程内涵,加强课程联动,助推播音与主持艺术专业人才的个性化培养和可持续发展。

4.2 有声语言录制项目化课程教学设计实例

1. 课程简介

有声语言录制项目化教学课程是一门聚焦于培养学生实际操作能力的课程,借助项目驱动的教学模式,引导学生在实践中掌握有声语言录制的技能。

在本课程中,学生将学习到如何使用专业的录音设备和软件进行录音与后期制作工作。同时,学生还将参与到各种类型的项目实践中,包括动漫配音、影视配音、纪录片配音、有声书录制、古诗词录制等。通过这些真实项目的锻炼,学生不但能够掌握录音技巧,还能提高自己的表演能力和创意思维。

本课程注重培养学生的团队合作精神和项目管理能力。学生将以小组形式完成项目,通过协作和分工,提高团队效率和项目完成质量。同时,学生还将学习如何制订项目计划、管理项目进度和解决项目推进过程中遇到的问题。

总之,有声语言录制项目化课程将为学生提供一个全面且系统的学习平台,让学生在实践中提高自身技能和能力,为今后从事有声语言录制相关工作做好充分准备。

2. 课程教学大纲

有声语言录制课程大纲如表 4-1 所示。

表 4-1　有声语言录制课程大纲

一、课程大纲						
课程代码	kg2022xm28		课程名称	有声语言录制		
授课教师	薛慧敏、孔令虎、补凌锋					
课程性质	选修	学时	64	学分	4	授课对象
项目来源	岗位典型任务					
课程目标	在本课程中,学生将学习到如何使用专业的录音设备和软件进行录音与后期制作。同时,学生还将参与到各种类型的项目实践中,包括动漫配音、影视配音、纪录片配音、有声书录制、古诗词录制等。通过这些真实项目的锻炼,学生不但能够掌握录音技巧,还能提高自己的表演能力和创意思维 通过有声语言录制项目化课程的学习,学生将初步掌握完成有声语言录制的专业技能。该课程将搭建起一个全面且系统的学习平台,让学生在实践中提高自身技能和能力,具备从事有声语言录制相关工作项目任务的能力					
学习成果(没有可不填)	广告配音、影视剧配音、动漫配音、游戏配音、有声书播讲、古诗词诵读					
教学方法(或学习方法)	☑讲授　□小组讨论　□答疑　□实验　☑实训　☑自主学习　□其他(请填写)_____					
选修课程	专业基础课程:普通话语音与发声、播音创作基础、全媒体表达 项目化课程:无					
后衔接课程	实习实训、毕业设计创作					

授课对象列(课程性质行):播音与主持艺术专业三年级学生

课程资源	自主设计(选择相应选项即可,如有补充请填写内容): □教材 □教辅用书 □拓展书目 □教具 ☑实验室 ☑网络平台 □图片 ☑音频 ☑视频 ☑软件 □学科专家、科学家、企业家等社会人士 ☑实地/现场 □图书馆、博物馆等社会场所 □期刊报纸 ☑教学过程中生成性资源(如教学活动中提出的问题、学生的作品/作业、课堂实录等) □其他(请填写)_____
	现成资源(选择相应选项即可,如有补充请填写内容): □教材 ☑教辅用书 □拓展书目 □教具 ☑实验室 □图片 ☑音频 ☑视频 ☑软件 □学科专家、科学家、企业家等社会人士 ☑实地/现场 □图书馆、博物馆等场所 □期刊报纸 ☑教学过程中生成性资源 □其他(请填写)_____

课程评价方式	课程评价等级与标准	
	评价等级	评价标准
	及格(70~79分)	1. 基本掌握有声语言录制的基础知识,包括有声语言理论、软件运用、广告后期制作等,并能运用于实践创作分析 2. 基本掌握各种有声语言录制的语言特点及表达样式,并能完成各项基本准备工作 3. 基本具备各类有声语言录制场景中的创作实践能力,如广告配音、影视剧配音、动漫配音、游戏配音、有声书播讲、古诗词诵读等 4. 基本达到预期标准,但存在一些缺陷或错误,展现了对知识一定程度的理解和技能掌握,基本满足企业与真实项目的关键指标要求
	良好(80~89分)	1. 具备针对不同类型广播节目,进行听觉元素整合、策划选题、构建节目结构、创意组稿、有声语言录制、后期剪辑、包装制作等一系列工作的能力 2. 具备进行录播、直播、演播等不同类型项目的团队协作与独立创作能力 3. 达到预期标准,展现了对知识的深入理解和不错的技能掌握水平。满足企业与真实项目的各项指标要求,经过修改可以交付
	优秀(90~100分)	1. 能够跨界处理音频、视频内容,创新性开展编辑、点评、策划、传播及播音主持等工作 2. 能够结合企业和真实项目需求,运用新理念、新技术、新方式,为不同平台、不同终端、不同受众提供个性化音频内容与服务,实现多媒介跨界传播 3. 表现优秀,达到了预期标准,并具有超越性的特别出色之处,展现了对知识的全面理解和良好的技能掌握。满足企业和真实项目的各项需求,可以面向市场,服务社会,具备创新价值和可持续发展潜力

续表

二、课程教学进度表

周次	课上			课下		备注
	课程 主题内容	教学 场所	计划 学时	学习 主题内容	学生 用时	
第一周	录音软件使用		4	拟音技巧	8	
第二周	视频剪辑软件使用		4	熟悉声音和画面关系	8	
第三周	社科类有声书录制		4	语音技巧	8	
第四周	纪录片配音		4	语言表达技巧	8	
第五周	小说类有声书录制		4	发声技巧	8	
第六周	人物配音		4	角色认知	8	
第七周	广播剧录制 1		4	表达技巧	8	
第八周	广播剧录制 2		4	声画结合技巧	8	
第九周	古诗词文录制的基 本操作		4	古代文学基础	8	
第十周	电视剧配音		4	人物声音塑造技巧	8	
第十一周	古诗词文录制——诗		4	古诗词鉴赏	8	
第十二周	广告配音		4	中外文化语言表达	8	
第十三周	古诗词文录制——词		4	朗诵学	8	
第十四周	电影配音		4	人物夸张台词训练	8	
第十五周	古诗词文录制 ——文		4	音频配乐技巧	8	
第十六周	复习考试		4		8	
合计			64	合计	128	

3. 课程教案

有声语言录制课程教案——软件使用 1 如图 4-2 所示。

表 4-2　有声语言录制课程教案——软件使用 1

2023 年第 1 学期第 1 周

知识建模图

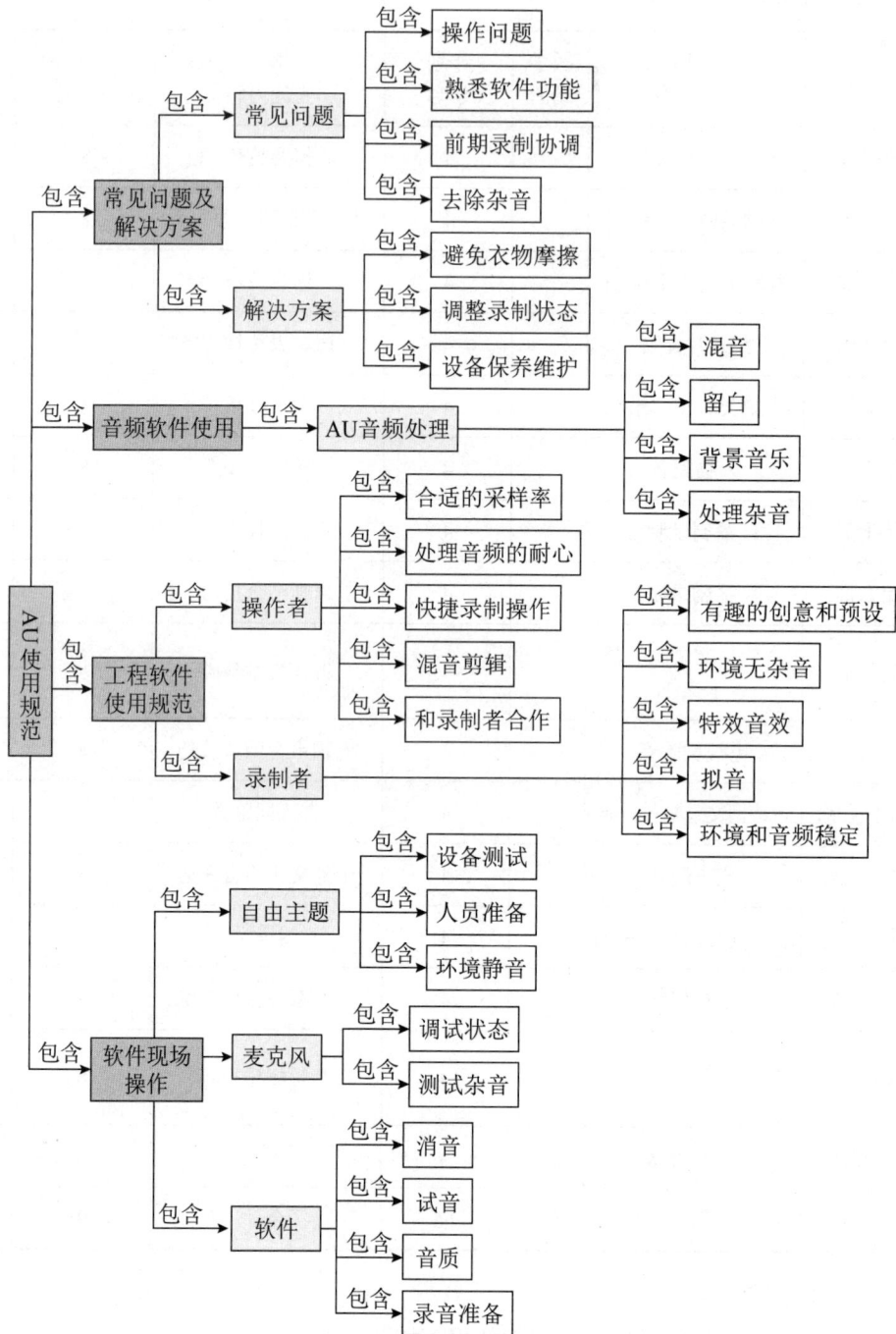

	知识点（学习水平）	能力目标
学习目标	认识 AU 软件，学习 AU 软件的录制 （1）对 AU 软件的认识 （2）AU 使用中的工作流程、标准（理解，运用） （3）AU 使用中常见问题的分析与解决策略（理解，运用）	项目化教学课程以操作为主，学习认识 AU 等软件的使用，并在实践中熟练运用 AU 等软件进行音频的后期处理与剪辑，为有声语言录制服务，成为能播、能录、能剪的声音工作者

	知识点（学习水平）
学习先决知识技能	有声语言录制与后期制作的创作规律（理解）、创作原则、创作特点（理解）、相关理论知识及要求（理解）、状态常见表现（理解）

课上资源	课下资源
（作业）学生小组的不同种类配音录制与剪辑 （作业）后期拼接剪辑成作品及保存（教具）电视剧配音有关 App（AU、配音秀等），有声语言录制工具 （教辅工具）录音台，AU 麦克风等声音录制工具 （教辅工具）有声语言后期处理（含问题处理）评分表	（教具）电视剧配音有关 App（AU、配音秀等） AU 理论知识——了解 AU 软件使用的基本概念、特点、技巧和要求，包括对声音、录制、剪辑等方面的综合知识 声音训练——有声语言录制工作需要具备较好的声音条件和发音能力，因此需要进行声音训练，包括发声、吐字、语调等方面的练习 录音设备使用——熟悉并了解录音设备的工作原理和操作方法，包括话筒、录音软件等的使用技巧 语言表达——后期制作之前需要具备准确、生动、形象的语言表达能力，能够熟练掌握停连、重音、语气、节奏等技巧，以及虚实高低等声音的变化 剧本分析——对剧本进行深入分析，理解故事情节、人物性格变化和情感变化等，为配音工作提供依据 观察力——电视剧配音需要具备敏锐的洞察力，能够发现表演中的问题和不足之处，并及时进行调整和改进 积累经验——通过实践和经验积累，不断提高自己的后期技能和表现力 （网络平台）如哔哩哔哩、猫耳，推荐哔哩哔哩配音博主"AE 胡老师""影视飓风"等 （配音网站）妙音配音、声咔配音等 （配音素材）战争剧《高山下的花环》、现代剧《隐秘的角落》、动画剧《金刚葫芦娃》（参考书）《影视摄像与剪辑》（徐明）、《声音设计》（[美] 索南夏因）

续表

课上时间	120 分钟	课下时间	240 分钟	
活动序列	任务的学习目标	时间	学习资源	学习地点
活动 1	有声语言软件使用的工作流程、标准、常规要求(理解,运用)	课上 50 分钟 课下 120 分钟	《影视摄像与剪辑》(徐明) 《声音设计》([美]索南夏因)	课上 + 课下
活动 2	有声语言软件中的常见问题及解决策略(理解,运用)	课上 30 分钟 课下 60 分钟	电影配音评分表、配音表现记录表 自主练习,寻找自己操作中的薄弱点,及时提问,提升实操技术	课上 + 课下
活动 3	音频工具操作(运用)	课上 240 分钟	在课堂上对剧本进行录制,在熟悉录制的同时,学习使用软件	课上
活动 4	有声语言软件现场场景操作(运用)	课上 240 分钟	录音棚实地操作	课上

活动 1 知识建模图(课上 + 课下)

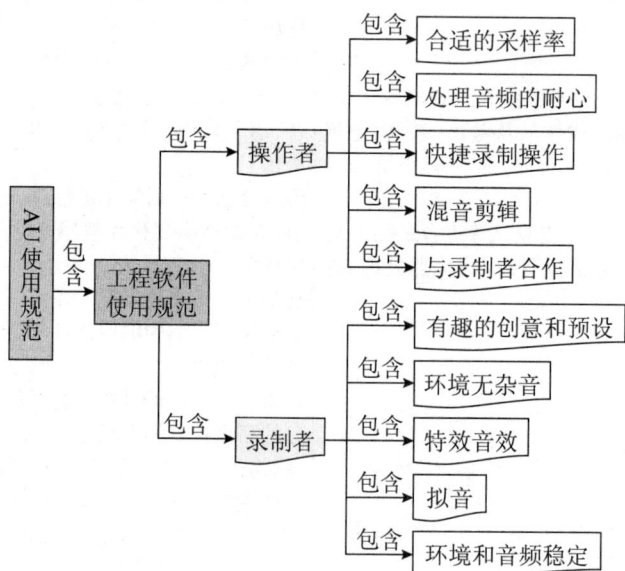

续表

活动目标	有声语言录制软件使用的工作流程、标准常规要求(理解,运用)

活动任务序列(任务一)

任务一知识组块		任务描述	(课前)观看相关 AU 视频学习,预习《声音设计》等教材,完成播讲基础测试题。计划用时四十分钟。(课下)以小组为单位,现场使用 AU 进行音频的后期处理,同时互相交流使用中的问题,并提出解决方案总结经验。计划用时 80 分钟
		任务时长	120 分钟
交互过程	教师行为:发布课前任务 学生行为:学生预习 学习方法:自主学习、小组讨论、情景模拟 (为了方便小组成员之间的沟通与交流,采用以宿舍为单位划分小组,6 人为一组,最好是 4~6 人,不超过 6 人)	师生具体行为	教师发布课前任务,提供纪录片学习资源;学生观看线上视频课,预习《声音设计》教材。提前在哔哩哔哩等平台预习 AU 使用相关内容,学委和小组长分别督促学生及时完成自学内容。每位学生完成播讲基础测试题,并以小组为单位,记录互相交流学习的过程和问题解决方案
学习资源	《影视摄像与剪辑》(徐明) 《声音设计》([美]索南夏因)		
学习成果及评价标准	(1)依据线上视频课的观看时长进行打分(全部看完得 10 分,未看完得 5 分,完全未看记 0 分) (2)线上测试题 (3)考勤率		

续表

活动任务序列(任务二)		
任务二知识组块 	任务描述	在实训室完成电影配音(了解剧情、配音录制、后期制作、成品调整)
	任务时长	50分钟
	学习地点	课上
交互过程	教师行为:观察、指导 学生行为:实操或观察、交流 学习方法:操作法	
	师生具体行为	示例:教师给实操学生和观摩学生交代具体任务和注意事项,如观摩学生做好观察记录;对实操学生进行拍照和录视频;约定实操观摩的结束时间和复盘时间(实训室/教室或学校教室) 学生实操时,教师进行观察,根据情况适时指导
学习资源	电影配音评分表、配音表现记录表 自主练习,寻找自己操作中的薄弱点,及时提问,提升实操技术	
学习成果及评价标准	(1)音频软件的运用 (2)剪辑成果是否流畅 (3)收音的完善 (4)第三视角是否录制全面,音画是否同步 (5)录制时是否遵守正确的操作规范	

活动 2 知识建模图(课上+课下)

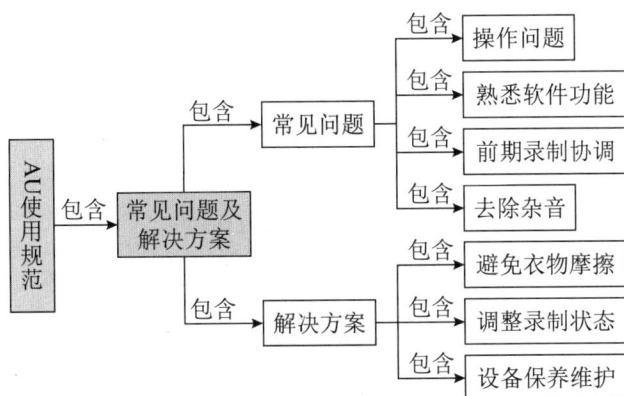

	活动任务序列(任务一)	
任务一知识组块	任务描述	电影配音评分表、配音表现记录表 自主练习,寻找自己操作中的薄弱点,及时提问,提升实操技术
	任务时长	30 分钟
	学习地点	课上
交互过程	教师行为:组织学生复盘 学生行为:交流、反思 学习方法:讨论法	
	师生具体行为	首先,教师请实操学生先进行自评(优点、不足和问题)其次,教师请观摩的学生分享自己的观摩感受(重点分享发现的问题和看法、建议) 学生可能遇到的新问题: (1)我不知道录音台怎么使用 (2)进了配音室就十分紧张 (3)软件无从下手,录个不停但没有什么有效音效 (4)一直不说话,也不去签到 (5)我跟我队友配合不默契,配出来有点乱 ……

续表

交互过程	教师行为:组织学生复盘 学生行为:交流、反思 学习方法:讨论法	师生具体行为	教师适时点评,引导学生找到问题的解决办法,提醒学生做好过程记录(照片、视频) 教师针对以上问题,让大家畅所欲言,谈一谈自己的看法。很多同学的问题都聚焦在对软件的不熟练上,多熟悉软件可以为我们接下来的操作打下基础,在面对各种各样更复杂的音频处理时才不会慌乱,井然有序地高效录制…… 最后,由教师或学生总结。教师布置下一步任务:梳理经验,与学生进一步沟通交流,撰写反思笔记(图文并茂),完善小组问题集及解决方案
学习资源	电影配音评分表、配音表现记录表、各种配音现场花絮等		
学习成果及评价标准	(1)音频软件的运用 (2)发言的活跃程度 (3)收音的完善 (4)课堂测验和考勤		

活动任务序列(任务二)

任务二知识组块		任务描述	电影配音评分表、配音表现记录表 自主练习,寻找自己操作中的薄弱点,及时提问,提升实操技术
		任务时长	90分钟
		学习地点	课下
交互过程	教师行为:布置作业,提供学习资源 学生行为:录制并提交视频 学习方法:练习法、情景模拟法		
师生具体行为	教师:提供案例 (1)音频软件的使用问题 (2)收音时的杂音问题 (3)录制软件的使用问题 教师提出要求:以小组为单位,讨论和收集资料,分析其成因,制定解决方案 学生:通过小组讨论和收集资料,分析其成因,制定解决方案		

学习资源	自主练习,寻找自己操作中的薄弱点,及时提问,提升实操技术
学习成果及评价标准	(1)音频软件的运用 (2)发言的活跃程度 (3)实操技术的提升 (4)课堂测验和考勤

活动3 知识建模图

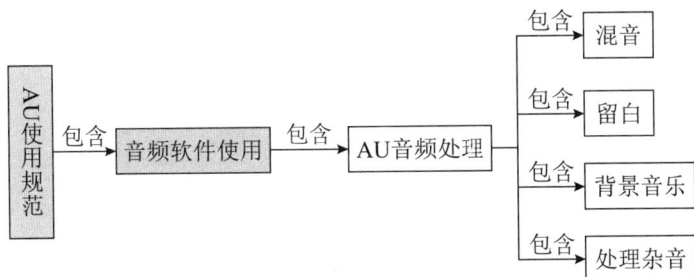

活动任务序列(任务一)

任务一知识组块		任务描述	在课堂上录制剧本,在熟悉录制的同时,学习使用软件
		任务时长	240 分钟
		学习地点	课上

交互过程	教师行为:提供案例 学生行为:小组讨论、准备汇报 学习方法:讨论法
师生具体行为	教师了解各小组情景模拟情况,发现问题及时解决 教师展示小组情景模拟,各组观摩其他小组情景模拟,师生共同分析点评,互相借鉴,优化各组方案 分角色对剧本进行录制,分批次录制,录制时让部分同学学习实操,尽量在人员数量和任务之间找到平衡点,做到以学促行,发扬实干精神,当堂学当堂用,交换录制人员和后期人员,让每个人都能体验到不同环节 同学之间要互帮互助,弥补彼此薄弱的环节,后期薄弱的同学学习后期,专业水平较为一般的同学补习基本功,因材施教,寓教于实践
学习资源	《象棋侠》剧本录制
学习成果及评价标准	(1)音频软件和硬件的运用 (2)在录制中的课堂表现 (3)课堂测验和考勤

活动 4 知识建模图

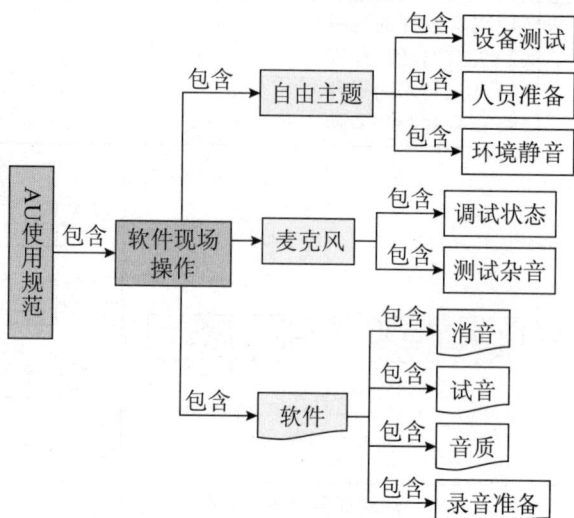

活动任务序列（任务一）		
任务一知识组块	任务描述	录音棚实地操作,在录音实践中熟练掌握运用软件,为有声语言录制打下坚实的基础
	任务时长	240 分钟
	学习地点	录音棚实操
交互过程	教师行为:了解小组活动情况,指导点评情景模拟视频 学生行为:观摩其他小组情景模拟,优化本组电视剧配音工作方案 学习方法:练习法、情景模拟法、讨论法	
师生具体行为	教师行为:了解小组活动情况,指导点评情景模拟视频 学生行为:观摩其他小组情景模拟,优化本组电视剧配音工作方案 学习方法:练习法、情景模拟法、讨论法 在学习中不仅要把握之前学习的技巧,更要查漏补缺,掌握自己在之前的活动中欠缺的部分,更要帮助其他同学。同时,教师要多加关注不主动、不积极的学生,帮助同学们做实功课,助力有声语言录制科目的其他项目顺利进行	

续表

学习资源	录音棚实地操作
学习成果及评价标准	（1）音频软件和硬件的熟练使用 （2）在录制中的课堂表现 （3）课堂测验和考勤 （4）音频软件和硬件的综合运用与学习成果

有声语言录制课程教案——软件使用 2 如表 4-3 所示。

表 4-3　有声语言录制课程教案——软件使用 2

2023 年第一学期第 2 周

知识建模图

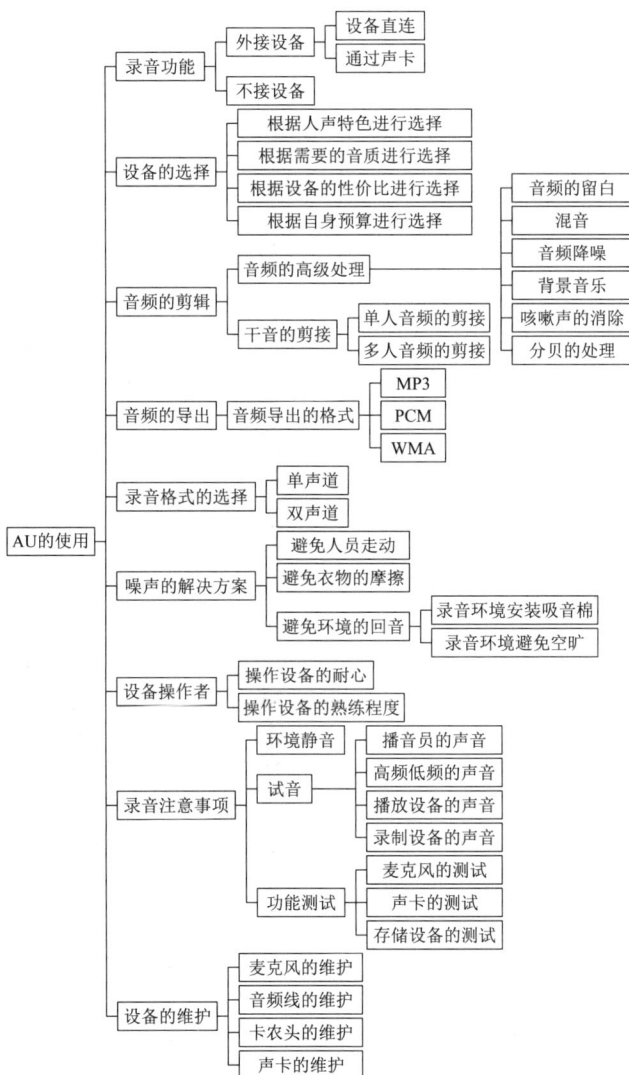

续表

	知识点（学习水平）	能力目标
学习目标	（1）AU 软件的使用（掌握） （2）AU 软件在使用中的常见问题（理解、运用） （3）AU 软件在使用中问题的解决措施（理解、运用） （4）AU 软件在使用中的注意事项（理解）	（1）具备初步运用 AU 软件剪辑音频的能力 （2）能够发现 AU 软件的优势，学会运用 AU 软件进行音频的剪辑，为音频质量的提升而服务（合理化运用并逐渐熟练）

	知识点（学习水平）
学习先决知识技能	（1）有声语言录制前期与后期制作软件如何操作（掌握） （2）有声语言录制的原则与方法（理解） （3）有声语言录制的审美规范（理解）

课上资源	课下资源
作业： （1）不同种类配音录制与剪辑 （2）后期音频的拼接与剪辑，以及成品的保存与导出 教具： （1）音频录制相关的 App（AU、配音秀、喜马拉雅、蜻蜓 FM、云听等），有声语言录制工具 （2）录音台、AU 软件及麦克风等声音录制工具 注意事项：有声语言后期处理（含问题处理） 前期准备：评分表	网络平台：如哔哩哔哩、抖音，推荐抖音博主"周七音频""季念聊混音"等 录制网站：配音秀、喜马拉雅、蜻蜓 FM、云听 录制素材：《我的情报与外交生涯》《茅山后裔》等 参考教材：《Adobe Audition 音频编辑》（方国平）、《Adobe Audition CC 经典教程》（［英］马克西姆·亚戈）

课上时间	100 分钟	课下时间	200 分钟	
活动序列	任务的学习目标	时间	学习资源	学习地点
活动 1	录音的功能；如何根据人声特色进行相关设备的选择（理解、运用）	课上 15 分钟 + 课下 30 分钟	（1）《Adobe Audition 音频编辑》（方国平） （2）抖音博主"周七音频""季念聊混音"	课上＋课下

活动序列	任务的学习目标	时间	学习资源	学习地点
活动 2	录制的相关音频的剪辑,以及已经完成音频相关剪辑的内容的导出(掌握、运用)	课上 30 分钟 + 课下 60 分钟	(1)《Adobe Audition 音频编辑》(方国平) (2)抖音博主"周七音频""季念聊混音" (3)相关的录制素材	课上 + 课下
活动 3	录制音频的格式的选择,出现噪声的解决方案,以及对于设备操作者相关的要求进行规范(理解、运用)	课上 40 分钟 + 课下 80 分钟	(1)AU、配音秀、喜马拉雅 (2)《Adobe Audition CC 经典教程》([英]马克西姆·亚戈) (3)相关的录制素材与剪辑	课上 + 课下
活动 4	录制音频时需要的注意事项及与设备相关的维护工作(理解、运用)	课上 15 分钟 + 课下 30 分钟	(1)AU、配音秀、喜马拉雅 (2)《Adobe Audition CC 经典教程》([英]马克西姆·亚戈) (3)相关的录制素材与剪辑	课上 + 课下

活动 1 知识建模图(课上、课下)

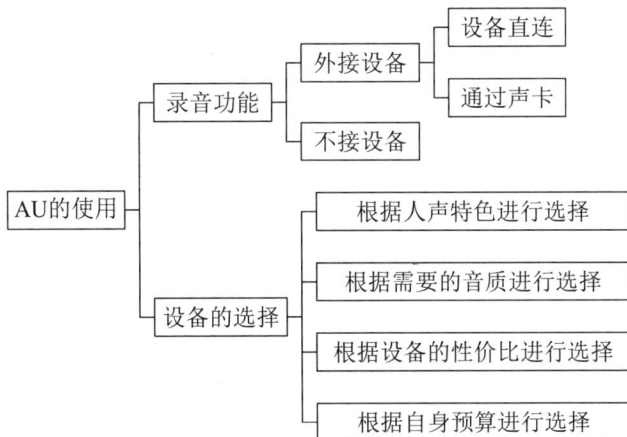

活动目标	录音的功能;如何根据人声特色进行相关设备的选择(理解、运用)

续表

<table>
<tr><td colspan="4" align="center">活动任务序列(任务一)</td></tr>
<tr>
<td colspan="2">任务一知识组块</td>
<td>任务
描述</td>
<td>采用逐一讲解教学策略与方法,达到学会、理解、运用的学习效果</td>
</tr>
<tr>
<td colspan="2" rowspan="2"></td>
<td>任务
时长</td>
<td>课上用时 15 分钟
课下用时 30 分钟</td>
</tr>
<tr>
<td>学习
地点</td>
<td>课上(线下)学习相关的理论知识与操作
课后(线上)学习相关的视频讲解跟随视频自行操作复习</td>
</tr>
<tr>
<td>教学策略
(或学习
策略)</td>
<td colspan="3">□讲授 □实验
课上(线下)学习相关的理论知识与操作。对学生提出的问题进行相关的解答及实际操作步骤的相关演示
课后(线上)学习相关的视频讲解,跟随视频自行操作、复习</td>
</tr>
<tr>
<td>师生交互
过程</td>
<td colspan="3">当我们进行声音的相关创作时,发现音频质量通常比较差,听起来声音很"便宜",那么如何把自己的声音变得"贵"一些? 设备的选择很重要。因为不同的设备录出来的声音是有区别的</td>
</tr>
<tr>
<td>学习资源</td>
<td colspan="3">网络平台:如哔哩哔哩、抖音,推荐抖音博主"周七音频""季念聊混音"等
录制网站:配音秀、喜马拉雅、蜻蜓 FM、云听
参考教材:《Adobe Audition 音频编辑》(方国平)《Adobe Audition CC 经典教程》([英]马克西姆·亚戈)</td>
</tr>
<tr>
<td>学习成果
及评价
标准</td>
<td colspan="3">(1)根据学习的内容,认真分析自己的声音特质
(2)根据自己的声音特质进行相关录音设备的选择
(3)观看课下相关的视频教学资源,并且跟随视频进行操作复习
(4)分享自己选择的设备型号,以及选择该设备的原因
(5)允许学生改善并重新提交学习成果</td>
</tr>
</table>

活动 2 知识建模图(课上、课下)

<table>
<tr>
<td>活动目标</td>
<td>录制的相关音频的剪辑,以及已经完成音频相关剪辑的内容的导出(掌握、运用)</td>
</tr>
</table>

续表

活动任务序列(任务一)

任务一知识组块

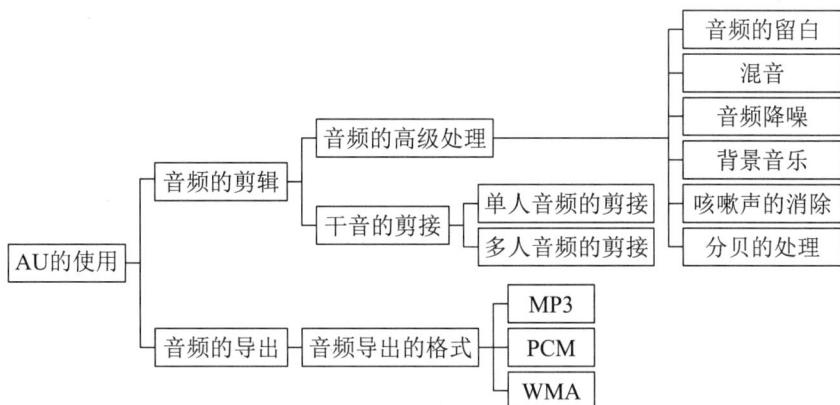

任务描述	采用逐一讲解教学策略与方法,达到学会、理解、运用的学习效果
任务时长	课上用时 30 分钟 课下用时 60 分钟
学习地点	课上(线下)学习理论知识与操作课后(线上)学习相关的视频讲解跟随视频自行操作复习
教学策略 (或学习 策略)	□讲授 □实验 课上(线下)学习相关的理论知识与操作。对学生提出的问题进行相关的解答及实际操作步骤的相关演示 课后(线上)学习相关的视频讲解跟随视频自行操作复习
师生交互 过程	当我们进行声音的相关创作时,会不会被杂音、音质、读错、漏读所困扰?那么有没有一种方法可以让我们在保留之前音频材料的前提下,对相关问题进行解决?
学习资源	网络平台:如哔哩哔哩、抖音,推荐抖音博主"周七音频""季念聊混音"等 录制网站:配音秀、喜马拉雅、蜻蜓 FM、云听 参考教材:《Adobe Audition 音频编辑》(方国平)、《Adobe Audition CC 经典教程》([英]马克西姆·亚戈)
学习成果 及评价 标准	(1)根据学习的内容,认真分析不同音频格式之间的区别 (2)根据自己的需要,进行录音格式的选择 (3)观看课下相关的视频教学资源,并且跟随视频进行操作复习 (4)分享自己选择的录音格式,以及选择该录音格式的原因 (5)允许学生改善并重新提交学习成果

活动3 知识建模图（课上、课下）

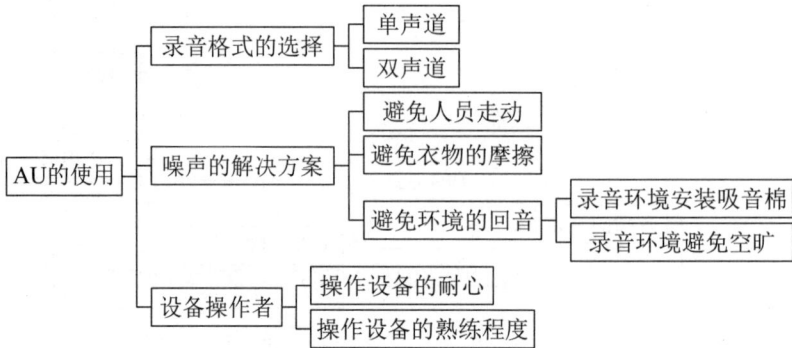

活动目标	录制音频的格式的选择，出现噪声的解决方案，以及对于设备操作者相关的要求进行规范（理解、运用）

活动任务序列（任务一）

任务一知识组块

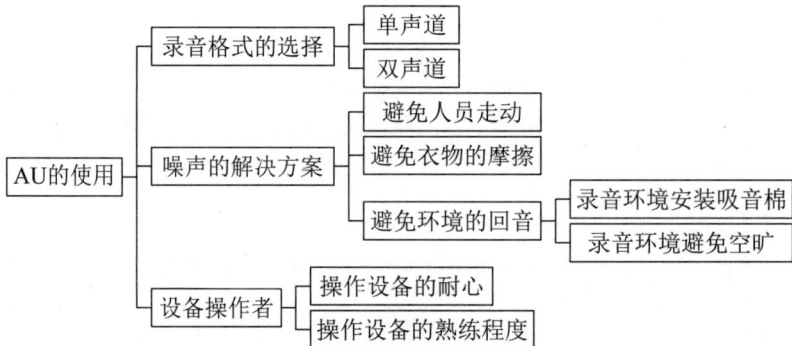

任务描述	采用逐一讲解教学策略与方法，达到学会、理解、运用的学习效果
任务时长	课上用时 40 分钟 课下用时 80 分钟
学习地点	课上（线下）学习理论知识与操作课后（线上）学习相关的视频讲解跟随视频自行操作复习
教学策略（或学习策略）	□讲授 □实验 课上（线下）学习相关的理论知识与操作。对学生提出的问题进行相关的解答及实际操作步骤的相关演示 课后（线上）学习相关的视频讲解跟随视频自行操作复习
师生交互过程	当我们进行声音的相关创作时，声道如何选择？声音怎么样更加立体？ 以及如何从根源上消除噪声？还有，AU 软件对于操作者有着怎样的要求？

学习资源	网络平台:如哔哩哔哩、抖音,推荐抖音博主"周七音频""季念聊混音"等 录制网站:配音秀、喜马拉雅、蜻蜓 FM、云听 参考教材:《Adobe Audition 音频编辑》(方国平)、《Adobe Audition CC 经典教程》 ([英]马克西姆·亚戈)
学习成果 及评价 标准	(1)根据学习的内容,认真分析不同声道的特质 (2)根据不同声道的特质进行相关录音声道的选择 (3)观看课下相关的视频教学资源,并且跟随视频进行操作复习 (4)分享自己选择的录音声道模式,以及选择该声道模式的原因 (5)允许学生改善并重新提交学习成果

活动 4 知识建模图(课上、课下)

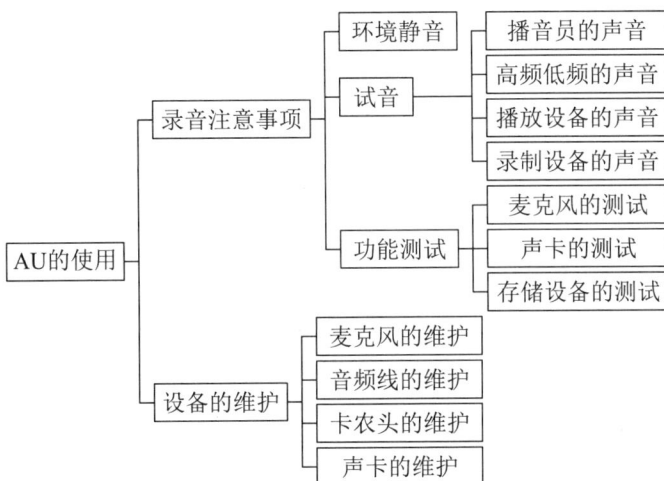

活动目标	录制音频时需要的注意事项及与设备相关的维护工作(理解、运用)

活动任务序列(任务一)

任务一知识组块		任务 描述	采用逐一讲解教学策略与方法,达 到学会、理解、运用的学习效果
		任务 时长	课上用时 15 分钟 课下用时 30 分钟
		学习 地点	课上(线下)学习理论知识与操作 课后(线上)学习相关的视频讲解 跟随视频自行操作复习

续表

教学策略（或学习策略）	□讲授　□实验 课上（线下）学习相关的理论知识与操作。对学生提出的问题进行相关的解答及实际的操作步骤的相关演示 课后（线上）学习相关的视频讲解跟随视频自行操作复习
师生交互过程	当我们进行声音的相关创作时，有哪些需要注意的东西？ 如环境是否静音等，以及相关的设备要进行哪些维护工作？
学习资源	网络平台：如哔哩哔哩、抖音，推荐抖音博主"周七音频""季念聊混音"等 录制网站：配音秀、喜马拉雅、蜻蜓 FM、云听 参考教材：《Adobe Audition 音频编辑》（方国平）、《Adobe Audition CC 经典教程》[英]马克西姆·亚戈
学习成果及评价标准	（1）根据学习的内容，认真分析不同声道的特质 （2）根据不同声道的特质进行相关录音声道的选择 （3）观看课下相关的视频教学资源，并且跟随视频进行操作复习 （4）分享自己选择的录音声道模式，以及选择该声道模式的原因 （5）允许学生改善并重新提交学习成果

有声语言录制课程教案——社科类有声书录制如表 4-4 所示。

表 4-4　有声语言录制课程教案——社科类有声书录制

2023 年第一学期第 3 周

知识建模图

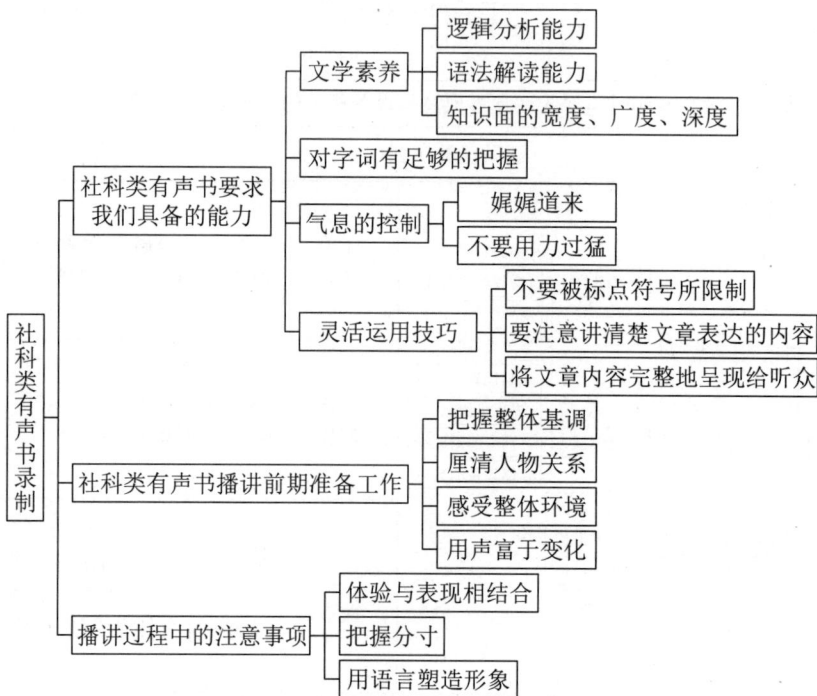

```
                          ┌─────┬─ 腔调 ─┬─ 生活化腔调
              ┌─ 旁白的强调与节奏的把握 ─┤      └─ 类评书腔调
              │                        └─ 节奏 ─── 叙述的节奏
              │                    ┌─ 听优秀作品"磨"耳朵
社            ├─ 如何提升播讲能力 ─┼─ 选择适合自己的播讲风格
科            │                    └─ 建立对象感、有讲述感
类            │                            ┌─ 流畅自如
有            ├─ 社科类有声书如何播讲出高级感 ─┼─ 对于词汇、结构、语法足够的了解
声            │                            └─ 拒绝固定语调
书            │                    ┌─ 喜马拉雅
录            │                    ├─ 懒人听书
制            └─ 社科类有声书投放的平台 ─┼─ 蜻蜓FM
                                   └─ 番茄、七猫等
```

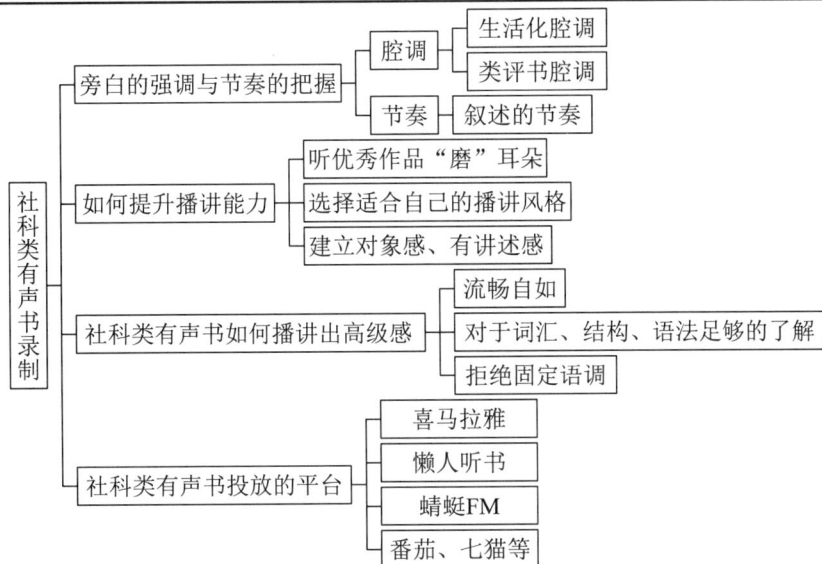

	知识点（学习水平）	能力目标
学习目标	（1）掌握初步录制社科类有声书的基本操作 （2）充分了解录制社科类有声书所需要的相关前期准备工作 （3）注意把握录制过程中的注意事项，避免造成麻烦 （4）录制之后需要做的事情是最容易忽略的	（1）具备初步录制社科类有声书的基本操作的能力 （2）对于社科类有声书的录制有一定语言表演的能力 （3）吸取相关录制过程中的错误，并改正，避免下次再犯错误

	知识点（学习水平）
学习先决知识技能	（1）初步掌握录制社科类有声书的基本操作（掌握） （2）充分了解录制社科类有声书所需要的相关前期准备工作（理解、运用） （3）注意把握录制过程中的注意事项，避免造成麻烦（理解、掌握） （4）录制之后需要做的事情是最容易忽略的（理解、运用）

课上资源	课下资源
作业： （1）学生个人分享自己喜欢哪个类型的风格，以及各个风格之间的区别 （2）学生小组之间进行相关探讨 教具： （1）相关的优秀作品的示例（喜马拉雅、蜻蜓FM、云听等） （2）教师针对不同学生的音色进行分析 注意事项：二次创作中情感的表达（含问题处理） 前期准备：评分表	学习网站：喜马拉雅、蜻蜓 FM、云听 网络平台：如喜马拉雅、懒人听书等，推荐喜马拉雅"中信书院"等 录制素材： 《卓有成效的管理者》《巴菲特致股东的信》《战胜华尔街》等 参考教材： 《自然语言处理》（刘挺、秦兵、赵军、黄萱菁、车万翔）、《语言艺术》（孙熙然）

续表

课上时间	100 分钟	课下时间	200 分钟	
活动序列	任务的学习目标	时间	学习资源	学习地点
活动 1	掌握初步录制社科类有声书的基本操作(掌握)	课上 20 分钟 + 课下 40 分钟	学习网站:喜马拉雅、蜻蜓 FM、云听 网络平台:如喜马拉雅、懒人听书等, 推荐喜马拉雅"中信书院"等	课上 + 课下
活动 2	充分了解录制社科类有声书所需要的相关前期准备工作(理解、运用)	课上 30 分钟 + 课下 60 分钟	网络平台:如喜马拉雅、懒人听书等, 推荐喜马拉雅"中信书院"等 录制素材: 《卓有成效的管理者》《巴菲特致股东的信》《战胜华尔街》等	课上 + 课下
活动 3	注意把握录制过程中的注意事项,避免造成麻烦(理解、掌握)	课上 30 分钟 + 课下 60 分钟	录制素材: 《卓有成效的管理者》《巴菲特致股东的信》《战胜华尔街》等 参考教材: 《自然语言处理》(刘挺、秦兵、赵军、黄萱菁、车万翔)、《语言艺术》(孙熙然)	课上 + 课下
活动 4	录制之后需要做的事情是最容易忽略的(理解、运用)	课上 20 分钟 + 课下 40 分钟	学习网站:喜马拉雅、蜻蜓 FM、云听 参考教材: 《自然语言处理》(刘挺、秦兵、赵军、黄萱菁、车万翔)、《语言艺术》(孙熙然)	课上 + 课下

有声语言录制课程教案——纪录片配音如表 4-5 所示。

表 4-5　有声语言录制课程教案——纪录片配音

2023 年第一学期第 4 周

知识建模图

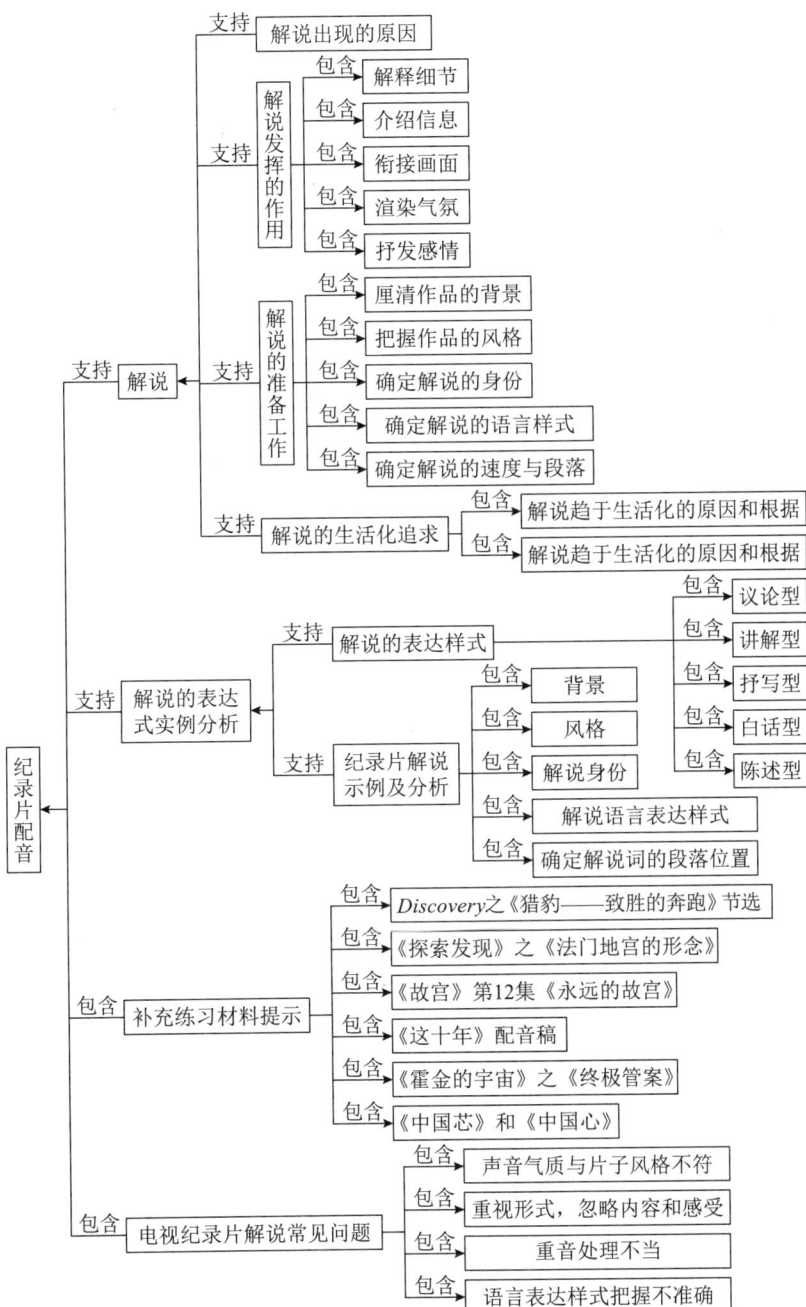

续表

学习目标	知识点（学习水平）	能力目标
	(1)纪录片解说的制作流程、标准（理解、运用） (2)纪录片解说的分析与解决策略（理解、运用） (3)纪录片解说配音及创作能力（运用）	

学习先决知识技能	知识点（学习水平）
	纪录片解说的创作规律（理解）、创作原则、创作特点（理解）、相关理论知识及要求（理解）、状态常见表现（理解）

课上资源	课下资源
（作业）学生小组录制的纪录片解说模仿视频 （作业）纪录片解说作品材料 （教具）有声软件操作、视频软件编辑和拍摄技巧 （教辅工具）纪录片解说制作流程、标准评分表（教辅工具）配音间情景模拟（含问题处理）评分表	（微课）纪录片解说制作流程与标准视频 （教材）《影视配音艺术》——电视纪录片解说 （微课）有声语言的语言表达特点、语言传播特点、发声状态技巧视频 （教具）音频软件、视频编辑软件 （教辅工具）纪录片解说制作标准评分表 （教辅工具）配音间情景模拟（含问题处理）评分表 （教材）教材中的专业基础课相关知识模块： 电视纪录片解说——解说出现原因、解说发挥作用、解说的准备工作、解说的生活化追求 电视纪录片解说表达样式及示例分析——纪录片解说表达样式、纪录片解说示例及分析 电视纪录片解说常见问题及辨析——声音气质与片子风格不符、语言表达样式把握不准、重音处理不当、重视形式、忽略内容和感受 （网络平台）如小红书、抖音，推荐抖音博主"搞艺术的陈浩""左左"等 （学术网站）知网、维普、万方等 （参考书）《声音的艺术与科学》《配音技巧与实践》《配音表演艺术》《影视配音实用教程》《影视配音艺术》

课上时间	120 分钟	课下时间		240 分钟

活动序列	任务的学习目标	时间	学习资源	学习地点
活动 1	纪录片解说录制的制作流程、标准、常规要求（理解、运用）	课上 50 分钟 + 课下 80 分钟	录制流程与标准视频、纪录片解说录制常规要求、《影视配音艺术》	课上 + 课下
活动 2	纪录片解说录制中的常见问题及解决策略（理解、运用）	课上 50 分钟	录制、制作、音效、模拟语气视频	课上 + 课下
活动 3	纪录片解说情景模拟（运用）	课上 10 分钟 + 课下 80 分钟	环境、语流、重音技巧表达，补充训练材料及提示	课上
活动 4	音频工具操作（运用）	课上 10 分钟 + 课下 80 分钟	剪映、Adobe Audition 2023、Adobe Audition 2022	课上

有声语言录制课程教案——小说类有声书录制如表 4-6 所示。

表 4-6　有声语言录制课程教案——小说类有声书录制

2023 年第一学期第 5 周

知识建模图

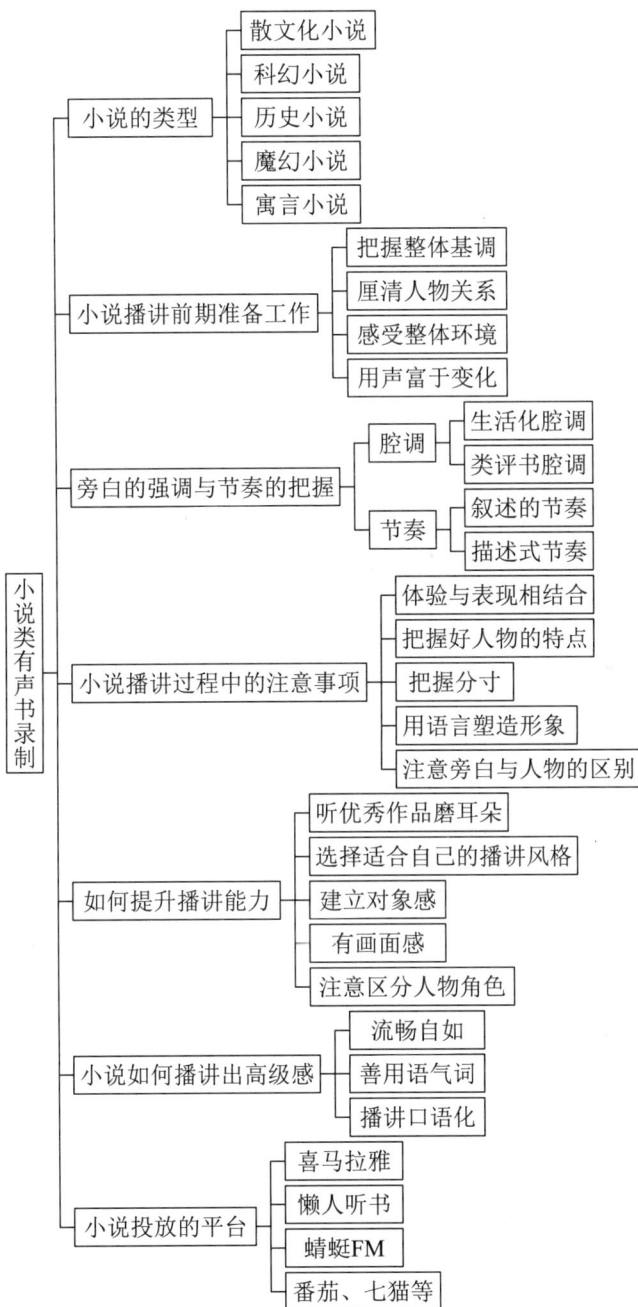

续表

	知识点(学习水平)	能力目标
学习目标	(1)掌握初步录制小说的基本操作 (2)充分了解录制小说所需要的相关前期准备工作 (3)注意把握录制过程中的注意事项,避免造成麻烦 (4)录制之后需要做的事情是最容易忽略的	(1)具备初步录制小说的基本操作的能力 (2)对于小说的录制有一定的语言表演能力 (3)吸取相关的录制过程中的错误并改正,避免下次再犯错误

学习先决知识技能	知识点(学习水平)
	(1)掌握初步录制小说的基本操作的能力(掌握) (2)充分了解录制小说所需要的相关前期准备工作(理解、运用) (3)注意把握录制过程中的注意事项,避免造成麻烦(掌握、运用) (4)录制之后需要做的事情是最容易忽略的(理解、运用)

课上资源	课下资源
作业: (1)学生个人分享自己喜欢哪个类型的风格,以及各个风格之间的区别 (2)学生小组之间进行相关的探讨 教具: (1)相关的优秀作品的示例(喜马拉雅、蜻蜓 FM、云听等) (2)教师针对不同学生的音色进行分析 注意事项:二次创作中情感的表达(含问题处理) 前期准备:评分表	网络平台:如喜马拉雅、懒人听书等,推荐喜马拉雅"中信书院"、微信公众平台"马生播播"等 学习网站:喜马拉雅、蜻蜓 FM、云听 录制素材:《平凡的世界》《活着》《三体》等 参考教材:《九音真经之小说演播秘籍》(李龙滨、邱海斌)、《小说播讲艺术》(汪良)

课上时间	100 分钟	课下时间	200 分钟	
活动序列	任务的学习目标	时间	学习资源	学习地点
活动 1	掌握初步录制小说的基本操作(掌握)	课上20 分钟 +课下40 分钟	网络平台:如喜马拉雅、懒人听书等,推荐喜马拉雅"中信书院"、微信公众平台"马生播播"等学习网站:喜马拉雅、蜻蜓 FM、云听	课上 +课下
活动 2	充分了解录制小说所需要的相关前期准备工作(理解、运用)	课上30 分钟 +课下60 分钟	学习网站:喜马拉雅、蜻蜓 FM、云听录制素材:《平凡的世 界》《活 着》《三体》等	课上 +课下
活动 3	注意把握录制过程中的注意事项,避免造成麻烦(掌握、运用)	课上30 分钟 +课下60 分钟	录制素材:《平 凡 的 世 界》《活着》《三体》等参考教材:《九 音 真经之小说演播秘籍》(李龙滨、邱海斌)、《小说播讲艺术》(汪良)	课上 +课下
活动 4	录制之后需要做的事情是最容易忽略的(理解、运用)	课上20 分钟 +课下40 分钟	网络平台:如喜马拉雅、懒人听书等,推荐喜马拉雅"中信书院"、微信公众平台"马生播播"等参考教材:《九 音 真经之小说演播秘籍》(李龙滨、邱海斌)、《小说播讲艺术》(汪良)	课上 +课下

有声语言录制课程教案——人物配音如表 4-7 所示。

表 4-7 有声语言录制课程教案——人物配音

2023 年第一学期第 6 周

知识建模图

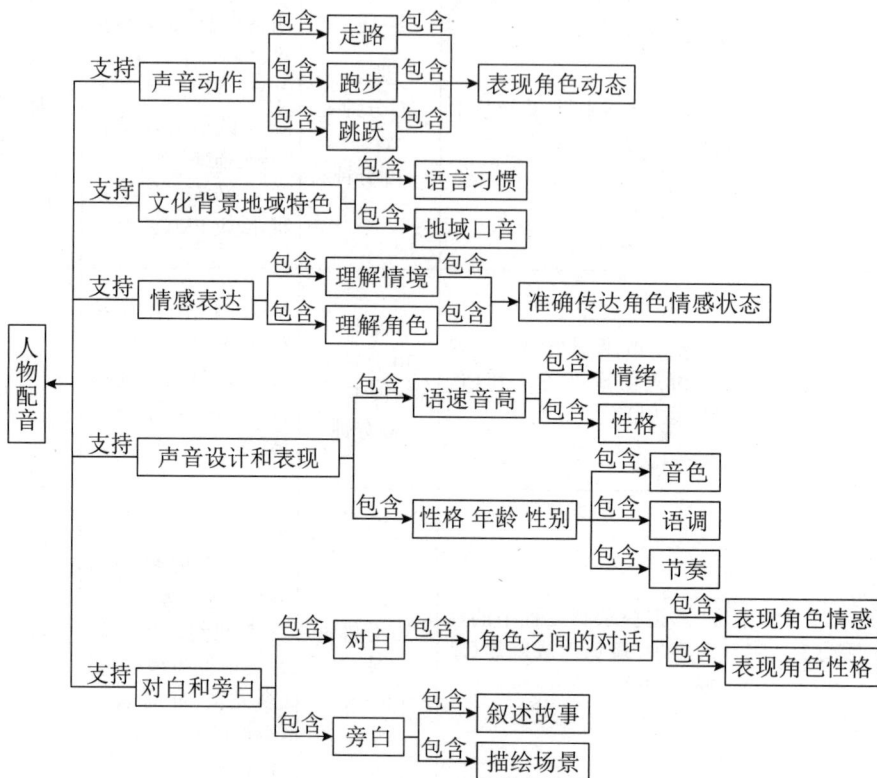

	知识点(学习水平)	能力目标
学习目标	(1)人物配音的制作流程、标准(理解,运用) (2)人物配音中常见问题的分析与解决策略(理解,运用) (3)对人物配音的模仿和实践	人物配音能力(运用)
学习先决知识技能	知识点(学习水平) 人物配音制作流程(理解)、作品标准(理解)、内容常规要求(理解)、配音状态常见表现(理解)	

课上资源	课下资源
（作业）学生小组录制的影视作品模仿视频 （作业）影视作品材料 （工具）有声软件操作，影视软件编辑和拍摄技巧 （教辅工具）人物配音制作流程、标准评分表 （教辅工具）配音间情景模拟（含问题处理）评分表	（微课）人物配音制作流程与标准视频 （教材）《影视配音实用教程》——影视剧人物配音常规要求 （教材）《影视配音实用教程》——经典作品赏析；（微课）有声语言的语言表达特点、语言传播特点、发声状态技巧视频 （教具）有声软件、影视软件 （教辅工具）人物配音制作标准评分表 （教辅工具）配音间情景模拟（含问题处理）评分表 （教材）教材中的专业基础课相关知识模块： 电影配音——模仿与表演能力，语言控制能力，表达力与感染力，专业知识与技巧 电视剧配音——声音的弹性，声音的多样性，声音的层次性，声音的对比性 动漫配音——动画配音夸张具有张力，动画配音创作中的隐喻，动画配音具有假定性 纪录片配音——真实性、情感表现、节奏感、文化背景、工具运用 广播剧配音——声音自然、音效与音乐、情绪带入 广告配音——人物形象补充，塑造企业形象，揭示广告主题思想，解释细节渲染气氛 （网络平台）如小红书、抖音，推荐抖音博主"搞艺术的陈浩""左左"等 （学术网站）知网、维普、万方等 （参考书）《声音的艺术与科学》《配音技巧与实践》《配音表演艺术》《影视配音实用教程》

课上时间	120 分钟	课下时间	240 分钟

活动序列	任务的学习目标	时间	学习资源	学习地点
活动 1	人物配音的制作流程、标准、常规要求（理解，运用）	课上 50 分钟 + 课下 80 分钟	人物配音流程与标准视频 人物配音录制常规要求，《配音流程》人物配音	课上 + 课下
活动 2	人物配音录制中的常见问题及解决策略（理解，运用）	课上 50 分钟	录制、制作、音效、模拟视频	课上
活动 3	人物配音的情感表达（运用）	课上 10 分钟 + 课下 80 分钟	环境、情绪、技巧表达，补充训练材料及提示	课上 + 课下
活动 4	配音的工具操作（运用）	课上 10 分钟 + 课下 80 分钟	剪映、Adobe Audition 2023、Adobe Audition 2022	课上 + 课下

有声语言录制课程教案——广播剧有声书录制如表 4-8 所示。

表 4-8　有声语言录制课程教案——广播剧有声书录制

2023 年第一学期第 7 周

知识建模图

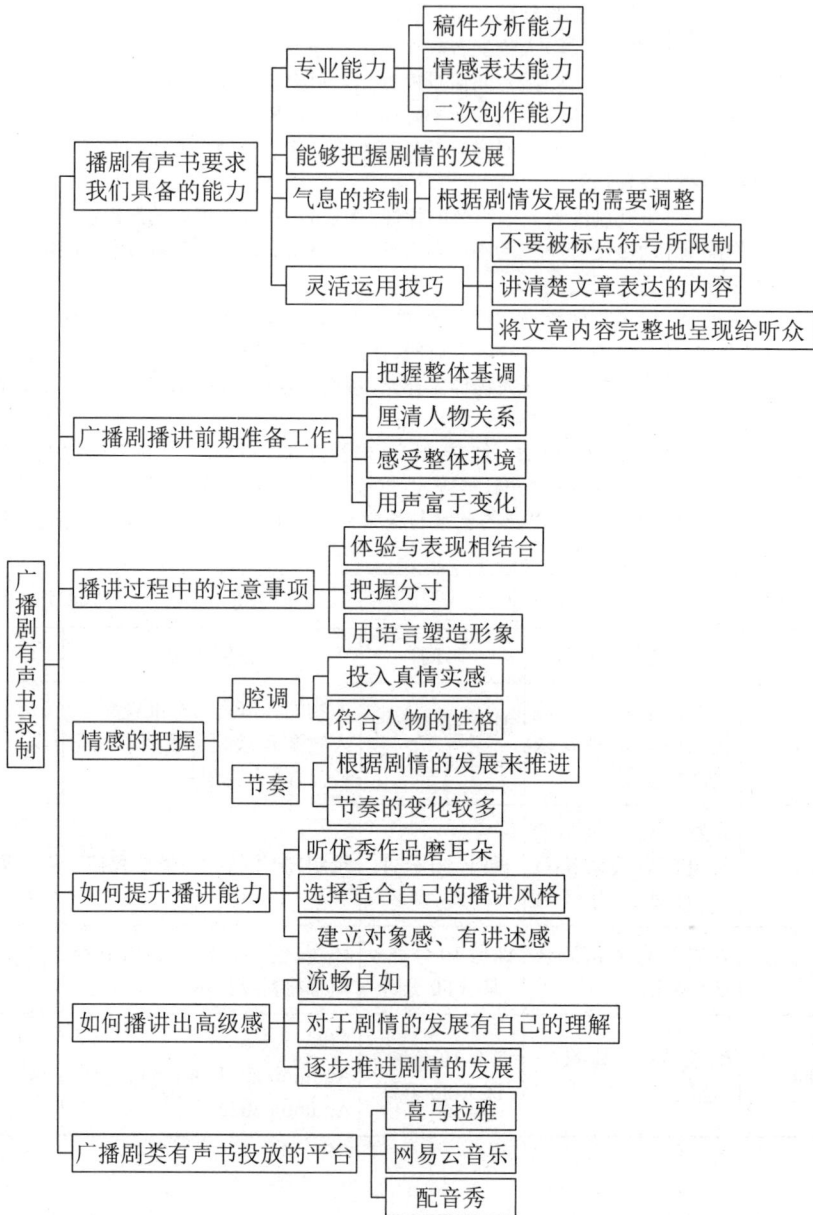

续表

学习目标	知识点（学习水平）	能力目标 （专业基础课教案可删除能力目标）
	（1）掌握初步录制广播剧的基本操作 （2）充分了解录制广播剧所需要的相关前期准备工作 （3）把握录制过程中的注意事项,避免造成麻烦 （4）录制之后需要做的事情是最容易忽略的	（1）具备初步录制广播剧的基本操作的能力 （2）对于广播剧的录制,有一定的语言表演能力 （3）吸取相关的录制过程中的错误并改正,避免下次再犯错误

学习先决知识技能	知识点（学习水平） （1）掌握初步录制广播剧的基本操作（掌握） （2）充分了解录制广播剧所需要的相关前期准备工作（理解、运用） （3）把握录制过程中的注意事项,避免造成麻烦（掌握、运用） （4）录制之后需要做的事情是最容易忽略的（理解、运用）

课上资源	课下资源
作业: （1）学生个人分享自己喜欢哪个类型的风格,以及各个风格之间的区别 （2）学生小组之间进行相关的探讨 教具: （1）相关优秀作品的示例（喜马拉雅、蜻蜓 FM、云听等） （2）教师针对不同学生的音色进行分析 注意事项:二次创作中情感的表达（含问题处理） 前期准备:评分表	网络平台:如喜马拉雅、懒人听书等 学习网站:喜马拉雅、蜻蜓 FM、云听 参考教材:《文艺作品演播技巧》（罗莉）

课上时间	100 分钟	课下时间	200 分钟		
活动序列	任务的学习目标	时间	学习资源		学习地点
活动 1	掌握初步录制广播剧的基本操作（掌握）	课上 20 分钟 + 课下 40 分钟	网络平台:如喜马拉雅、懒人听书等 学习网站:喜马拉雅、蜻蜓 FM、云听		课上 + 课下
活动 2	充分了解录制广播剧所需要的相关前期准备工作（理解、运用）	课上 30 分钟 + 课下 60 分钟	学习网站:喜马拉雅、蜻蜓 FM、云听 录制素材		课上 + 课下
活动 3	注意把握录制过程中的注意事项,避免造成麻烦（掌握、运用）	课上 30 分钟 + 课下 60 分钟	参考教材:《文艺作品演播技巧》（罗莉）		课上 + 课下
活动 4	录制之后需要做的事情是最容易忽略的（理解、运用）	课上 20 分钟 + 课下 40 分钟	网络平台:如喜马拉雅、懒人听书等 参考教材:《文艺作品演播技巧》（罗莉）		课上 + 课下

有声语言录制课程教案——广播剧配音如表 4-9 所示。

表 4-9 有声语言录制课程教案——广播剧配音

2023 年第一学期第 8 周

知识建模图

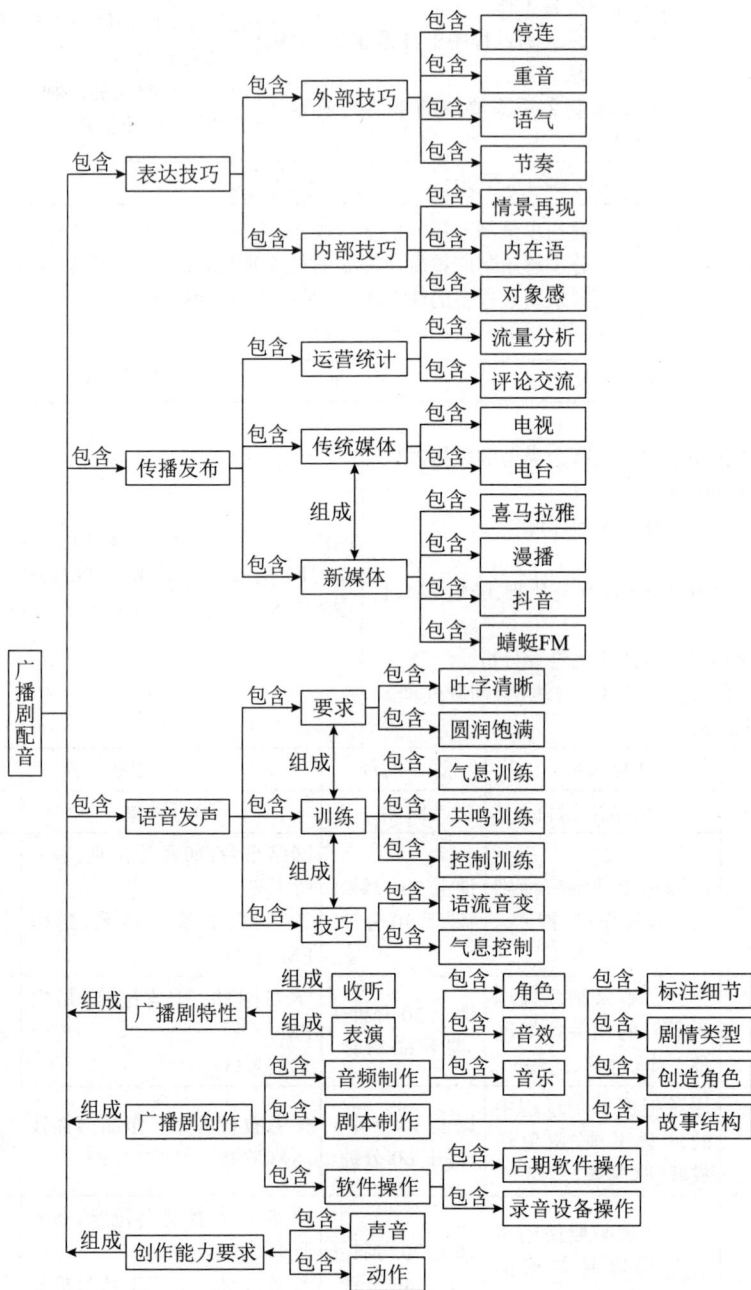

续表

	知识点（学习水平）	能力目标
学习目标	（1）广播剧的发展历程与特性 （2）广播剧剧本与音频创作 （3）广播剧相关软件设备操作 （4）广播剧配音的能力素质要求 （5）广播剧的传播发布与运营 （6）广播剧配音时的语音发声状态与训练 （7）广播剧配音的语言表达技巧与意义	（1）熟悉建模图中的相关知识点 （2）分别用理解、记忆、运用三种术语，表述学生在广播剧配音上应达到的水平。其中，"理解"是指掌握学习材料的意义，能够转化、解释学习材料；"记忆"是指对具体知识或抽象知识的辨认，用一种非常接近学生当初遇到的某种观念和现象时的形式，能够回想起这种观念或现象；"运用"是指利用知识去解决问题
学习先决知识技能	知识点（学习水平）	
	广播剧的定义与特性、了解相关创作软件设备、配音发声状态与表达技巧	

课上资源	课下资源
（作业）学生小组录制的影视作品配音视频 （作业）影视作品材料（工具）有声软件操作，影视软件编辑和拍摄技巧 （教辅工具）人物配音制作流程、标准评分表 （教辅工具）配音间情景模拟（含问题处理）评分表 （教材）《广播节目主持》《语音与发声》《配音演播》	（教材）《影视配音实用教程》——人物配音常规要求 （教材）《影视配音实用教程》——经典作品赏析 （教材）《播音主持语音与发声》——语言表达 （微课）人物配音制作流程与标准视频 （微课）有声语言的语言表达特点、语言传播特点、发声状态技巧视频（教具）有声软件、影视软件 （教辅工具）人物配音制作标准评分表 （教辅工具）配音间情景模拟（含问题处理）评分表 （教材）教材中的专业基础课相关知识模块： 电影配音——模仿与表演能力，语言控制能力，表达力与感染力，专业知识与技巧 电视剧配音——声音的弹性、声音的多样性、声音的层次性、声音的对比性 动漫配音——动画配音夸张具有张力，动画配音创作中的隐喻，动画配音具有假定性 纪录片配音——真实性、情感表现、节奏感、文化背景、工具运用 广播剧配音——声音自然，人与对话与音效、剧情、音乐相互配合，配音员表演需将情绪带入，需要较强讲解叙述与人物语言造型能力 广告配音——人物形象补充，塑造企业形象，揭示广告主题思想，解释细节渲染气氛 （网络平台）如小红书、抖音、漫播、喜马拉雅，推荐抖音博主"搞艺术的陈浩""左左"等（学术网站） （参考书）《声音的艺术与科学》《配音技巧与实践》《配音表演艺术》《影视配音实用教程》《播音主持语音与发声》

续表

课上时间	180 分钟		课下时间	360 分钟	
活动序列	任务的学习目标	时间	学习资源		学习地点
活动 1	深刻理解广播剧的定义与广播剧创作能力要求	课上 60 分钟 + 课下 90 分钟	微课（视频）、教材等		课上 + 课下
活动 2	熟悉广播剧创作流程，包括剧本制作、音频制作和软件操作	课上 60 分钟 + 课下 90 分钟	广播剧剧本、录音棚、音频处理软件 AU		课上 + 课下
活动 3	理解熟悉广播剧配音语言表达技巧并将其熟练运用	课上 30 分钟 + 课下 60 分钟	教材		课上 + 课下
活动 4	熟悉并训练广播剧配音的语音发声技巧，做到熟练运用、融入习惯，在课下多多练习	课上 30 分钟 + 课下 120 分钟	教材、微课（视频）		课上 + 课下

活动 1 知识建模图（课上 + 课下）

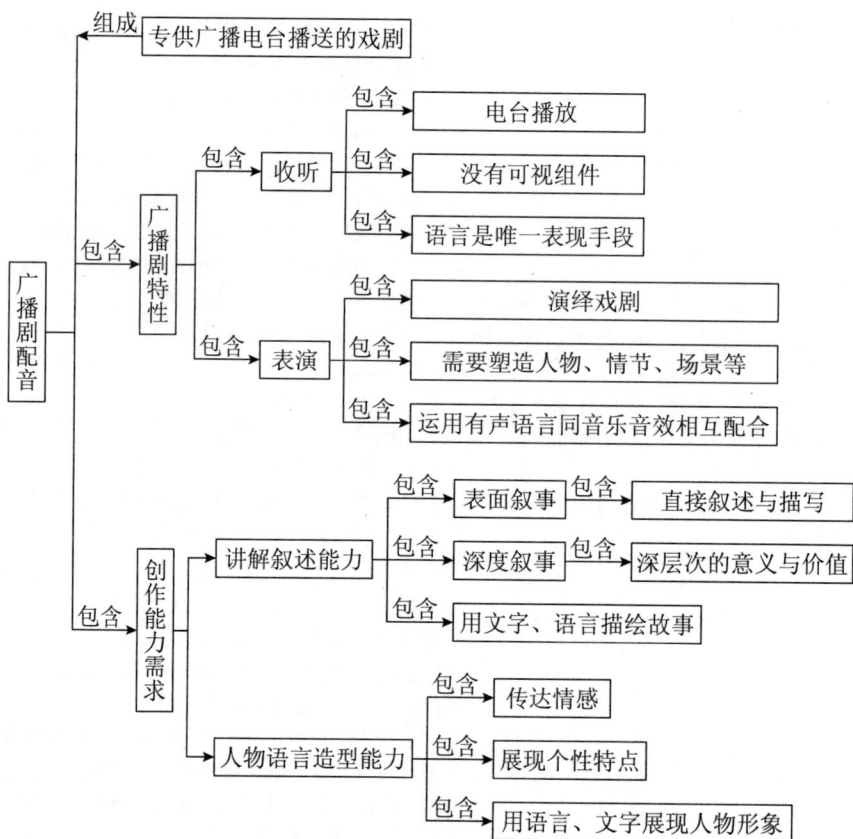

活动目标	深刻理解广播剧的定义与广播剧创作能力要求

续表

活动任务序列（任务一）

任务一知识组块

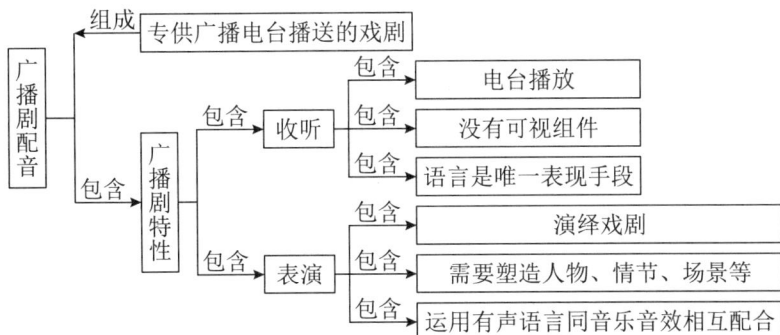

任务描述	广播剧定义与特性学习
任务时长	60 分钟
学习地点	课上
交互过程	教师行为:发布课前任务,陈述,板书,随机提问,发布课程基础问题测试 学生行为:听讲、观察、记录笔记、背诵 学习方法:摘抄法,思维导图法,提前预习,课上回答问题
师生具体行为	教师发布课前任务,学生预习,在课程开始随机提问,学生回答,再通过多媒体展示相关广播剧素材和 PPT,对课程内容进行讲解,学生自行记录笔记;于课尾进行基础问题测试,巩固课程内容
学习资源	教材、广播剧样例、课程基础测试题、课程 PPT
学习成果及评价标准	(1) 通过上交的学习报告与课堂笔记进行评分(全部记录 10 分,记录少部分 5 分,未记录 0 分) (2) 课程基础性测试(满分 10 分)

活动任务序列（任务二）

任务二知识组块

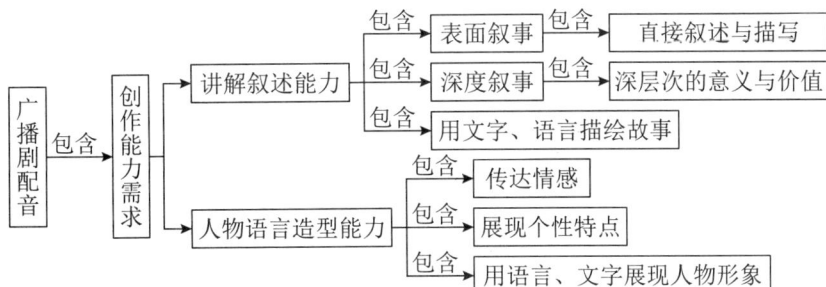

任务描述	清楚广播剧创作的能力需求与相关能力的作用
任务时长	90 分钟
学习地点	课上 + 课下

续表

交互过程	教师行为: 发布课前任务,陈述,板书,随机提问,发布课程基础问题测试 学生行为:听讲、观察、记录笔记、背诵 学习方法:摘抄法,思维导图法,提前预习,课上回答问题
师生具体 行为	教师发布课前任务,学生预习,在课程开始随机提问,学生回答,再通过多媒体展示相关广播剧素材和PPT对课程内容进行讲解,学生自行记录笔记;于课尾进行基础问题测试,巩固课程内容
学习资源	教材、广播剧样例、课程基础测试题、课程PPT
学习成果 及评价 标准	(1)通过上交的学习报告与课堂笔记进行评分(全部记录10分,记录少部分5分,未记录0分) (2)课程基础性测试(满分10分)

活动2　知识建模图(课上+课下)

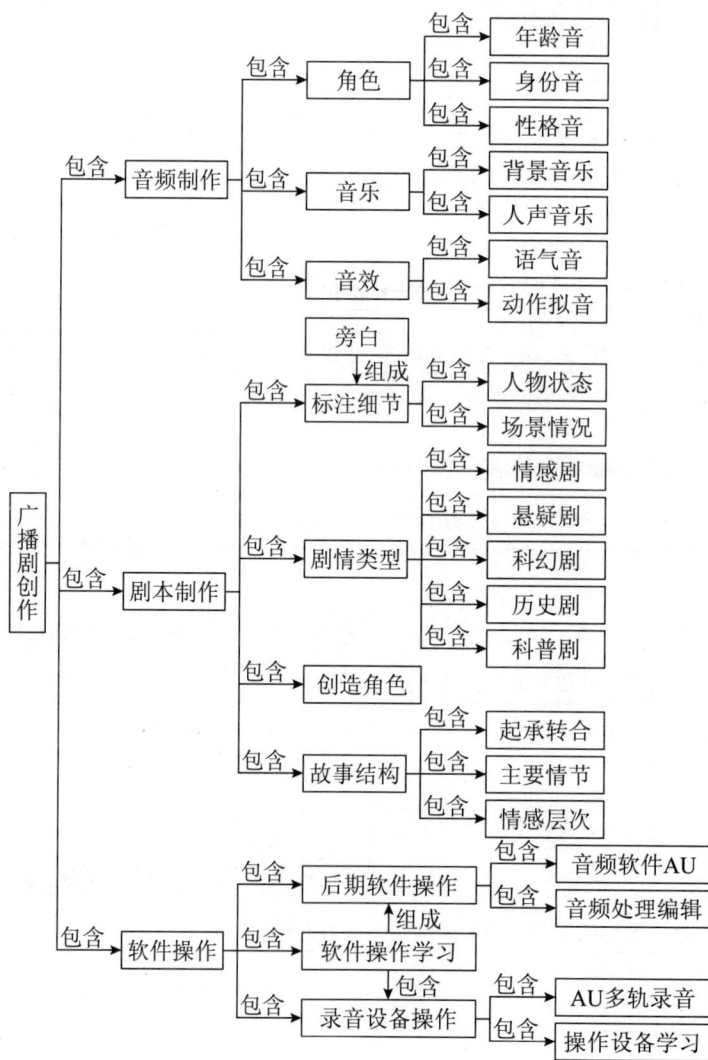

活动目标	熟悉广播剧创作流程,包括剧本制作、音频制作和软件操作

活动任务序列(任务一)

任务一知识组块

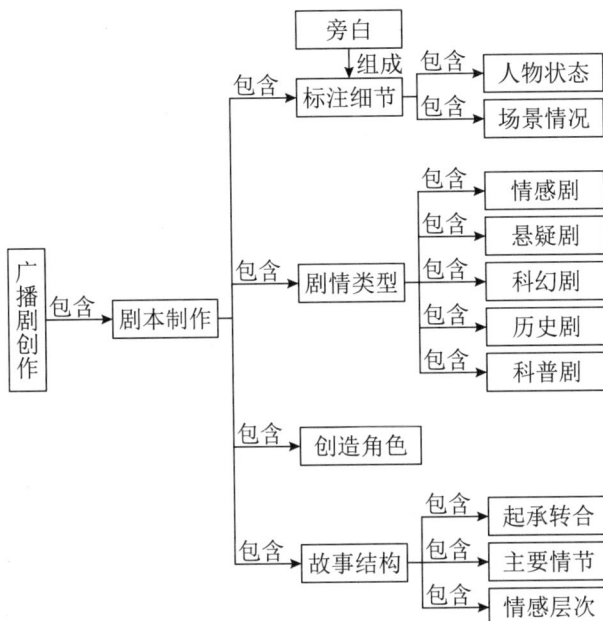

任务描述	清楚广播剧本创作的流程与内容
任务时长	60 分钟
学习地点	课上 + 课下
交互过程	教师行为:发布课前任务,陈述,板书,随机提问,发布课程基础问题测试 学生行为:听讲、观察、记录笔记、背诵 学习方法:摘抄法,思维导图法,提前预习,课上回答问题
师生具体行为	教师发布课前任务,学生预习,在课程开始随机提问,学生回答,再通过多媒体展示相关广播剧素材和 PPT,对课程内容进行讲解,学生自行记录笔记;于课尾进行基础问题测试,巩固课程内容
学习资源	教材、广播剧剧本样例、课程基础测试题、课程 PPT
学习成果及评价标准	(1)通过上交的学习报告与课堂笔记进行评分(全部记录 10 分,记录少部分 5 分,未记录 0 分) (2)课程基础性测试(满分 10 分)

续表

活动任务序列(任务二)

任务二知识组块

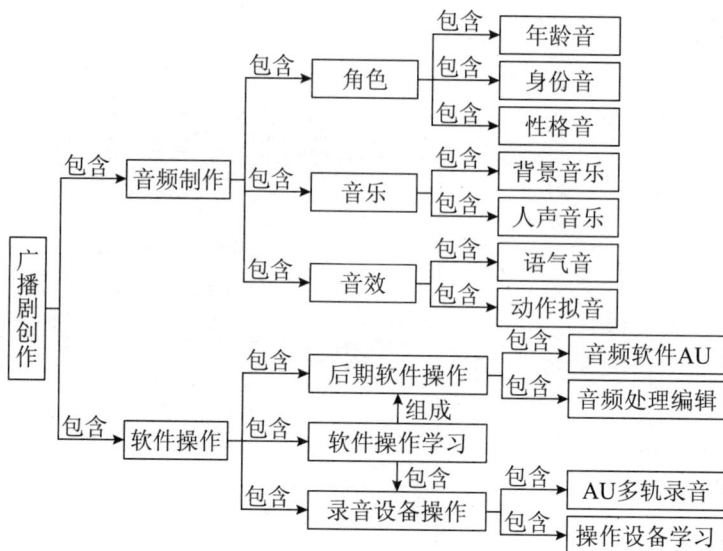

任务描述	清楚广播剧创作的前期与后期操作内容
任务时长	90 分钟
学习地点	课上 + 课下
交互过程	教师行为:发布课前任务,陈述,板书,随机提问,操作展示,发布课程基础问题测试 学生行为:听讲、观察、记录笔记、背诵,实际操作 学习方法:摘抄法,思维导图法,提前预习,课上回答问题
师生具体行为	教师发布课前任务,学生预习,下载软件,通过多媒体展示相关广播剧剧本样例,对课程内容进行讲解,同时还有操作展示,学生自行记录笔记:课程中尝试操作软件,并且进行素材录音,学生课下根据讲义自行修改上交,于课尾进行基础问题测试,巩固课程内容
学习资源	教材,广播剧音频样例,课程基础测试题,音频软件 AU,录音棚
学习成果及评价标准	(1)通过上交的学习报告与课堂笔记进行评分(全部记录 10 分,记录少部分 5 分,未记录 0 分) (2)课程基础性测试(满分 10 分) (3)音频素材处理提交(完成 10 分,未完成 5 分,未做 0 分)

续表

活动 3 知识建模图（课上 + 课下）

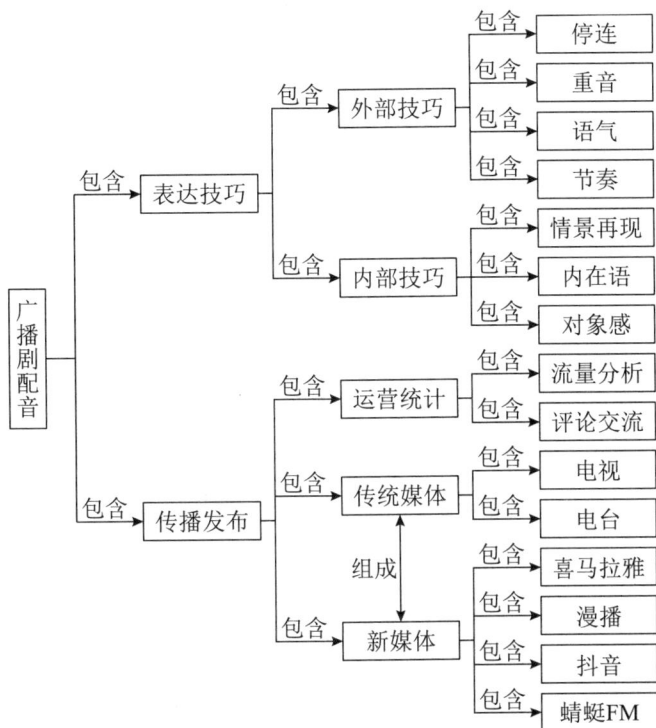

活动目标	理解熟悉广播剧配音表达技巧并将其熟练运用

活动任务序列（任务一）

任务一知识组块		任务描述	熟悉和使用广播剧的语言表达技巧
		任务时长	30 分钟
		学习地点	课上 + 课下
交互过程	教师行为：发布课前任务,陈述,板书,随机提问,素材应用展示,发布课程基础问题测试 学生行为：听讲、观察、记录笔记、背诵,素材尝试 学习方法：摘抄法,思维导图法,提前预习,课上回答问题		

师生具体行为	教师发布课前任务,学生预习,在课程开始随机提问,学生回答,讲解过程中点名,学生依据素材展示成果,学生自行记录笔记:于课尾进行基础问题测试,巩固课程内容
学习资源	教学 PPT、语句素材、教材、课程基础测试题
学习成果及评价标准	(1)通过上交的学习报告与课堂笔记进行评分(全部记录 10 分,记录少部分 5 分,未记录 0 分) (2)课程基础性测试(满分 10 分)

活动任务序列(任务二)

任务二知识组块

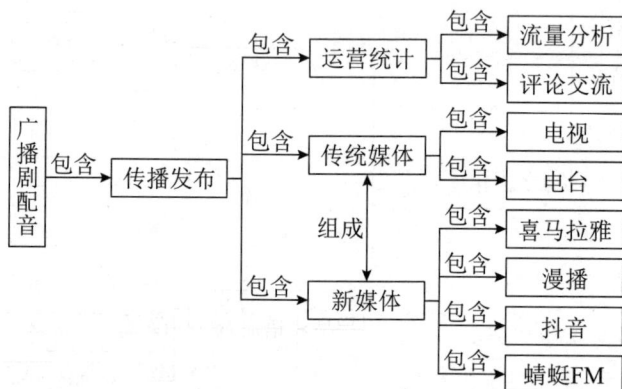

任务描述	清楚广播剧的发布平台与数据流量
任务时长	60 分钟
学习地点	课上 + 课下
交互过程	教师行为:发布课前任务,陈述,板书,随机提问,操作展示,发布课程基础问题测试 学生行为:听讲、观察、记录笔记、背诵, 学习方法:摘抄法,思维导图法,提前预习,课上回答问题
师生具体行为	教师发布课前任务,学生预习,在课程开始随机提问,学生回答,展示平台优秀广播剧作品,讲解过程中教师推荐相关平台优秀账号,学生自行记录笔记:于课尾进行基础问题测试,巩固课程内容,课下学生自行下载软件收听,自行发布广播剧作品查看流量数据,进行受众或流量分析
学习资源	教学 PTT、教材、广播剧发布平台、课程基础测试题
学习成果及评价标准	(1)通过上交的学习报告与课堂笔记进行评分(全部记录 10 分,记录少部分 5 分,未记录 0 分) (2)课程基础性测试(满分 10 分)

续表

活动 4 知识建模图（课上 + 课下）

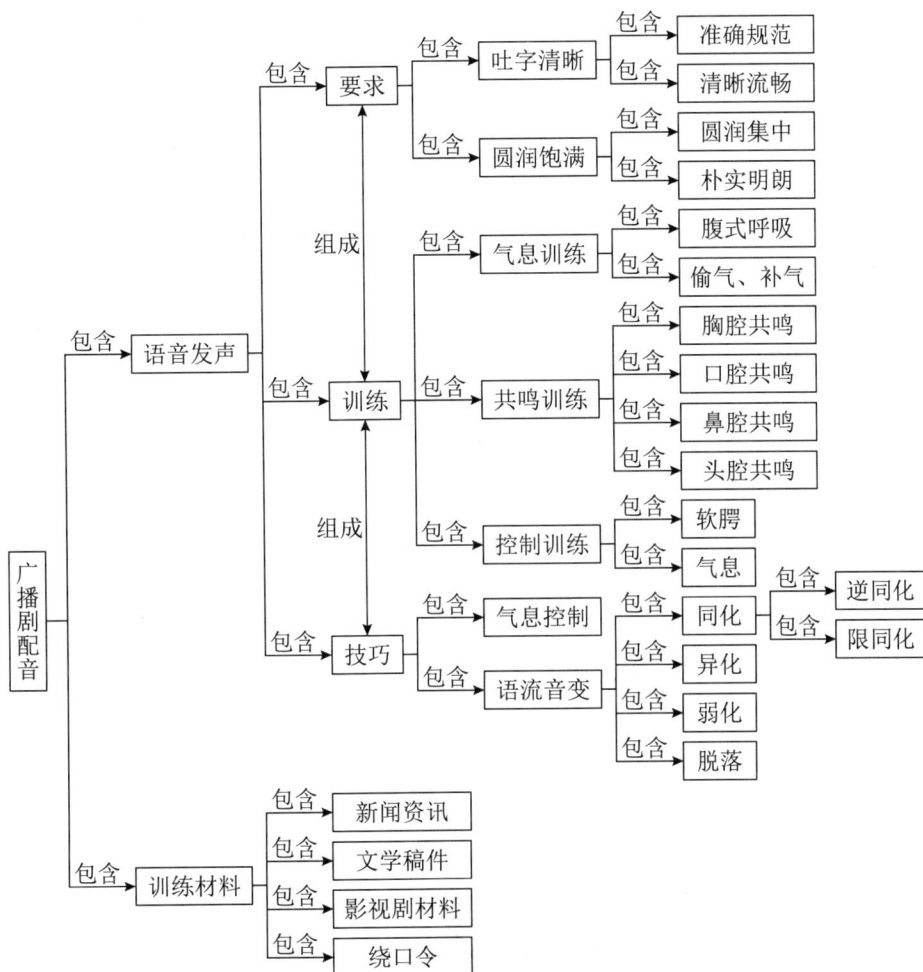

广播剧配音
- 包含 语音发声
  - 组成 要求
    - 包含 吐字清晰
      - 包含 准确规范
      - 包含 清晰流畅
    - 包含 圆润饱满
      - 包含 圆润集中
      - 包含 朴实明朗
  - 组成 训练
    - 包含 气息训练
      - 包含 腹式呼吸
      - 包含 偷气、补气
    - 包含 共鸣训练
      - 包含 胸腔共鸣
      - 包含 口腔共鸣
      - 包含 鼻腔共鸣
      - 包含 头腔共鸣
    - 包含 控制训练
      - 包含 软腭
      - 包含 气息
  - 组成 技巧
    - 包含 气息控制
    - 包含 语流音变
      - 包含 同化
        - 包含 逆同化
        - 包含 限同化
      - 包含 异化
      - 包含 弱化
      - 包含 脱落
- 包含 训练材料
  - 包含 新闻资讯
  - 包含 文学稿件
  - 包含 影视剧材料
  - 包含 绕口令

活动目标	熟悉并训练广播剧配音的语言发声技巧,做到熟练运用、融于习惯,在课下多多练习

活动任务序列（任务一）

任务一知识组块

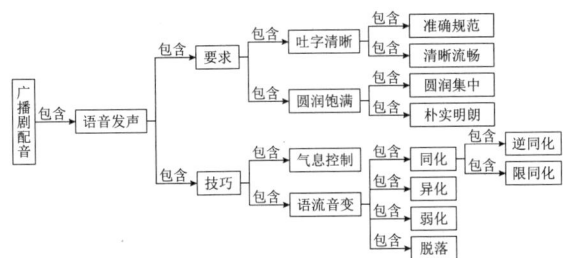

广播剧配音
- 包含 语音发声
  - 包含 要求
    - 包含 吐字清晰
      - 包含 准确规范
      - 清晰流畅
    - 包含 圆润饱满
      - 圆润集中
      - 朴实明朗
  - 包含 技巧
    - 包含 气息控制
    - 包含 语流音变
      - 包含 同化
        - 包含 逆同化
        - 包含 限同化
      - 异化
      - 弱化
      - 脱落

任务描述	理解熟悉广播剧配音的语言表达要求和技巧
任务时长	60 分钟
学习地点	课下 + 课下

续表

交互过程	教师行为:发布课前任务,陈述,板书,随机提问,实践展示,发布课程基础问题测试 学生行为:听讲、观察、记录笔记、素材尝试 学习方法:摘抄法,思维导图法,提前预习,课上回答问题
师生具体行为	教师发布课前任务,学生预习,在课程开始随机提问,学生回答,讲解过程中点名学生依据素材尝试训练,展示成果,学生自行记录笔记;于课尾进行基础问题测试,巩固课程内容
学习资源	教材、教学 PPT、文字素材样例、课程基础测试题
学习成果及评价标准	(1)通过上交的学习报告与课堂笔记进行评分(全部记录 10 分,记录少部分 5 分,未记录 0 分) (2)课程基础性测试(满分 10 分)

活动任务序列(任务二)

任务二知识组块		
	任务描述	熟悉并牢记广播剧配音的训练内容
	任务时长	90 分钟
	学习地点	课上 + 课下

任务二知识组块思维导图:
广播剧配音
- 包含 → 语音发声 → 包含 → 训练
  - 包含 → 气息训练:包含 腹式呼吸、包含 偷气、补气
  - 包含 → 共鸣训练:包含 胸腔共鸣、包含 口腔共鸣、包含 鼻腔共鸣、包含 头腔共鸣
  - 包含 → 控制训练:包含 软腭、包含 气息
- 包含 → 训练材料
  - 包含 新闻资讯
  - 包含 文学稿件
  - 包含 影视剧材料
  - 包含 绕口令

交互过程	教师行为:发布课前任务,陈述,板书,随机提问,理论实践展示,发布课程基础问题测试 学生行为:听讲、观察、记录笔记、素材训练 学习方法:摘抄法,思维导图法,提前预习,课上回答问题
师生具体行为	教师发布课前任务,学生预习,讲解过程中点名,学生依据理论实践展示,学生自行记录笔记;分组进行相关训练,即练声,于课尾进行基础问题测试,巩固课程内容
学习资源	教学 PPT、教材、练声素材、课程基础测试题
学习成果及评价标准	(1)通过上交的学习报告与课堂笔记进行评分(全部记录 10 分,记录少部分 5 分,未记录 0 分) (2)课程基础性测试(满分 10 分)

有声语言录制课程教案——古诗词文录制的基本操作如表 4-10 所示。

表 4-10　有声语言录制课程教案——古诗词文录制的基本操作

2023 年第一学期第 9 周

知识建模图

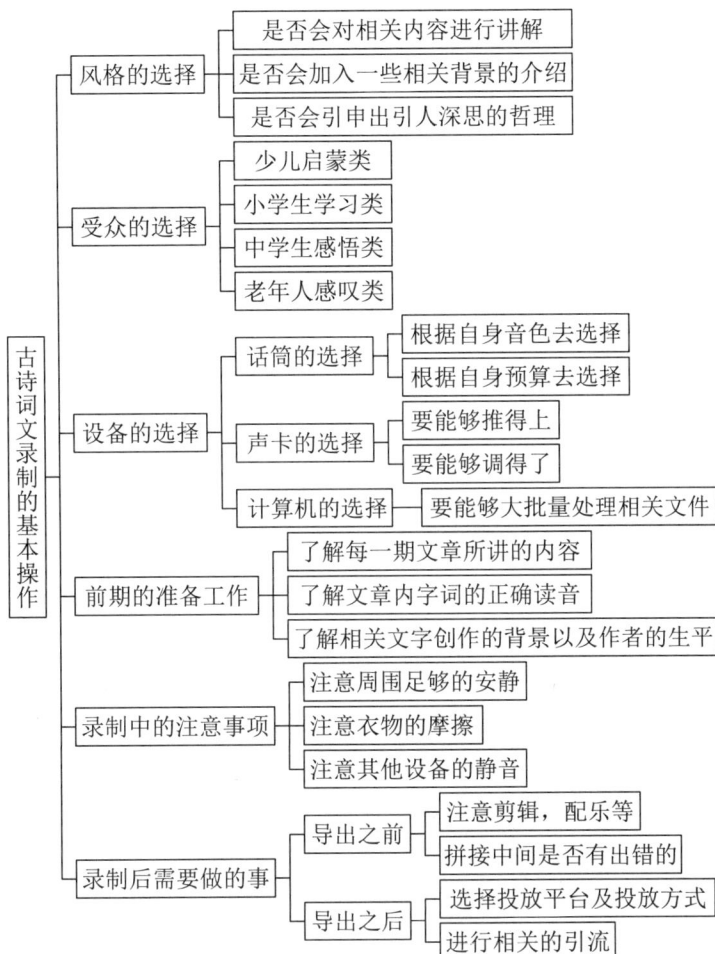

	知识点（学习水平）	能力目标
学习目标	（1）掌握初步录制古诗词文的基本操作 （2）充分了解录制古诗词文所需要的相关前期准备工作 （3）注意把握录制过程中的注意事项，避免造成麻烦 （4）录制之后需要做的事情是最容易忽略的	（1）具备初步录制古诗词文的基本操作 （2）对于古诗词文的录制有一定的鉴赏和赏析的能力 （3）吸取相关的录制过程中的错误并改正，避免下次再犯错误

学习先决知识技能	知识点(学习水平) (1)掌握初步录制古诗词文的基本操作(掌握) (2)充分了解录制古诗词文所需要的相关前期准备工作(了解、掌握) (3)录制之后需要做的事情是最容易忽略的

课上资源	课下资源
作业: (1)学生个人分享自己喜欢哪个类型的风格,以及各个风格之间的区别 (2)学生小组之间进行相关的探讨 教具: (1)相关的优秀作品的示例(喜马拉雅、蜻蜓FM、云听等) (2)教师针对不同学生的音色进行分析 注意事项:二次创作中情感的表达(含问题处理) 前期准备:评分表	网络平台:如哔哩哔哩、抖音,推荐哔哩哔哩"可莹一对一声音美化课""声音教练金小鑫"等,以及中国诗词大会等 学习网站:喜马拉雅、蜻蜓FM、云听 录制素材:《古诗词鉴赏》《宋词赏析》《读古文入门》等 参考教材:《朗读学》(张颂)、《朗诵训练指导》(伍振国、关瀛)

课上时间	100分钟	课下时间	200分钟	
活动序列	任务的学习目标	时间	学习资源	学习地点
活动1	掌握初步录制古诗词文的基本操作	课上20分钟+课下40分钟	网络平台:如哔哩哔哩、抖音,推荐哔哩哔哩"可莹一对一声音美化课""声音教练金小鑫"等,以及中国诗词大会等 学习网站:喜马拉雅、蜻蜓FM、云听	课上+课下
活动2	充分了解录制古诗词文所需要的相关前期准备工作	课上30分钟+课下60分钟	学习网站:喜马拉雅、蜻蜓FM、云听 录制素材:《古诗词鉴赏》《宋词赏析》《读古文入门》等	课上+课下
活动3	把握录制过程中的注意事项,避免造成麻烦	课上20分钟+课下40分钟	录制素材: 《古诗词鉴赏》《宋词赏析》《读古文入门》等 参考教材:《朗读学》(张颂)、《朗诵训练指导》(伍振国、关瀛)	课上+课下
活动4	录制之后需要做的事情是最容易忽略的	课上30分钟+课下60分钟	网络平台:如哔哩哔哩、抖音 参考教材:《朗读学》(张颂)、《朗诵训练指导》(伍振国、关瀛)	课上+课下

续表

活动 1 知识建模图（课上、课下）

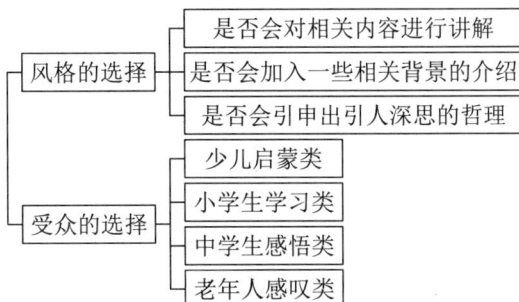

```
              ┌── 是否会对相关内容进行讲解
      风格的选择 ├── 是否会加入一些相关背景的介绍
              └── 是否会引申出引人深思的哲理
              ┌── 少儿启蒙类
      受众的选择 ├── 小学生学习类
              ├── 中学生感悟类
              └── 老年人感叹类
```

活动目标	掌握初步录制古诗词文的基本操作

活动任务序列（任务一）

任务一知识组块		任务描述	采用一对一教学＋小组讨论策略与方法,达到学会、理解、运用的学习效果
风格的选择：是否会对相关内容进行讲解 / 是否会加入一些相关背景的介绍 / 是否会引申出引人深思的哲理 受众的选择：少儿启蒙类 / 小学生学习类 / 中学生感悟类 / 老年人感叹类		任务时长	课上用时 20 分钟 课下用时 40 分钟
		学习地点	课上（线下）学习相关的理论知识与操作 课后（线上）学习相关的视频讲解跟随视频自行复习
教学策略（或学习策略）	☐小组讨论　☐答疑 课上（线下）学习相关的理论知识与操作 课后（线上）学习相关的视频讲解跟随视频自行复习		
师生交互过程	我们都只知道古诗词文的录制很简单,有人说了"不就是读嘛"。其实,古诗词文的录制大有文章。上小学、初中的时候学到的"2/2/3""2/3"的方法已经不是艺术了,今天我们学点儿高级的		
学习资源	网络平台:如哔哩哔哩、抖音,推荐哔哩哔哩"可莹一对一声音美化课""声音教练金小鑫"等,以及中国诗词大会等 学习网站:喜马拉雅、蜻蜓 FM、云听		
学习成果及评价标准	(1)根据学习的内容,认真分析自己的声音特质 (2)根据自己的声音特质进行相关创作风格的选择 (3)观看课下相关的视频教学资源,并且跟随视频进行复习 (4)分享自己选择的相关词的风格,以及选择该风格的原因 (5)允许学生改善并重新提交学习成果		

活动2 知识建模图（课上、课下）

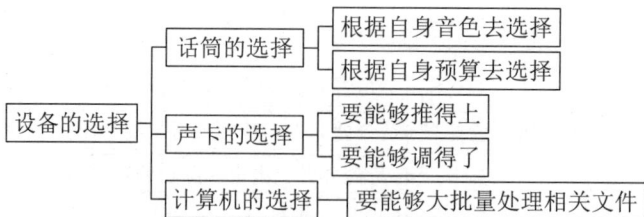

```
                          ┌─ 根据自身音色去选择
              ┌─ 话筒的选择 ┤
              │            └─ 根据自身预算去选择
              │            ┌─ 要能够推得上
   设备的选择 ─┼─ 声卡的选择 ┤
              │            └─ 要能够调得了
              │
              └─ 计算机的选择 ── 要能够大批量处理相关文件
```

活动目标	充分了解录制古诗词文所需要的相关前期准备工作

活动任务序列（任务二）

任务二知识组块

```
                          ┌─ 根据自身音色去选择
              ┌─ 话筒的选择 ┤
              │            └─ 根据自身预算去选择
              │            ┌─ 要能够推得上
   设备的选择 ─┼─ 声卡的选择 ┤
              │            └─ 要能够调得了
              └─ 计算机的选择 ── 要能够大批量处理相关文件
```

任务描述	采用一对一教学＋小组讨论策略与方法，达到学会、理解、运用的学习效果
任务时长	课上用时30分钟 课下用时60分钟
学习地点	课上（线下）学习相关的理论知识与操作 课后（线上）学习相关的视频讲解跟随视频自行复习

教学策略 （或学习策略）	□小组讨论　□答疑 课上（线下）学习相关的理论知识与操作 课后（线上）学习相关的视频讲解跟随视频自行复习
师生交互过程	有人会问："为什么我也认真分析了，调式也有变化，不再是固定格式了，可是我的声音听着怎么还是很廉价啊？我该怎么改变现状，让自己变得'贵'一些呢？"其实这就是音质的问题。设备的不同导致音质的不同，高、中、低端的音质将会直接影响人们的感官
学习资源	学习网站：喜马拉雅、蜻蜓FM、云听 录制素材：《古诗词鉴赏》《宋词赏析》《读古文入门》等
学习成果及评价标准	（1）根据学习的内容，认真分析自己的声音特质 （2）根据自己的声音特质进行相关创作风格的选择 （3）观看课下相关的视频教学资源，并且跟随视频进行复习 （4）分享自己选择的相关词的风格，以及选择该风格的原因 （5）允许学生改善并重新提交学习成果

活动3 知识建模图（课上、课下）

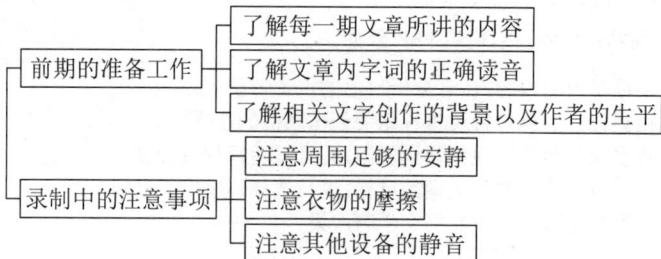

```
                          ┌─ 了解每一期文章所讲的内容
              ┌─ 前期的准备工作 ┤─ 了解文章内字词的正确读音
              │               └─ 了解相关文字创作的背景以及作者的生平
              │               ┌─ 注意周围足够的安静
              └─ 录制中的注意事项 ┤─ 注意衣物的摩擦
                                └─ 注意其他设备的静音
```

续表

活动目标	把握录制过程中的注意事项,避免造成麻烦

活动任务序列(任务三)

任务知识组块

任务 描述	采用一对一教学＋小组讨论策略与方法,达到学会、理解、运用的学习结果
任务 时长	课上用时 20 分钟 课下用时 40 分钟
学习 地点	课上(线下)学习相关的理论知识与操作 课后(线上)学习相关的视频讲解跟随视频自行复习
教学策略 (或学习 策略)	□小组讨论　□答疑 课上(线下)学习相关的理论知识与操作 课后(线上)学习相关的视频讲解跟随视频自行复习
师生交互 过程	录制的过程中会有各式各样的麻烦困扰着我们。例如,声音太杂,不知道到底应 该讲些什么,甚至会遇到读到一半不知道字的读音。其实问题的答案很简单,就 是我们前期的准备工作不够到位。那么,解决问题的办法也很简单,我们接着往 下看
学习资源	录制素材:《古诗词鉴赏》《宋词赏析》《读古文入门》等 参考教材:《朗读学》(张颂)、《朗诵训练指导》(伍振国、关瀛)
学习成果及 评价标准	(1)根据学习的内容,认真分析自己的声音特质 (2)根据自己的声音特质进行相关创作风格的选择 (3)观看课下相关的视频教学资源,并且跟随视频进行复习 (4)分享自己选择的相关词的风格,以及选择该风格的原因 (5)允许学生改善并重新提交学习成果

续表

活动4知识建模图（课上、课下）		

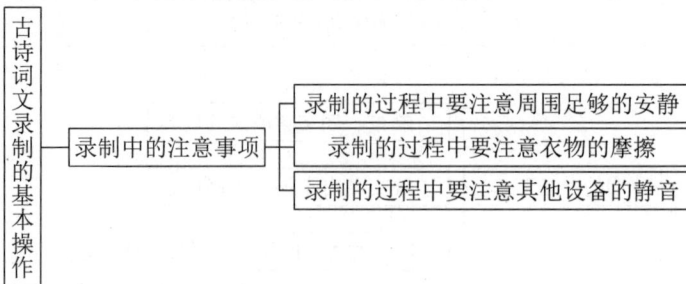

古诗词文录制的基本操作 —— 录制中的注意事项 ——
- 录制的过程中要注意周围足够的安静
- 录制的过程中要注意衣物的摩擦
- 录制的过程中要注意其他设备的静音

活动目标	录制之后需要做的事情是最容易忽略的

活动任务序列（任务四）	

任务四知识组块：

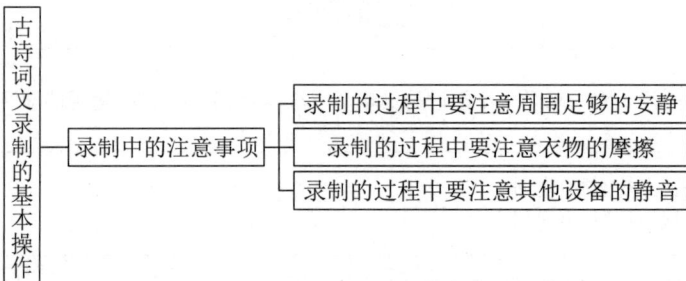

古诗词文录制的基本操作 —— 录制中的注意事项 ——
- 录制的过程中要注意周围足够的安静
- 录制的过程中要注意衣物的摩擦
- 录制的过程中要注意其他设备的静音

任务描述	采用一对一教学＋小组讨论策略与方法，达到学会、理解、运用的学习效果
任务时长	课上用时 30 分钟 课下用时 60 分钟
学习地点	课上（线下）学习相关的理论知识与操作 课后（线上）学习相关的视频讲解 跟 随视频自行复习
教学策略 （或学习 策略）	□小组讨论　□答疑 课上（线下）学习相关的理论知识与操作 课后（线上）学习相关的视频讲解跟随视频自行复习
师生交互 过程	当录制工作结束，很多人会以为万事大吉了。其实，是否真正有人欣赏你的专业，喜欢你的节目，往往就在最后一步。接下来，我们一起揭开这层神秘的面纱
学习资源	网络平台：如哔哩哔哩、抖音，推荐哔哩哔哩"可莹一对一声音美化课""声音教练金小鑫"等，以及中国诗词大会等 参考教材：《朗读学》（张颂）、《朗诵训练指导》（伍振国、关瀛）
学习成果 及评价 标准	（1）根据学习的内容，认真分析自己的声音特质 （2）根据自己的声音特质进行相关创作风格的选择 （3）观看课下相关的视频教学资源，并且跟随视频进行复习 （4）分享自己选择的相关词的风格，以及选择该风格的原因 （5）允许学生改善并重新提交学习成果

有声语言录制课程教案——电视剧配音如表 4-11 所示。

表 4-11　有声语言录制课程教案——电视剧配音

2023 年第一学期第 10 周

知识建模图

电视剧配音

- 支持　电视剧配音分类
  - 包含　古装剧
  - 包含　现代剧
  - 包含　动画剧
  - 包含　网络剧
- 支持　电视剧配音要求
  - 包含　发音准确
  - 包含　表演生动
  - 包含　情感贴切
  - 包含　合作精神
  - 包含　专业技能
- 支持　电视剧配音创作流程与标准
  - 包含　表达技巧
    - 包含　内部技巧
    - 包含　外部技巧
    - 包含　吐字
    - 包含　气息
  - 包含　语音与发声
    - 包含　技巧
    - 包含　电视剧背景
    - 包含　角色性格
    - 包含　角色演绎
  - 包含　剧情的解读与录制
  - 包含　后期制作
    - 包含　剪辑加音效
- 支持　电视剧配音特征
  - 包含　配音演员的声音要与演员的表演相配合
  - 包含　配音需要与画面相结合
  - 包含　配音需要营造出真实感和现场感
  - 包含　配音需要表现出艺术感
- 支持　电视剧配音常见问题
  - 包含　语言表达问题
    - 包含　语感不贴切
    - 包含　与角色形象不匹配
    - 包含　缺乏情感表达
  - 包含　背景音乐问题
    - 包含　背景音乐使用不当
  - 包含　技术问题
    - 包含　后期处理
    - 包含　录音设备

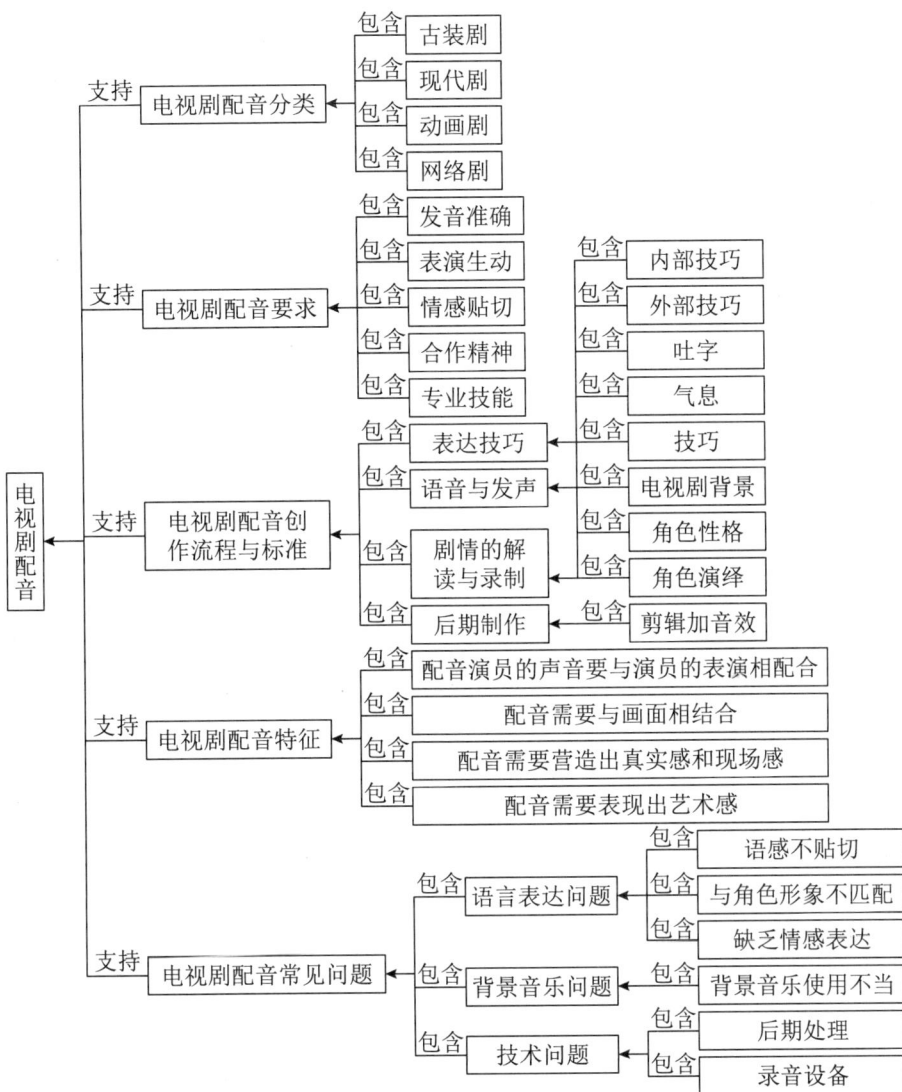

学习目标	知识点（学习水平）	能力目标
	（1）对电视剧配音的了解 （2）电视剧配音的工作流程、标准（理解、运用） （3）电视剧配音常见问题的分析与解决策略（理解、运用）	电视剧配音能力（运用）

续表

学习先决知识技能	知识点（学习水平）
	电视剧配音的分类、特征和要求，电视剧配音的工作流程（理解），工作标准（理解），电视剧配音常规要求（理解），电视剧配音常见表现（理解）

课上资源	课下资源
（作业）不同种类电视剧配音准备及录制 （作业）后期拼接剪辑成作品及保存 （教具）电视剧配音有关 App（AU，配音秀等）、有声语言录制工具 （教辅工具）电视剧配音过程标准评分表 （教辅工具）电视剧配音结果（含问题处理）评分表	（微课）电视剧配音作品 （教材）《影视配音艺术》——配音技巧 （教材）《戏剧影视经典独白》——台词合集 （微课）电视剧配音制作流程与标准视频 （教具）电视剧配音有关 App（AU、配音秀等） （教辅工具）电视剧配音过程标准评分表 （教辅工具）电视剧配音结果（含问题处理）评分表 （教材）教材中的专业基础课相关知识模块： 配音理论知识： （1）声音训练 （2）表演技巧 （3）录音设备使用 （4）语言表达 （5）剧本分析 （6）观察力 （7）积累经验 （配音网站）妙音配音、声咔配音等 （配音素材）如古装类《周生如故》、现代剧《欢乐颂》等 （参考书）《表演练声课》《声音者》《播音主持语音与发声》《我的配音生涯》

课上时间	120 分钟	课下时间	240 分钟	
活动序列	任务的学习目标	时间	学习资源	学习地点
活动 1	电视剧配音的工作流程、标准、电视剧常规要求（理解、运用）	课下（前）60 分钟＋课上 30 分钟	电视剧配音工作流程与标准视频 电视剧配音的影视片段选择；电视剧配音准备工作；电视剧配音的录制	课下＋课上
活动 2	电视剧配音中的常见问题及解决策略（理解、运用）	课下（前）60 分钟＋课上 30 分钟	口型不符，角色的情感问题，角色状态，配音质量	课下＋课上
活动 3	电视剧配音情景模拟（运用）	课下 60 分钟＋课上 30 分钟	电视剧配音情景模拟：电视剧配音情景模拟录制、电视剧配音情景模拟结果评分表	课下＋课上

续表

活动序列	任务的学习目标	时间	学习资源	学习地点
活动 4	电视剧配音真实场景操作（运用）	课上 30 分钟 + 课下 60 分钟	电视剧配音评分表、观察记录表	课上 + 课下

活动 1 知识建模图（课下 + 课上）

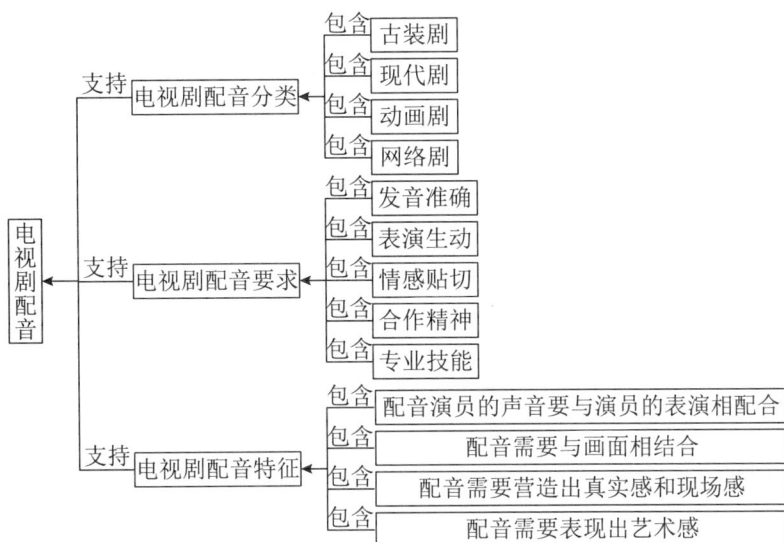

活动目标	电视剧配音的工作流程、标准、电视剧常规要求（理解,运用）

活动任务序列（任务一——课下）

任务一知识组块

任务描述	课下:课前观看电视剧配音线上视频课,预习《影视配音艺术》教材"电视剧配音标准"、《戏剧影视经典独白》教材"电视剧配音台词常规要求",完成对电视剧配音的了解。计划用时 0.5 小时。 课下:以小组为单位,分配配音材料,选择配音素材。计划用时 1 小时
任务时长	90 分钟

交互过程	教师行为:发布课前任务 学生行为:学生预习 学习方法:自主学习、小组讨论、情景模拟 （为了方便小组成员之间的沟通与交流,采用自由分配的方式划分小组,以 2~6 人为一组,最好 3~4 人,不超过 6 人）

续表

师生具体行为	教师发布课前任务,提供电视剧配音学习资源;学生观看电视剧配音视频课,预习《影视配音艺术》教材"电视剧配音标准"——配音的标准,《戏剧影视经典独白》——电视剧配音常规要求。学委和小组长分别督促学生及时完成自学内容。每位学生完成电视剧配音需要学习了解的内容,并以小组为单位,撰写电视剧配音情景模拟脚本
学习资源	电视剧配音线上视频课程、《影视配音艺术》教材——配音的标准、《戏剧影视经典独白》教材——电视剧配音常规要求、电视剧配音素材
学习成果及评价标准	(1)依据电视剧配音线上视频课的观看时长进行打分(全部看完得10分,未看完得5分,完全未看记0分) (2)电视剧配音结果评比(满分10分) (3)以小组为单位,提交电视剧配音情景模拟脚本,教师根据评分表对视频脚本打分(满分得10分,未提交小组记0分)

活动任务序列(任务二——课上)

任务二知识组块

任务描述	展示学生电视剧配音了解情况脚本,结合电视剧配音评分表进行互评讨论
任务时长	30分钟(看了解情况脚本12分钟+打分1分钟自评3分钟+互评7分钟+总结7分钟)

交互过程	教师行为:呈现电视剧配音了解情况脚本,结合电视剧配音评分表组织互评讨论 学生行为:观看电视剧配音了解情况脚本,并进行自评、互评和打分学习方法:讨论法
师生具体行为	教师:我将随机抽取两个小组的了解情况脚本,请大家结合电视剧配音的标准观看脚本,做好记录并打分。看完脚本,我将请本组的一位同学进行自评,其他小组同学互评 教师:观看完第一组脚本后,先请第一组的同学说一说你们是否按照工作标准进行设计?哪里写得好?哪里需要改进?设计时遇到了哪些问题?设计完有何感受? (可以当堂进行电视剧配音实操) 有请第二组进行点评 教师布置下次课前任务:分组进行电视剧配音中常见的问题案例讨论。 (1)语感不贴切 (2)与角色形象不匹配 (3)缺乏情感表达 (4)背景音乐使用不当 (5)声音不够清晰,拖沓不利落 (6)不清楚电视剧主旨,配出的角色不符合电视剧剧情发展 (7)后期制作不够完善

学习资源	电视剧配音知识的学习、电视剧配音评分表				
学习成果及评价标准	电视剧配音工作流程与标准评分表 评价标准：				

电视剧配音工作流程与标准评分表
评价标准：

电视剧配音评价表		自评（ ）互评（ ）			
打分人姓名		实验小组名称		座谈	总分
	流程标准（每条标准 1 分）			得分（0.1）	
电视剧配音实践	1. 准备好电视剧片段				
	2. 找好合作对象				
	3. 会背自己的配音的片段				
	4. 了解该电视剧的剧情发展				
	5. 了解该电视剧的角色性格特征				
	6. 选择适合自己音色的角色				
	7. 反复揣摩自己选样的片段				
	8. 进配音空间配音				
	9. 录制小组配音视镜。比例适宜				
	10. 对第一次配音提出的问题进行改进。并准备第二次配音				
	11. 选择最好的一段配音进行保存				
	12. 将音频与原消音视频进行编辑,使声音与口型能够同步				
	13. 转换成 MP4 格式投交阿里云盘				

4. 课程教学评价

有声语言录制项目化教学课程,是一项非常实用且富有挑战性的教学活动。通过该项目,学生能够锻炼自己的口语表达能力、语音技巧和听力理解能力,同时提高对语言与文化的敏感度和兴趣,培养从事相关行业的基本能力。

首先,从学生的口语表达能力来看,这个项目是一个极好的锻炼和提升自己口语能力的机会。通过反复的录制和听取自己的声音,学生可以发现自己在发音、语调、语速等方面的不足,并加以改进。

其次,语音技巧也是该项目中非常重要的一部分。学生需要掌握正确的发音和重音,以确保录制的音频清晰、准确。同时,还需要学会控制自己的音量和语速,使音频呈现出更加自然、流畅的效果。

再次,学生需要仔细听取自己的录音,找出其中的不足之处,并加以改进。同时,他们还需要学会倾听他人的意见和建议,以便更好地完善自己的录音作品。

最后,该项目还能够帮助学生提高对语言和文化的敏感度和兴趣。通过录制不同的主题和内容,学生可以深入了解不同的文化和知识背景,从而增强自己的跨文化交流能力。

　　总之,有声语言录制项目化教学是一项非常有意义的活动。它能够帮助学生提高口语表达能力、语音技巧和听力理解能力,并增强对语言和文化的敏感度和兴趣,同时具备相关从业能力。具体课程评分标准如表4-12所示。

表4-12　课程评分标准

评价等级	评价标准
及格(70~79分)	(1)基本掌握有声语言录制的基础知识,包括有声语言理论、软件运用、广告后期制作等,并能运用于实践创作分析 (2)基本掌握各种有声语言录制的语言特点及表达样式,并能完成各项基本准备工作 (3)基本具备各类有声语言录制场景中的创作实践能力,如广告配音、影视剧配音、动漫配音、游戏配音、有声书播讲、古诗词诵读等 (4)基本达到预期标准,但存在一些缺陷或错误,展现了对知识一定程度的理解和技能掌握,基本满足企业与真实项目的关键指标要求
良好(80~89分)	(1)具备针对不同类型广播节目,进行听觉元素整合、策划选题、构建节目结构、创意组稿、有声语言录制、后期剪辑、包装制作等系列工作能力 (2)具备进行录播、直播、演播等不同类型项目的团队协作与独立创作能力 (3)达到预期标准,展现了对知识的深入理解和不错的技能掌握水平。满足企业与真实项目的各项指标要求,经过修改可以交付
优秀(90~100分)	(1)能够跨界处理音频、视频内容,创新性开展编辑、点评、策划、传播及播音主持等工作 (2)能够结合企业和真实项目需求,运用新理念、新技术、新方式等为不同平台、不同终端、不同受众提供个性化音频内容与服务,实现多媒介跨界传播 (3)表现优秀,达到了预期标准,具有特别出色之处,展现了对知识的全面理解和良好的技能掌握。满足企业和真实项目的各项需求,可以面向市场,服务社会,具备创新价值和可持续发展潜力

4.3　主持人礼仪与形象设计专业基础课程教学设计实例

1.课程简介

《主持人礼仪与形象设计》课程作为黄河科技学院播音主持专业核心基础课,深度融合学校"产教融合,知行合一"的应用型人才培养理念。聚焦播音主持行业对职业形象与专业素养的双重要求,构建"理论＋实践＋产业"三位一体的教学体系,培养具有审美能力、文化传播力和职业竞争力的复合型主持人才。课程内容涵盖主持人形象设计原理、主持人仪态管理、主持人必备礼仪技巧、多场景服饰搭配及舞台化妆技术五大模块,根据合作企业的即时项目和延时项目,开展主持人情景化模拟训练。通过本课程学习,学生将系统掌握播音主持职业礼仪规范体系、全媒体场景下的形象塑造能力、职业形象的管理的可持续开发能力。本课程致力于将学生培养成兼具专业素养与文化内涵，能适应融媒体时代需求的应用型主持人才，为中原文化传播事业输出新生力量。

2.课程教学大纲

主持人礼仪与形象设计课程大纲如表 4-13 所示。

表 4-13　主持人礼仪与形象设计课程大纲

一、课程大纲					
课程代码	kg20232zj099	课程名称	主持人礼仪与形象设计		
授课教师	王嘉文				
课程性质	必修	学时　32	学分　2	授课对象	大二
课程目标	主持人礼仪与形象设计课程是在媒体技术不断发展和媒介大融合的时代背景下，为进一步提升播音与主持艺术专业学生的专业竞争力和职业适应度而设置的一门专业课。良好的主持人形象有助于节目信息的传播和媒体品牌的塑造，主持人"形象"在传播效果中也起着举足轻重的作用。主持人形象设计是主持人自身、栏目和用户三方合力作用的行为。面对媒介传播态势的变化、AI 人工智能主播的冲击及用户多元化的需求，形象设计与应用对于主持人在复杂的融媒环境下破圈突围具有重要意义。本课程旨在通过开展主持人传播形象设计原则及要求、主持人传播形象设计的特点及类型、不同类型节目主持人传播形象设计与造型技巧、主持人传播形象设计的影响因素与对策等教学内容，致力于培养和提升学生在主持人传播形象设计方面的管理与应用实践能力				
学习成果	(1)学生设计作品 (2)学生实训视频 (3)学生课程考核成绩				
教学方法（或学习方法）	☑讲授　☑小组讨论　□答疑　□实验　☑实训　☑自主学习　□其他（请填写）_____				
先修课程	专业基础课程:无 项目化课程:无				
后衔接课程	专业基础课程:全媒体表达、播音创作方向实践 项目化课程:艺术形象管理与实践、少儿语言表演、直播电商主播与运营实践、体验互动类直播实践、有声书录制				
课程资源	自主设计（选择相应选项即可,如有补充请填写内容）: ☑教材　□教辅用书　☑拓展书目　□教具　□实验室　☑网络平台　□图片　□音频　☑视频　□软件　□学科专家、科学家、企业家等社会人士　□实地/现场　□图书馆、博物馆等社会场所　□期刊报纸　☑教学过程中生成性资源(如教学活动中提出的问题、学生的作品/作业、课堂实录等)　□其他(请填写)_____ 现成资源（选择相应选项即可,如有补充请填写内容）: ☑教材　□教辅用书　☑拓展书目　☑教具　□实验室　□图片　□音频　☑视频　□软件　□学科专家、科学家、企业家等社会人士　□实地/现场　□图书馆、博物馆等场所　□期刊报纸　☑教学过程中生成性资源　□其他(请填写)_____				

续表

课程评价方式

1. 评价内容与标准

项目评价内容与标准

评价内容	评价标准
主持人艺术形象诊断	(1) 对主持人的外貌特征、性格特点、形象管理需求进行有效诊断分析占比 60% (2) 制定符合主持人需求的形象管理方案占比 40%
主持人艺术形象设计	(1) 对主持人进行妆面造型设计占比 30% (2) 对主持人进行发型造型设计占比 30% (3) 对主持人进行服装配饰造型设计占比 40%
主持人艺术形象传播	(1) 主持人艺术形象总体呈现(展现气质、凸显个性)占比 50% (2) 被设计者满意度占 50%

2. 评价方案

评价方案

考核项目		基本要求	所占权重	分值
过程性评价(50%)	课堂出勤	旷课每次扣 2 分,请假、迟到、早退每次扣 1 分	10%	20 分
	课堂测试	按照智慧黄科测试统计结果评分	5%	10 分
	课堂训练	7 次,每次 5 分:A 5 分;B 4 分;C 3 分;D 1 分	27.5%	55 分
	课外学习	按照课外自主研究与实践综合评分	7.5%	15 分
考核性评价(50%)	期末考核	理论考试 + 作品考试	50%	100 分

3. 评价标准

评价项目	评价标准
基本知识(40 分)	(1) 掌握形象设计美学原理和形象设计的基本原则 (2) 熟悉时尚传媒业界的前沿发展规律和独特的审美特征 (3) 掌握主持人艺术形象发展特征、设计美学、形式美法则等相关的理论特点和实践要领 评分细则: (1) 35~40 分:熟练掌握形象设计美学原理和形象设计的基本原则,熟悉时尚传媒业界的前沿发展规律和独特的审美特征,并掌握主持人艺术形象发展特征、设计美学、形式美法则等相关的理论特点和实践要领。理论考试达 90 分及以上 (2) 30~34 分:较熟练掌握形象设计美学原理和形象设计的基本原则,独特的审美特征,并掌握主持人艺术形象发展特征、设计美学、形式美法则等相关的理论特点和实践要领。理论考试在 80~89 分

	评价项目	评价标准
课程评价方式	基本知识（40分）	（3）25~29分：基本掌握形象设计美学原理和形象设计的基本原则，独特的审美特征，并掌握主持人艺术形象发展特征、设计美学、形式美法则等相关的理论特点和实践要领。理论考试在70~79分 （4）20~24分：基本掌握形象设计美学原理和形象设计的基本原则，独特的审美特征及掌握主持人艺术形象发展特征、设计美学、形式美法则等相关的理论特点和实践要领。理论考试在60~69分 （5）20分以下：不能够掌握形象设计美学原理和形象设计的基本原则，独特的审美特征，并掌握主持人艺术形象发展特征、设计美学、形式美法则等相关的理论特点和实践要领。理论考试在59分及以下
	技能展现（40分）	（1）结合课程实践教学设计，使学生能够运用所学理论 （2）根据设计主体和客体的特殊性，对主持人个人条件整体与局部进行理性客观的分析 （3）结合节目风格类型加强感性思维训练来表达对主持人的整体形象设计，展现实用性与艺术性的完美结合 评分细则： （1）30~40分：熟练掌握所学理论，根据设计主体和客体的特殊性，通过对主持人个人条件整体与局部进行理性客观的分析；并结合节目风格类型来表达对主持人的整体形象设计，展现实用性与艺术性的完美结合 （2）20~29分：较熟练掌握所学理论，根据设计主体和客体的特殊性，对主持人个人条件整体与局部进行理性客观的分析；并结合节目风格类型来表达对主持人的整体形象设计 （3）10~19分：基本掌握所学理论，根据设计主体和客体的特殊性，对主持人个人条件整体与局部进行理性客观的分析；并结合节目风格类型来表达对主持人的整体形象设计 （4）9分及以下：不能够掌握所学理论，根据设计主体和客体的特殊性，对主持人个人条件整体与局部进行理性客观的分析；不能结合节目风格类型来表达对主持人的整体形象设计
	素养表达（20分）	（1）以市场需求为导向，培养学生具备从事主持人形象顾问、电视台及剧组艺术造型设计 （2）开办形象管理工作室等领域的团队协作素养和创新实践能力 评分细则： （1）17~20分：熟练掌握主持人形象顾问、电视台及剧组艺术造型设计的运用技巧，具备良好的身心素质和表达沟通能力 （2）13~16分：较熟练掌握主持人形象顾问、电视台及剧组艺术造型设计的运用技巧，具备良好的身心素质和表达沟通能力 （3）9~12分：基本熟练掌握主持人形象顾问、电视台及剧组艺术造型设计的运用技巧，具备良好的身心素质和表达沟通能力 （4）8分以下：不能够掌握主持人形象顾问、电视台及剧组艺术造型设计的运用技巧，不具备良好的身心素质和表达沟通能力

续表

二、课程教学进度表

周次	课堂教学			课外自主研究与实践		备注
	具体教学内容	使用项目和讲授地点（理论讲授/实操）	计划学时	任务内容（对学生课下的具体任务要求）	计划学生用时（按小时计）	
1	主持人传播形象设计与造型的基本原理 理论教学： （1）形象设计概念、原则及要求 （2）不同类型节目中设计与造型要点 （3）主持人形象设计的特点及类型 （4）影响主持人形象设计的因素 （5）主持人形象设计的学习准备与方法 （6）知识拓展与范例参考 实操训练： 主持人传播形象设计与造型案例赏析	理论讲授：多媒体教室 实操训练：多媒体教室	4	课下任务一：主持人传播形象设计与造型的基本原理相关资料查询，并整理查询笔记，计划用时2小时 课下任务二：主持人传播形象设计与造型案例观看及分析撰写，计划用时3小时 课下任务三：收集主持人传播形象设计与造型案例，开展赏析研讨活动，计划用时3小时	8	
2~3	主持人人际交往的基本礼仪 理论教学： （1）察言 （2）观色 （3）应变技巧 （4）换位思考 （5）会面礼仪 （6）餐桌礼仪 实操训练： （1）课堂研讨 （2）会面礼仪训练 （3）餐桌礼仪训练	理论讲授：多媒体教室 实操训练： （1）科教中心会议室 （2）黄河源酒店	4	课下任务一：主持人人际交往的基本礼仪相关资料查询，并整理查询笔记，计划用时1小时 课下任务二：主持人人际交往的基本礼仪相关知识研讨，并整理研讨记录，计划用时1小时 课下任务三：会面礼仪练习及实践心得撰写，计划用时2小时 课下任务四：餐桌礼仪练习及实践心得撰写，计划用时2小时 课下任务五：模拟项目练习，计划用时2小时	8	
4~5	主持人着装设计与造型的规律及技法 理论教学： （1）着装的基本知识与礼仪习俗 （2）不同类型主持人着装的设计与造型	理论讲授：多媒体教室	4	课下任务一：男主持人服饰与形象设计练习及实践心得撰写，计划用时3小时	8	

周次	课堂教学			课外自主研究与实践		备注
	具体教学内容	使用项目和讲授地点（理论讲授/实操）	计划学时	任务内容（对学生课下的具体任务要求）	计划学生用时（按小时计）	
4~5	（3）服饰选择与主持人外观特征的搭配 （4）着装设计与画面的协调搭配（颜色、图案、质地、饰品） 实操训练： （1）女性主持人服饰与形象设计训练 （2）男性主持人服饰与形象设计训练	实操训练： （1）备播室 （2）河南报业集团大河网直播间	4	课下任务二：女主持人服饰与形象设计练习及实践心得撰写，计划用时3小时	8	
6~8	主持人的仪态与训练技巧 理论教学： （1）站姿 （2）坐姿 （3）走姿 （4）手势 （5）表情语 （6）提升气质的四个关键点 实操训练： （1）主持人仪态训练1 （2）主持人仪态训练2	理论讲授： 多媒体教室 实操训练： 舞蹈教室	6	课下任务一：站姿仪态练习及实践心得撰写，计划用时2小时 课下任务二：坐姿仪态练习及实践心得撰写，计划用时2小时 课下任务三：走姿仪态练习及实践心得撰写，计划用时2小时 课下任务四：手势仪态练习及实践心得撰写，计划用时2小时 课下任务五：表情语仪态练习及实践心得撰写，计划用时2小时 课下任务六：提升气质练习及实践心得撰写，计划用时1小时 课下任务七：延时项目练习，计划用时1小时	12	
9~10	主持人化妆设计与造型的规律及技法 理论教学： （1）电视化妆的基本知识 （2）化妆用品的基本知识 （3）化妆造型的美学规律（面部基本形态调整、发型与人体外观条件的调整） （4）主持人基础化妆的步骤与技法	理论讲授： 多媒体教室 实操训练： （1）备播室 （2）河南报业集团大河网直播间	4	课下任务一：主持人面妆练习及实践心得撰写，计划用时2小时 课下任务二：主持人眼妆练习及实践心得撰写，计划用时2小时 课下任务三：主持人眉妆练习及实践心得撰写，计划用时1小时 课下任务四：主持人唇妆练习及实践心得撰写，计划用时1小时 课下任务五：主持人发饰练习及实践心得撰写，计划用时1小时	8	

周次	课堂教学			课外自主研究与实践		备注
	具体教学内容	使用项目和讲授地点（理论讲授/实操）	计划学时	任务内容（对学生课下的具体任务要求）	计划学生用时（按小时计）	
9~10	实操训练： （1）主持人基础化妆训练 （2）主持人矫正化妆训练		4	课下任务六：即时项目练习，计划用时1小时	8	
11~14	主持人着装设计与造型的规律及技法 理论教学： （1）着装的基本知识与礼仪习俗 （2）不同类型主持人着装的设计与造型 （3）服饰选择与主持人外观特征的搭配 （4）着装设计与画面的协调搭配（颜色、图案、质地、饰品） 实操训练： （1）女性主持人服饰与形象设计训练 （2）男性主持人服饰与形象设计训练 （3）新闻类节目主持人形象设计综合训练 （4）生活服务类节目主持人形象设计综合训练 （5）综艺娱乐类节目主持人形象设计综合训练 （6）少儿类节目主持人形象设计综合训练	理论讲授：多媒体教室 实操训练： （1）备播室 （2）河南报业集团大河网直播间	8	课下任务一：主持人服饰与形象设计练习及实践心得撰写，计划用时3小时 课下任务二：新闻类节目主持人形象设计综合练习及实践心得撰写，计划用时3小时 课下任务三：生活服务类节目主持人形象设计综合练习及实践心得撰写，计划用时3小时 课下任务四：综艺娱乐类节目主持人形象设计综合练习及实践心得撰写，计划用时3小时 课下任务五：少儿类节目主持人形象设计综合练习及实践心得撰写，计划用时3小时 课下任务六：即时项目练习，计划用时8小时	16	
15~16	主持人情景演艺 理论教学： 活动设计方案写作 实操训练： 根据电视栏目、网络节目或商务活动，由学生担任主持人、嘉宾、观众等角色，把所学的主持人礼仪与形象设计的知识进行运用，提升学生的综合技能	理论讲授：多媒体教室 实操训练： （1）备播室 （2）演播厅 （3）融媒体中心	4	课下任务一：电视栏目设计方案写作练习，计划用时2小时 课下任务二：分角色进行自我形象设计，计划用时2小时 课下任务三：参与即时项目形象设计，计划用时2小时 课下任务四：课程学习心得撰写，计划用时2小时	8	
合计（课内）			34	合计（课外）	68	

3.课程教案

主持人礼仪与形象设计专业基础课教案如表 4-14 所示。

表 4-14　主持人礼仪与形象设计专业基础课教案

2023—2024 学年第 1 学期第 9 周

知识建模图

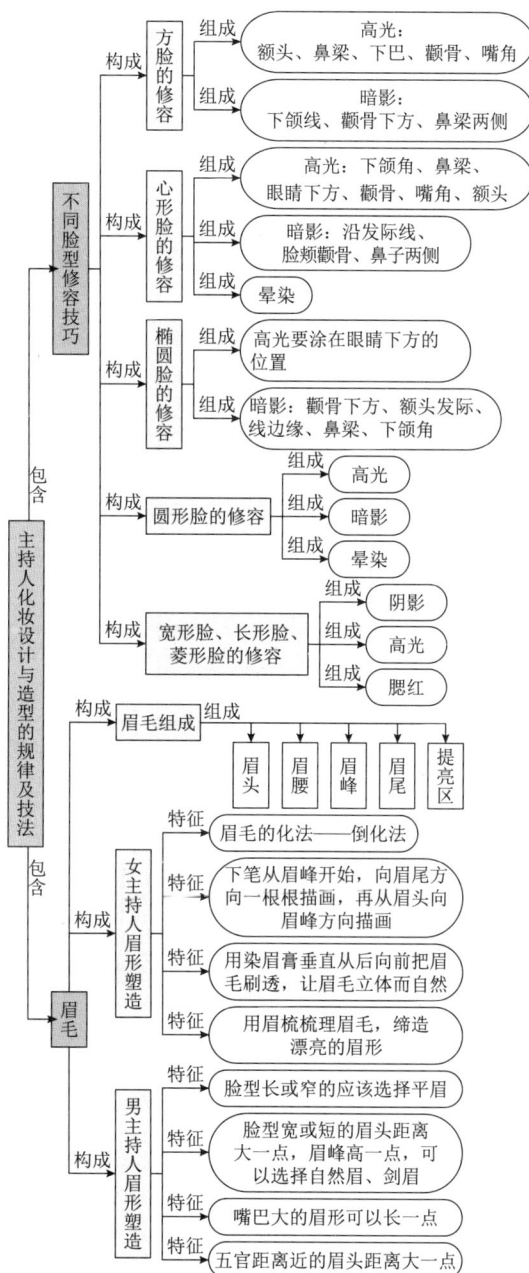

学习目标	知识点（学习水平）			
	不同脸形的修容技巧（理解、运用） 眉毛的组成及其打造（理解、运用） 女主持人的眉形塑造（理解、运用） 男主持人的眉形塑造（理解、运用）			
学习先决 知识技能	知识点（学习水平）			
	无			
课上学习 资源	《社交礼仪》《整体形象设计》 （第二版）教材	课下学习 资源	智慧黄科试题库、案例视频、小红书 及抖音资源	
课上时长 （分钟）	100 分钟	课下时长 （分钟）	200 分钟	
活动序列	活动的学习目标	时长（分钟）	学习资源	学习地点
活动 1	不同脸型的修容技巧（理解、运用）	20 分钟	《社交礼仪》《整体形象设计》（第二版）教材	课上
		40 分钟	智慧黄科试题库、案例视频、小红书及抖音资源	课下
活动 2	眉毛的组成及其打造（理解、运用）	20 分钟	《社交礼仪》《整体形象设计》（第二版）教材	课上
		40 分钟	智慧黄科试题库、案例视频、小红书及抖音资源	课下
活动 3	女主持人的眉形塑造（理解、运用）	30 分钟	《社交礼仪》《整体形象设计》（第二版）教材	课上
		60 分钟	智慧黄科试题库、案例视频、小红书及抖音资源	课下
活动 4	男主持人的眉形塑造（理解、运用）	30 分钟	《社交礼仪》《整体形象设计》（第二版）教材	课上
		60 分钟	智慧黄科试题库、案例视频、小红书及抖音资源	课下

活动 1 知识建模图

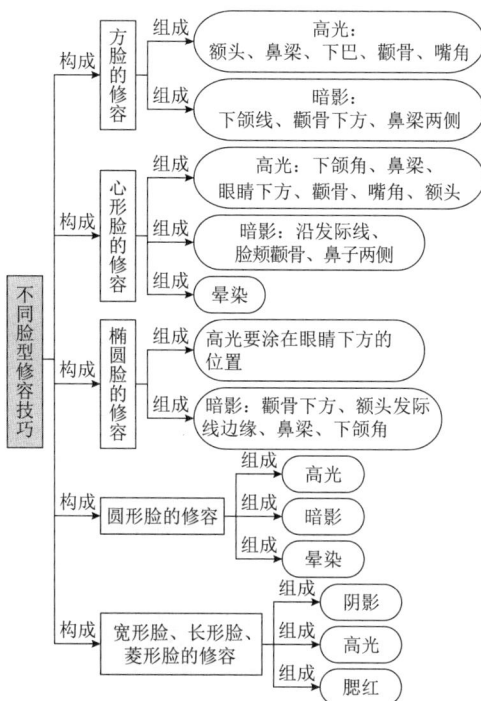

不同脸型修容技巧
- 构成 → 方脸的修容
  - 组成 → 高光：额头、鼻梁、下巴、颧骨、嘴角
  - 组成 → 暗影：下颌线、颧骨下方、鼻梁两侧
- 构成 → 心形脸的修容
  - 组成 → 高光：下颌角、鼻梁、眼睛下方、颧骨、嘴角、额头
  - 组成 → 暗影：沿发际线、脸颊颧骨、鼻子两侧
  - 组成 → 晕染
- 构成 → 椭圆脸的修容
  - 组成 → 高光要涂在眼睛下方的位置
  - 组成 → 暗影：颧骨下方、额头发际线边缘、鼻梁、下颌角
- 构成 → 圆形脸的修容
  - 组成 → 高光
  - 组成 → 暗影
  - 组成 → 晕染
- 构成 → 宽形脸、长形脸、菱形脸的修容
  - 组成 → 阴影
  - 组成 → 高光
  - 组成 → 腮红

活动目标	不同脸型的修容技巧（理解、运用）

活动任务序列（任务一）（课上＋课下）

任务一知识组块

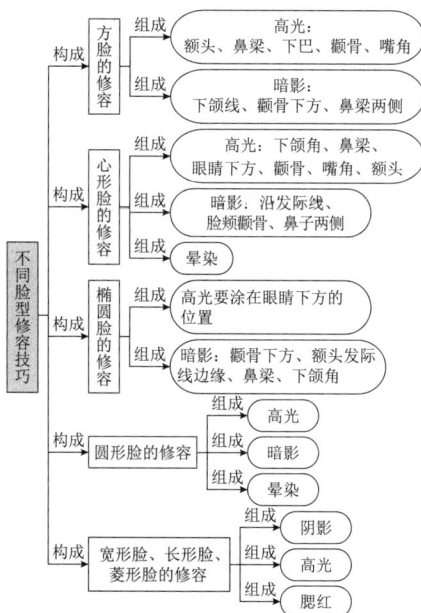

不同脸型修容技巧
- 构成 → 方脸的修容
  - 组成 → 高光：额头、鼻梁、下巴、颧骨、嘴角
  - 组成 → 暗影：下颌线、颧骨下方、鼻梁两侧
- 构成 → 心形脸的修容
  - 组成 → 高光：下颌角、鼻梁、眼睛下方、颧骨、嘴角、额头
  - 组成 → 暗影：沿发际线、脸颊颧骨、鼻子两侧
  - 组成 → 晕染
- 构成 → 椭圆脸的修容
  - 组成 → 高光要涂在眼睛下方的位置
  - 组成 → 暗影：颧骨下方、额头发际线边缘、鼻梁、下颌角
- 构成 → 圆形脸的修容
  - 组成 → 高光
  - 组成 → 暗影
  - 组成 → 晕染
- 构成 → 宽形脸、长形脸、菱形脸的修容
  - 组成 → 阴影
  - 组成 → 高光
  - 组成 → 腮红

任务描述	通过案例分析和教师讲授，使学生掌握并学会对个人面部特征进行具体分析，每个妆容的区别要求
任务时长	课上 20 分钟 课下 40 分钟
学习地点	课上：听教师授课，参加课堂讨论和课堂实训 课下：整理课堂笔记，进行操作训练

教学方法 （或学习 方法）	填写内容（选择相应选项即可，如有补充请填写内容）： ☑讲授　☑小组讨论　□答疑　□实验　☑实训　☑自主学习　□其他 （请填写）_____
交互过程	教师播放：PPT课件 教师提问：老师先找一位班里的方圆混合脸型的女生作为模特，然后提问大家，模特的脸型该如何修容？ 学生思考并回答问题：应该额头中间、下巴、鼻骨提亮，下颌骨和颧骨外侧涂暗 教师陈述：其实很简单，修容采用的就是对比原理，以大称小，以亮称缩，如果你是混合脸型，就看你是哪种脸与哪种脸的混合脸型，把两者的画法相叠加，椭圆形脸比较标准，稍加修饰即可，如果是比较大的椭圆，注重外轮廓的收缩即可 （1）修容的作用让脸型看起来更立体、更有轮廓感，尤其是对于我们播音与主持艺术专业的学生更为重要，可以使我们上镜时显得脸型更完美，如果是外场主持，在灯光的加持下，会让我们的面部更有重点和层次感 （2）修容一般会用到三种产品：高光、暗影和腮红，其中腮红修饰脸型的效果很好，并且可以使皮肤看起来更加健康 （3）高光分为珠光材质和哑光材质的，修容盘中的白色或者米白色，男生所有部位用哑光即可，女生有些部位用珠光，有些部位用哑光 （4）暗影是修容盘中的深咖色，一般是哑光材质 （5）修容的整体思路是高光有放射和凸起的作用，暗影是收缩和强调线条的作用。 （接下来教师在模特脸上实际演示，先为模特打好底妆，然后开始高光、暗影和腮红的涂抹，学生按照自己的脸型，看着老师的手法，跟着一起操作） 进行课堂演示操作和课堂实训
学习资源	《社交礼仪》《整体形象设计》（第二版）教材，以及智慧黄科试题库、案例视频、小红书及抖音资源 工具：化妆镜、底妆产品、修容盘、腮红
学习成果及 评价标准	学习成果：学生通过实际操作和对理论的学习，已基本掌握了根据自己的脸型进行修容。每种脸型都有不同的高光和暗影的涂抹位置，这门课的学习有利于学生学会修饰面部不够标准的比例结构，尽量趋近于三庭五眼的标准比例。学生的学习热情十分高涨，有些同学一开始对于涂抹的位置和手法掌握的还不够精确，经过老师的逐一点评和辅导，基本可以完成高光、暗影和腮红的涂抹 评价标准：高光、暗影和腮红的涂抹位置是否正确；颜色深浅是否合适；晕染过渡是否自然；珠光哑光材质是否使用准确；底妆的干净程度。老师根据学生的课堂练习成果为其打分记录在平时成绩登记表中，分为A、B、C、D四个类别的分数，较好的为A，良好的为B，一般的为C，还需要较大提升的为D

活动2 知识建模图

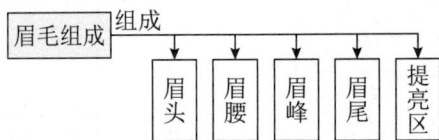

活动目标	眉毛的组成及其打造（理解、运用）

活动任务序列(任务一)(课上 + 课下)

任务一知识组块		
	任务描述	通过案例分析和教师讲授,使学生掌握并学会化妆造型美学规律,能清楚地分析个人眉眼妆化法
	任务时长	课上 20 分钟 课下 40 分钟
	学习地点	课上:听教师授课,参加课堂讨论和课堂实训 课下:整理课堂笔记,进行操作训练
教学方法 (或学习方法)	填写内容(选择相应选项即可,如有补充请填写内容): ☑讲授 ☑小组讨论 □答疑 □实验 ☑实训 ☑自主学习 □其他(请填写)_____	
交互过程	(1) 教师首先对修容打法进行基础讲解,然后依次对不同脸型进行讲解 (2) 方脸有小修容,一定是内轮廓加外轮廓一起叠加。方脸大多面部留白较多,所以在修容的时候,要先将面部平整度提起来,提亮面中法令纹以及鼻基底处;在额头的眉心三角区处也进行提亮;方脸大多太阳穴凹陷,所以太阳穴要提亮到颧骨最高处;下巴也是倒三角进行提亮。阴影处一定是先修鼻梁,加深山根点。在鼻头处进行小括号式的一个修饰,下颌角由下往上采用飞刷的方式进行修容,依次把外轮廓用这样的手法进行打造,颧骨往内进行修饰,辅以高光进行流畅度的打造 (3) 对于心形脸来说,脸上最宽的位置是额头和太阳穴,到下巴慢慢变窄。首先提亮下颌角来平衡整张脸,提亮鼻子、眼睛下方,再来提亮颧骨、嘴角和额头的位置。阴影要沿着发际线上色,让额头看起来小一些,一直画太阳穴的位置,再在下巴进行少量的点涂;脸上的修容要根据具体的情况,顺着骨骼的形状来走,从耳朵上面的位置沿着嘴角,从颧骨的位置画一条阴影,再来画鼻子两侧,突出高鼻梁 椭圆脸在眼睛下面的位置以及在额头三角区位置进行提亮。椭圆脸的整体面部较流畅。所以其阴影大多打在颧骨下方、额头发际线边缘处及少量进行修饰。鼻梁及下颌角位置,下颌角依旧采用飞刷的方式进行修饰。椭圆脸整体按照这样的方式进行打造,又根据每个人五官特点的不同进行调整 (4) 圆形脸高光打在额头、面部三角区及下巴三角处,使整张脸的平整度更高,阴影打在鼻子处。然后又根据个人脸型的部分明显特征进行阴影的修饰 (5) 宽形脸、长形脸、菱形脸的修容:通过阴影和高光的共同作用,再加以腮红进行打造 (6) 学生根据自己脸型进行适合的妆容打造。在部分妆容位置有任何不理解的及时请教老师,老师给出答案之后学生按照要求进行进一步的调整和打造	
学习资源	《社交礼仪》《整体形象设计》(第二版)教材,以及智慧黄科试题库、案例视频、小红书及抖音资源 工具:化妆镜、底妆产品、眼线笔、眉夹、眉刀	

续表

学习成果及评价标准	(1)学习成果:因为眉毛对脸型的修饰作用也极强,所以放在一起让学生练习,可以在面部呈现出更明显的效果。通过学生的这次课下实际操作,课上讲的高光、暗影和腮红的涂抹更加准确了,可以看出学生的技法也娴熟了许多,操作速度有所提高;绝大部分同学掌握了化妆的思路与原理,也能准确找到适合自己的眉形,就是眉毛深浅的掌握还需要加强练习,还有一小部分同学比较迷茫,课下通过咨询老师,可以基本掌握眉毛的轨迹 (2)评价标准:眉型是否适合脸型;眉毛的颜色深浅是否合适;眉毛的涂抹是否干净;眉毛与鼻侧影的衔接;眉毛周边的高光处理;底妆的干净程度。老师根据学生的课下练习成果为其打分记录在平时成绩登记表中,分为A、B、C、D四个类别的分数,较好的为A,良好的为B,一般的为C,还需要较大提升的为D

活动3 知识建模图

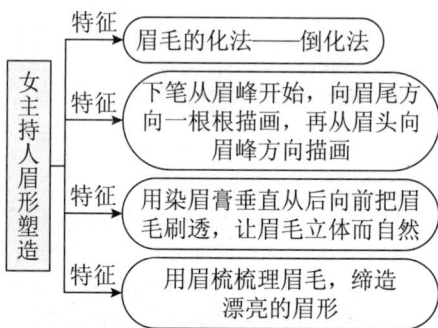

```
                       ┌─ 特征 → ( 眉毛的化法——倒化法 )
                       │
          ┌─────────┐  ├─ 特征 → ( 下笔从眉峰开始,向眉尾方
          │女 主 持 人│  │          向一根根描画,再从眉头向
          │眉 形 塑 造├──┤          眉峰方向描画 )
          └─────────┘  │
                       ├─ 特征 → ( 用染眉膏垂直从后向前把眉
                       │          毛刷透,让眉毛立体而自然 )
                       │
                       └─ 特征 → ( 用眉梳梳理眉毛,缔造
                                  漂亮的眉形 )
```

活动目标	女主持人的眉形塑造(理解、运用)

活动任务序列(任务一)(课上 + 课下)

任务一知识组块

| ```
                       ┌─ 特征 → ( 眉毛的化法——倒化法 )
                       │
          ┌─────────┐  ├─ 特征 → ( 下笔从眉峰开始,向眉尾方
          │女 主 持 人│  │          向一根根描画,再从眉头向
          │眉 形 塑 造├──┤          眉峰方向描画 )
          └─────────┘  │
                       ├─ 特征 → ( 用染眉膏垂直从后向前把眉
                       │          毛刷透,让眉毛立体而自然 )
                       │
                       └─ 特征 → ( 用眉梳梳理眉毛,缔造
                                  漂亮的眉形 )
``` | 任务描述 | 通过案例分析和教师讲授,使学生掌握并学会女主持人的眉形塑造技法 |
| | 任务时长 | 课上30分钟
课下60分钟 |
| | 学习地点 | 课上:听教师授课,参加课堂讨论和课堂实训
课下:进行操作训练 |

教学方法 (或学习方法)	填写内容(选择相应选项即可,如有补充请填写内容): ☑讲授　☑小组讨论　☐答疑　☐实验　☑实训　☑自主学习　☐其他 (请填写)_____
交互过程	(1)用眉笔着重描绘眉毛下方靠近眉尾那一端位置,之后用另一头螺旋刷略微刷一下眉毛上边缘,做到眉毛框架上虚下实 (2)利用眉笔较细的一头填补眉毛空隙处,眉头处的颜色画虚一点,不然会显得很生硬
```

交互过程	（3）上一步的效果基本可以看出来眉头和眉尾的颜色深浅一致，没什么立体感。所以这一步我们用眉刷蘸取眉粉加深眉尾部分，一方面是因为眉尾部分没有眉毛，如果颜色太浅会没有真实感；另一方面是为了打造一个有深浅过渡的眉毛，让它更加有立体感 （4）眉毛填色后再使用眉刷整体晕染眉毛，均匀眉毛颜色，之后再晕染眉毛上边缘，使上边缘线条柔和。因为这里眉毛间距较宽，所以这一步用眉笔再描绘一下眉头位置。这一步完全看个人情况，不是必需的。如果一样需要手画眉头，下笔一定要轻，之后再用螺旋眉刷或者手指把眉头晕染一下 （5）画完眉毛之后，再用染眉膏顺着眉毛生长方向刷一遍，这一步一方面是针对染过头发的情况来调整眉毛的颜色，使眉毛颜色和发色保持一致。另一方面是加强眉毛的服帖度，增加它的立体感，防止眉毛软塌塌地贴在皮肤上 （6）学生根据要求和自己的脸型进行眉形的选择以及打造，中间出现问题及时向老师求助，教师对其进行讲解及调整
学习资源	《社交礼仪》《整体形象设计》（第二版）教材，以及智慧黄科试题库、案例视频、小红书及抖音资源 工具：化妆镜、底妆产品、眼线笔、眉夹、眉刀
学习成果及评价标准	学习成果：操作训练设计成果 评价标准： （1）结合个人性格、脸型等因素进行个人形象造型设计，并明确解读自己的设计特点 （2）拍照上传至讨论区。 学习成果：课堂笔记、操作训练设计成果 评价标准： （1）结合个人性格、脸型等因素进行个人眉毛造型设计，并明确解读自己的设计特点 （2）拍照上传至讨论区

活动 4 知识建模图

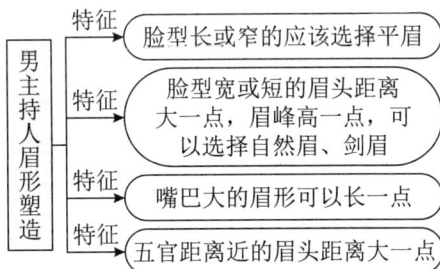

活动目标	男主持人的眉形塑造（理解、运用）

活动任务序列(任务一)(课下)

任务一知识组块：	任务描述	通过案例分析和教师讲授,使学生掌握并学会女主持人的眉形塑造技法
	任务时长	课上30分钟 课下60分钟
	学习地点	课上：听教师授课,参加课堂讨论和课堂实训 课下：进行操作训练

教学方法 (或学习方法)	填写内容(选择相应选项即可,如有补充请填写内容)： ☑讲授　☑小组讨论　□答疑　□实验　☑实训　☑自主学习　□其他(请填写)＿＿＿＿＿
交互过程	(1)教师讲述男士眉毛一定要边缘化,颜色虚化,无框,先挑起点重收点轻,毛发长,线条略长,毛发短。线条略短,毛发不要过于整齐 (2)男士眉毛以黑色和灰色为主,一定要有力量感 (3)脸型长或窄的选择平眉,脸型宽或短的,眉头距离大一点,眉峰高一点可以选择自然眉、剑眉,嘴巴大到眉形可以长一点,五官距离近的,眉头距离大一点 (4)学生根据要求及自己的脸型进行眉形的选择及打造,中间出现问题及时向教师求助,教师对其进行讲解以及调整
学习资源	《社交礼仪》《整体形象设计》(第二版)教材,以及智慧黄科试题库、案例视频、小红书及抖音资源 工具：化妆镜、底妆产品、眼线笔、眉夹、眉刀
学习成果及评价标准	学习成果：操作训练设计成果 评价标准： (1)结合个人性格、脸型等因素进行个人形象造型设计,并明确解读自己的设计特点 (2)拍照上传至讨论区

4. 课程教学评价

该课程总成绩采用过程性考核和期末考试相结合的方式评定。其中,平时成绩以过程性考核方式占总成绩50%,结合线下练习,项目实训与翻转校园平台对学习过程及质量进行综合评价;期末成绩占总成绩50%,采用"情景演绎＋实战训练"方式进行评价。其中,平时成绩注重学生学习全过程考量,体现多元化、综合性,从多角度锻炼学生主动学习能力,以及发现问题、解决问题的能力。

(1)评价内容与标准如表4-15所示。

表 4-15　项目评价内容与标准

评价内容	评价标准
主持人艺术形象诊断	（1）对主持人的外貌特征、性格特点、形象管理需求进行有效诊断分析占比 60% （2）制定符合主持人需求的形象管理方案占比 40%
主持人艺术形象设计	（1）对主持人进行妆面造型设计占比 30% （2）对主持人进行发型造型设计占比 30% （3）对主持人进行服装配饰造型设计占比 40%
主持人艺术形象传播	（1）主持人艺术形象总体呈现（展现气质、凸显个性）占比 50% （2）被设计者满意度占 50%

（2）项目评价表如表 4-16 所示。

表 4-16　项目评价表

评价主体		评价指标
教师评价 20%	学生团队建设评价	主要评价学生团队负责人的组织能力，团队成员的协作能力
	项目实施时效评价	主要评价项目是否按照设计进度、需求按时完成，是否满足各阶段验收和最终项目交付
	项目质量评价	主要评价项目是否具备应用价值，是否具有一定的艺术欣赏价值等
第三方评价及反馈 60%	第三方评价（包括成果价值和项目成效）	项目实施过程中的第三方阶段性评价及最终第三方验收满意度；为设计出令主持人满意的作品，形象管理师需要与顾客实时沟通交流，需在短时间内了解顾客的性格、爱好和对造型的接受程度，并把时尚流行和审美文化应用到人物造型设计创作中
学生团队互评 20%	学生团队互评结合学生平时出勤情况	拟安排在期末项目完结之后，每个学生团队根据本学期的项目制作实施，分组进行集中汇报展示。拟通过项目过程展示，实现学生团队间的成果经验交流，旨在提升团队负责人的宣讲能力、管理能力，以及团队成员间的协作能力

结　语

在本次产教融合型课程体系的改革与实践过程中，播音与主持艺术专业教学团队深刻认识到深化产教融合对培养高素质应用型人才的重要意义，明确了"以就业为导向、以课程为抓手、以课程评价为手段"的专业人才培养理念。

目前，播音与主持艺术专业已与产业需求实现深度对接。本专业开设的所有课程，均已完成前期市场人才需求调研及毕业生就业情况分析，初步完成了"优化人才培养方案、推动专业课程的改革和重构、探索教学内容的精细化与个性化"的阶段性任务。

展望未来，播音与主持艺术专业将继续遵循学校的产教融合理念，持续加强产教融合师资队伍建设，深入开展专业实践性教学活动，不断完善课程评价体系，致力于构建更为完善的应用型人才培养新模式，为适应数智时代的媒体产业发展提供充足的应用型、创新型、复合型人才。

参 考 文 献

[1] 张颂 . 中国播音学（修订版）[M]. 2 版 . 北京：中国传媒大学出版社，2003.

[2] 吴郁 . 当代广播电视播音主持 [M]. 2 版 . 上海：复旦大学出版社，2008.

[3] 柴璠 . 广播电视播音主持 [M]. 北京：北京大学出版社，2014.

[4] 田园曲 . 电影电视配音艺术 [M]. 2 版 . 北京：清华大学出版社，2014.

[5] 中国传媒大学播音主持艺术学院 . 广播节目播音主持 [M]. 北京：中国传媒大学出版社，2015.

[6] 中国传媒大学播音主持艺术学院 . 电视节目播音主持 [M]. 北京：中国传媒大学出版社，2015.

附录　知识建模法

一、知识建模法简介

（一）概念及应用

知识建模法应用非常广泛，是一个复杂的过程，涉及多个步骤和方法。它旨在创建一个专业知识建模图，为培养新型人才搭建坚实的知识体系基础。

知识建模法将知识域可视化或映射为地图。通过可视化技术，理解知识与知识之间的关系。知识建模法是以图的形式表示知识，其中节点代表实体，如人物、地点或事物；线则代表实体之间的关系。知识建模法在操作中通常需要借助 Microsoft Visio 软件。

（二）作用

知识建模法可以将传统的学科知识体系和企业的实践知识体系用一个逻辑联系起来，形成统一的人才培养的知识点数据库；可实时动态更新"有用"的教学知识、企业任务知识等。知识建模法不仅在技术领域发挥着重要作用，而且在教育教学领域也带来了革命性的变化，其主要作用体现在以下三个方面。

第一，帮助教师进行课程先后序列的排布。

第二，帮助教师进行每课教学任务的分解。

第三，检查专业的人才培养目标与课程结构之间的对应性，以及课程目标与其知识结构的对应性是否清晰、合理。

二、准备工作

在进行知识建模前，教师需提前做好以下准备工作。

（1）每个专业以一门项目化教学课程及其对应的专业基础课程为分析单位。

（2）本专业参与项目化教学课程及其对应的专业基础课程的所有教师。

（3）项目化教学课程相关的所有资料：教材、企业任务说明书、企业任务工单、视频学习资料、其他资料等。

（4）所有教师携带笔记本式计算机，提前安装好 Microsoft Visio 软件。

（5）以 2~3 位教师为一组，合作一个模块的知识建模，可以按照模块内容或者章节内容进行分工。

三、方法与规则

（一）罗列知识点

罗列专业基础课程中要讲授的所有专业知识点,要注意以下事项。

（1）知识点应该是某种学习的结果。

（2）列出不属于教学资料的先决知识。

（3）有些知识点不在教学材料中,但需要学生掌握。

（4）对于无法确定的知识点,只要团队达成共识,就可以罗列进去。

（5）有可能不能完全将知识点罗列出来,后续还可以进一步补充。

以"中国近代史"课程中的"鸦片战争"章节为例,提取出的知识点包括鸦片战争、半殖民地半封建社会、鸦片战争前的中国、马嘎尔尼使团礼仪之争、林则徐虎门销烟、《南京条约》。

（二）确定知识的类型

知识的类型包括:陈述性知识、事实范例、程序性知识和认知策略。

（1）陈述性知识,又称描述性知识,是关于"是什么""为什么""怎么样"的知识,用字母"DK"表示,在知识建模图中用 ▭ 表示。

（2）从本质上讲,事实范例也是一种陈述性知识,如方案、产品、现象、事实、问题、案例、例子,以及命题的推导过程和论证过程,这类知识代表着特定的现实及知识的运用,用字母"FC"表示,在知识建模图中用 ▭ 表示。

（3）程序性知识,又称操作性知识,是关于"怎么做"的知识,这种知识表达的是实物的运动过程或者某种操作的步骤序列,用字母"PK"表示,在知识建模图中用 ⬭ 表示。

（4）从本质上讲,认知策略也是一种程序性知识,但由于其非常特殊,因此单独归类,包括问题解决策略、学习方法、信息加工策略等,用字母"CS"表示,在知识建模图中用 ⬭ 表示。仍以"鸦片战争"章节为例,陈述性知识是近代中国、半殖民地半封建社会、鸦片战争前的中国;事实范例是鸦片战争、马嘎尔尼使团礼仪之争、林则徐虎门销烟、《南京条约》。

（三）绘制知识建模图

使用上述不同类型知识的图例,在 Microsoft Visio 软件中按照知识建模法绘制知识建模图。绘图时,必须标出所有知识点之间的关系,即九种语义关系:各类包含;组成或构成;是一种;具有属性;具有特征;定义;并列;是前提;支持。

绘制知识建模图时,需注意以下事项。

（1）"具有属性""组成或构成"两种关系必须标在最上位概念节点上;"是一种"关系不能跨越概念层级。

（2）原则上禁止出现孤立节点。

（3）最终的知识建模图是共创和共识的结果。

（4）对知识建模图进行优化与定稿。

每位教师绘制好知识建模图后,交由另外 1~2 位教师进行检查,直到达成共识。该课程的知识建模图绘制完毕后,汇总并输出文档。

参考文献

[1] 杨开城,以学习活动为中心的教学设计实训指南[M]. 北京:电子工业出版社,2016.

[2] 杨开城,陈洁,张慧慧. 能力建模:课程能力目标表征的新方法[J]. 现代远程教育研究,2022,34(2):57-63,84.

[3] 杨开城,孙双. 一项基于知识建模的课程分析个案研究[J]. 现代教育技术,2010,20(12):20-25.

郑 重 声 明

本书属于黄河科技学院教学改革系列成果之一,著作权属于黄河科技学院,作者享有署名权。

任何未经许可的复制、销售行为均违反《中华人民共和国著作权法》,其行为人将承担相应的法律责任。为了维护市场秩序,保护读者的合法权益,避免读者误用盗版书造成不良后果,我社将配合行政执法部门和司法机关对违法犯罪的单位和个人进行严厉打击。社会各界人士如发现上述侵权行为,希望及时举报,我社将奖励举报有功人员。